百年大计　教育为本

质量管理与控制技术基础

主　编　李晓男
主　审　邵泽强

北京理工大学出版社
BEIJING INSTITUTE OF TECHNOLOGY PRESS

内 容 简 介

本书采用案例方式编写,以质量管理、质量控制作为编写主线,以《质量专业综合知识(中级)》为主体,结合职业院校特点,强调以管理应用知识统领全书。通过案例强化认知,提高学习者质量管理意识;注重企业现场实用知识的编写,强调理论与实际相联系,通过结合生活实际场景分析,提高学习者分析和处理一般生产质量事故的能力。

本书可作为高等学校机电、数控、机械类专业的专业课教学用书。同时,本书也可供从事机械及质量管理相关行业人员学习和参考。

版权专有 侵权必究

图书在版编目(CIP)数据

质量管理与控制技术基础 / 李晓男主编. -- 北京:北京理工大学出版社,2020.5(2024.8 重印)

ISBN 978 - 7 - 5682 - 8426 - 4

Ⅰ. ①质… Ⅱ. ①李… Ⅲ. ①质量管理②质量控制 Ⅳ. ①F273.2

中国版本图书馆 CIP 数据核字(2020)第 078048 号

责任编辑: 陈莉华   **文案编辑:** 陈莉华
责任校对: 周瑞红   **责任印制:** 李志强

出版发行 / 北京理工大学出版社有限责任公司
社 址 / 北京市丰台区四合庄路 6 号
邮 编 / 100070
电 话 / (010) 68914026(教材售后服务热线)
       (010) 68944437(课件资源服务热线)
网 址 / http://www.bitpress.com.cn
版 印 次 / 2024 年 8 月第 1 版第 8 次印刷
印 刷 / 涿州市新华印刷有限公司
开 本 / 787 mm×1092 mm 1/16
印 张 / 17
字 数 / 402 千字
定 价 / 49.90 元

图书出现印装质量问题,请拨打售后服务热线,负责调换

江苏联合职业技术学院院本教材出版说明

江苏联合职业技术学院自成立以来，坚持以服务经济社会发展为宗旨、以促进就业为导向的职业教育办学方针，紧紧围绕江苏经济社会发展对高素质技术技能型人才的迫切需要，充分发挥"小学院、大学校"办学管理体制创新优势，依托学院教学指导委员会和专业协作委员会，积极推进校企合作、产教融合，积极探索五年制高职教育教学规律和高素质技术技能型人才成长规律，培养了一大批能够适应地方经济社会发展需要的高素质技术技能型人才，形成了颇具江苏特色的五年制高职教育人才培养模式，实现了五年制高职教育规模、结构、质量和效益的协调发展，为构建江苏现代职业教育体系、推进职业教育现代化做出了重要贡献。

我国社会的主要矛盾已经转化为人们日益增长的美好生活需要与发展不平衡不充分之间的矛盾，因此我们只有实现更高水平、更高质量、更高效益、更加平衡、更加充分的发展，才能全面实现新时代中国特色社会主义建设的宏伟蓝图。五年制高职教育的发展必须服从服务于国家发展战略，以不断满足人们对美好生活需要为追求目标，全面贯彻党的教育方针，全面深化教育改革，全面实施素质教育，全面落实立德树人根本任务，充分发挥五年制高职贯通培养的学制优势，建立和完善五年制高职教育课程体系，健全德能并修、工学结合的育人机制，着力培养学生的工匠精神、职业道德、职业技能和就业创业能力，创新教育教学方法和人才培养模式，完善人才培养质量监控评价制度，不断提升人才培养质量和水平，努力办好人民满意的五年制高职教育，为决胜全面建成小康社会、实现中华民族伟大复兴的中国梦贡献力量。

教材建设是人才培养工作的重要载体，也是深化教育教学改革、提高教学质量的重要基础。目前，五年制高职教育教材建设规划性不足、系统性不强、特色不明显等问题一直制约着内涵发展、创新发展和特色发展的空间。为切实加强学院教材建设与规范管理，不断提高学院教材建设与使用的专业化、规范化和科学化水平，学院成立了教材建设与管理工作领导小组和教材审定委员会，统筹领导、科学规划学院教材建设与管理工作，制定了《江苏联合职业技术学院教材建设与使用管理办法》和《关于院本教材开发若干问题的意见》，完善了教材建设与管理的规章制度；每年滚动修订《五年制高等职业教育教材征订目录》，统一组织五年制高职教育教材的征订、采购和配送；编制了学院"十三五"院本教材建设规划，组织18个专业和公共基础课程协作委员会推进了院本教材开发，建立了一支院本教材开发、编写、审定队伍；创建了江苏五年制高职教育教材研发基地，与江苏凤凰职业教育图书有限公司、苏州大学出版社、北京理工大学出版社、南京大学出版社、上海交通大学出版社等签订了战略合作协议，协同开发独具五年制高职教育特色的院本教材。

今后一个时期，学院将在推动教材建设和规范管理工作的基础上，紧密结合五年制高职教育发展新形势，主动适应江苏地方社会经济发展和五年制高职教育改革创新的需要，以学院18个专业协作委员会和公共基础课程协作委员会为开发团队，以江苏五年制高职教育教材研发基地为开发平台，组织具有先进教学思想和学术造诣较高的骨干教师，依照学院院本教材建设规划，重点编写和出版约600本有特色、能体现五年制高职教育教学改革成果的院本教材，努力形成具有江苏五年制高职教育特色的院本教材体系。同时，加强教材建设质量管理，树立精品意识，制订五年制高职教育教材评价标准，建立教材质量评价指标体系，开展教材评价评估工作，设立教材质量档案，加强教材质量跟踪，确保院本教材的先进性、科学性、人文性、适用性和特色性建设。学院教材审定委员会将组织各专业协作委员会做好对各专业课程（含技能课程、实训课程、专业选修课程等）教材出版前的审定工作。

本套院本教材较好地吸收了江苏五年制高职教育最新理论和实践研究成果，符合五年制高职教育人才培养目标定位要求。教材内容深入浅出，难易适中，突出"五年贯通培养、系统设计"专业实践技能经验的积累，重视启发学生思维和培养学生运用知识的能力。教材条理清楚、层次分明、结构严谨、图表美观、文字规范，是一套专门针对五年制高职教育人才培养的教材。

学院教材建设与管理工作领导小组
学院教材审定委员会
2017年11月

序　言

2015年5月，国务院印发关于《中国制造2025》的通知，通知重点强调提高国家制造业创新能力，推进信息化与工业化深度融合，强化工业基础能力，加强质量品牌建设，全面推行绿色制造及大力推动重点领域突破发展等，而高质量的技能型人才是实现这一发展战略的重要途径。

为全面贯彻国家对于高技能人才的培养精神，提升五年制高等职业教育机电类专业教学质量，深化江苏联合职业技术学院机电类专业教学改革成果，并最大限度地共享这一优秀成果，学院机电专业协作委员会特组织优秀教师及相关专家，全面、优质、高效地修订及新开发了本系列规划教材，并配备了数字化教学资源，以适应当前的信息化教学需求。

本系列教材所具特色如下：

- 教材培养目标、内容结构符合教育部及学院专业标准中制定的各课程人才培养目标及相关标准规范。
- 教材力求简洁、实用，编写上兼顾现代职业教育的创新发展及传统理论体系，并使之完美结合。
- 教材内容反映了工业发展的最新成果，所涉及的标准规范均为最新国家标准或行业规范。
- 教材编写形式新颖，教材栏目设计合理，版式美观，图文并茂，体现了职业教育工学结合的教学改革精神。
- 教材配备相关的数字化教学资源，体现了学院信息化教学的最新成果。

本系列教材在组织编写过程中得到了江苏联合职业技术学院各位领导的大力支持与帮助，并在学院机电专业协作委员会全体成员的一直努力下顺利完成了出版任务。由于各参与编写作者及编审委员会专家时间相对仓促，加之行业技术更新较快，教材中难免有不当之处，敬请广大读者予以批评指正，在此一并表示感谢！我们将不断完善与提升本系列教材的整体质量，使其更好地服务于学院机电专业及全国其他高等职业院校相关专业的教育教学，为培养新时期下的高技能人才做出应有的贡献。

江苏联合职业技术学院机电协作委员会
2017年12月

前　言

国务院颁布的《质量发展纲要（2011—2020年）》指出"质量发展是兴国之道、强国之策。质量反映一个国家的综合实力，是企业和产业核心竞争力的体现，也是国家文明程度的体现；既是科技创新、资源配置、劳动者素质等因素的集成，又是法治环境、文化教育、诚信建设等方面的综合反映。质量问题是经济社会发展的战略问题，关系可持续发展，关系人民群众切身利益，关系国家形象"。由此可见，国家对于质量问题多么关注和重视。同时国务院颁布的《质量发展纲要（2011—2020年）》又指出"我国质量发展的基础还很薄弱，质量水平的提高仍然滞后于经济发展，片面追求发展速度和数量，忽视发展质量和效益的现象依然存在。产品、工程等质量问题造成的经济损失、环境污染和资源浪费仍然比较严重，质量安全特别是食品安全事故时有发生。一些生产经营者质量诚信缺失，肆意制售假冒伪劣产品，破坏市场秩序和社会公正，危害人民群众生命健康安全，损害国家信誉和形象"。

从未来工作的实际来看，开展产品质量意识教育，是十分必要的。我国是制造大国，职业教育应以培养高素质高技能劳动者为主要目标。如果教育缺乏质量素养和质量意识教育，则培养不出高素质劳动者。反之，如果这数以亿计的高素质劳动者具有较强的质量意识，则"中国制造"的产品质量必然会立于世界之首，我国将更加强盛。

本书的编写正是上述人才培养目标和人才培养思想的一次探索性实践。本书在编写过程中，力图体现以下特色：

（1）在内容的选取上，以必需为标准。本书重在质量意识的培养，对质量管理的理论不做全面、系统、深入的展开，对质量知识予以筛选，以质量基础知识为准绳，将相应实际应用时必需的内容编入教材，对质量管理中出现的新理念和新方法做适当介绍。

（2）强调实践能力的培养。职业教育的培养目标应将学生培养成高技能人才，以技能价值取向。我们在教材编写中，注重案例的分析及职业能力的培养，体现职业教育课程改革的特色。所编案例注重知识性、应用性、趣味性，使学生可以从案例中获得启发，通过探索与体验案例分析和解决实际问题，为学生后续发展及毕业后与企业接轨打好基础。

（3）编写内容与《质量控制技术人员》职业标准中所要求掌握的知识尽量统一，包括质量管理的规划和策划，质量管理体系的建立、实施和保持，质量控制，质量验证，质量改进和质量评价等，为学生以后从事质量工作奠定基础。

本书增加了自检部分，使学习内容与学生实际应用结合，增强学生对管理知识的理解。

本书由李晓男主编，无锡机电高等学校邵泽强主审。编写人员有江苏联合职业技术学院泰兴分院李晓男（第一、二、三章）；江苏联合职业技术学院扬州分院刘玲（第四、五章）；江苏联合职业技术学院武进分院王云飞（第六章、第七章）。

本书吸取和参考了许多知名专家和学者的研究成果，为方便读者寻源，将其列入参考文献。有些参考文献可能未能列出，在此谨表歉意。

因特网的快速发展，为社会的进步和发展作出了巨大贡献。那些默默无闻的人，将他们的心得公布于网，只是为了让更多的人受益。本书部分章节的内容受益于此，在此向那些默默无闻的同志们致以深深的谢意。

编写一本案例式应用型质量管理与控制类教材还是一个尝试，虽然编者做了积极的努力，但是疏漏甚至谬误在所难免，敬请广大读者提出宝贵意见。

编　者

目 录

第一章 质量管理基础知识 ... 1
- 第一节 质量的概念及其意义 ... 1
- 第二节 质量管理的概念、发展及基本思想 ... 14
- 第三节 产品质量形成规律及全过程管理 ... 21
- 第四节 质量经济性 ... 27
- 第五节 质量管理的基础工作 ... 35
- 本章小结 ... 41
- 思考题与习题 ... 41

第二章 质量管理体系与质量认证 ... 42
- 第一节 ISO 9000 质量系列标准 ... 42
- 第二节 质量体系 ... 56
- 第三节 质量体系认证 ... 63
- 本章小结 ... 70
- 思考题与习题 ... 70

第三章 质量控制基础知识 ... 71
- 第一节 质量监督 ... 71
- 第二节 不合格产品的控制 ... 80
- 第三节 质量目标管理 ... 88
- 第四节 我国《产品质量法》的建立与实施 ... 95
- 本章小结 ... 103
- 思考题与习题 ... 103

第四章 现场质量管理技术 ... 104
- 第一节 全员参与管理 ... 104
- 第二节 现场管理对象和目标 ... 108
- 第三节 5S 管理知识 ... 123
- 第四节 质量管理中的常用工具 ... 137
- 本章小结 ... 156
- 思考题与习题 ... 156

第五章 工序质量控制技术 ... 158
- 第一节 工序质量控制的基本概念 ... 158
- 第二节 工序分析与工序控制 ... 164

第三节　工序能力与工序能力指数 …………………………………………… 171
　　第四节　工序质量控制图 …………………………………………………… 176
　　本章小结 ……………………………………………………………………… 187
　　思考题与习题 ………………………………………………………………… 187
第六章　质量检验 ………………………………………………………………… 189
　　第一节　质量检验概述 ……………………………………………………… 189
　　第二节　抽样检验 …………………………………………………………… 200
　　第三节　不同类别的产品质量检验 ………………………………………… 207
　　本章小结 ……………………………………………………………………… 218
　　思考题与习题 ………………………………………………………………… 218
第七章　先进质量管理方法 ……………………………………………………… 219
　　第一节　顾客满意度指数 …………………………………………………… 219
　　第二节　六西格玛管理方法 ………………………………………………… 228
　　第三节　卓越绩效管理 ……………………………………………………… 235
　　第四节　质量管理新技术 …………………………………………………… 242
　　本章小结 ……………………………………………………………………… 250
　　思考题与习题 ………………………………………………………………… 250
附录 A
　　中华人民共和国产品质量法（摘选） ………………………………………… 251
附录 B
　　中华人民共和国标准化法（2017 修订） …………………………………… 254
参考文献 …………………………………………………………………………… 259

第一章 质量管理基础知识

第一节 质量的概念及其意义

"质量"这个词,对任何企业来说,应该都是一个关键词。制造业,产品质量必须合格;服务业,服务质量必须优良。各行各业,无论企业大小,质量都是管理者所面临的一个课题。质量是经济发展的战略问题,质量水平的高低,反映了一个企业、一个地区乃至一个国家和民族的素质。人类通过劳动增加社会物质财富,不仅表现在数量上,更重要的是表现在质量上。质量是构成社会财富的关键内容,人们的衣、食、住、行、休闲、工作、医疗、环境等无不与质量息息相关。优良的产品和服务质量能给人们带来便利和愉快,给企业带来效益和发展,给国家带来繁荣和强大;而劣质的产品和服务只会给人们带来烦恼甚至灾难。

案例　三洋公司的生意经

日本三洋电机公司认为,要创造出大获成功的商品,必须具备五个要点,而且这五个要点的顺序不能颠倒。

第一,该商品对顾客来说,使用是否方便。

第二,顾客是否买得起。

第三,对经销商来说,是否容易卖出去。

第四,万一出现故障,是否容易修理,即是否容易得到保修。

第五,工厂是否易于生产。

产品必须多方面全过程考虑。不但产品的使用性能要好,寿命要长,而且价格要便宜,还要有质量保证,便于维修,制造成本要经济。而这一切要求,体现了"产品质量特征"。

观察一下我们身边的购物活动,越来越多的人不会盲目购买那些价格便宜、设计平庸的商品。他们在购物消费时,会特别慎重地选择制造商和经销商,往往会去光顾那些设计独特、个性化强、服务周到的商品和服务。我们常常可以听到这些话:

"哇!好漂亮啊"。

"一分钱一分货"。

"能用多长时间"。

"太大了点儿"。

"外形还不太好看"。

这样的描述充分体现了人们的消费观念已经从相信广告到相信实效,从讲究实体功能到追求体验价值,变得越来越挑剔。这种消费观称为"好吃看得见",即既要满足核心需求(使用功能),还要满足心理、精神方面的需求(服务需求和体验价值)。面对现代如此精明而又挑剔的消费者,企业应该尽快转变观念,认真地探求消费者的需求,并为他们提供优质的产品和服务,来满足他们实际的需求。

质量是质量管理的对象,是事物的本质特性之一。正确、全面地理解质量的概念,对开展质量管理工作十分重要,并对企业经营决策和提高经济效益,都有极其重要的意义。

一、质量的基本概念

质量在某些国家和地区也称为品质。人们对质量概念的理解和认识随着生产力的发展、社会的进步而逐步深化。

在质量管理发展的不同历史时期,人们对质量这一概念的理解在不断变化。20世纪60年代,世界著名的质量管理专家——美国的朱兰(J. M. Juran)博士把产品或服务质量定义为"产品或服务的适用性"。他强调,产品或服务质量不能仅从标准角度出发,只看产品或服务是否符合标准的规定,而是要从顾客出发,看产品或服务是否满足顾客的需要以及满足的程度。质量定义全面、深刻地揭示了产品质量的实质,目前,朱兰的这个定义在世界上仍然被普遍接受。这一定义有两个方面的含义,即使用要求和满足程度。人们使用产品,总对产品质量提出一定的要求,而这些要求往往受到使用时间、使用地点、使用对象、社会环境和市场竞争等因素的影响,这些因素变化,会使人们对同一产品提出不同的质量要求。因此,质量不是一个固定不变的概念,它是动态的、变化的、发展的;它随着时间、地点、使用对象的不同而不同,随着社会的发展、技术的进步而不断更新和丰富。

用户对产品的使用要求满足程度,反映在对产品性能、经济特性、服务特性、环境特性和心理特性等方面。因此,质量是一个综合的概念。它并不要求技术特性越高越好,而是追求诸如性能、成本、数量、交货期、服务等因素的最佳组合,即所谓的最适当。

在国际标准ISO 9000:2000中对质量做了比较全面和准确的定义:"**一组固有特性满足要求的程度。**"按照国家标准GB/T 19001—2016中的定义,质量是"**产品、过程或服务满足规定或潜在要求(或需要)的特征和特性总和**"。

第一章 质量管理基础知识

人们一般就是在这一意义下,广泛使用"质量"一词的,还往往在质量一词的前面加上限制词,使其指向更为明确、意义表达更为具体。例如,广泛地使用"产品质量""工程质量""建筑质量""教育质量""服务质量"等,或更加具体地使用"手机质量""电视机质量""冰箱质量""住宅质量""汽车质量""电脑质量""饮料质量",乃至"员工质量""系统质量""运行质量""信息质量"等。

将质量的概念按实体的性质细分,可分为产品质量、服务质量、过程质量及工作质量等。

在制造业,涉及较多的是产品质量,根据国际标准化组织制订的国际标准《质量管理和质量保证——术语》(ISO 8402:1994),产品质量是指产品"反映实体满足明确和隐含需要的能力和特性的总和"。任何产品都是为满足用户而制造的,不论是复杂还是简单,昂贵还是低廉,时尚还是古典的产品,都应当具有用户需要的功能和特性。产品质量功能和特性所表现出的参数和指标多种多样,如产品性能、寿命、可靠性、安全性、适应性、经济性等。不同类别的产品,质量特性的具体表现形式也不尽相同。

1. 性能

性能通常指产品在功能上满足顾客要求的能力,包括使用性能和外观性能。如电冰箱必须要有满足冷冻、冷藏食品的降温性能;电视机必须要有满足收看的清晰图像和伴音;手表必须满足走时准确、防水、防震、防火等;热水瓶必须满足保温、防爆;机床必须满足转速、加工精度等。尽可能完善的多种功能是产品发展的趋势之一,如电风扇除了要求它能吹风,还希望能改变风速与风向,变速和摇头装置可以克服人体直吹所引起的不适感觉。

案例 古代的商品检验

根据历史文献记载,我国早在2 400多年以前,就有了以商品的成品检验为主的质量管理方法,有了青铜制刀枪武器的质量检验制度。先秦时期的《礼记》中"月令"篇,有"物勒工名,以考其诚,工有不当,必行其罪,以究其情"的记载,其内容是在生产的产品上刻上工匠或工场名字,并设置了政府中负责质量的官职"大工尹",目的是为了考查质量,如质量不好就要处罚和治罪。

到1073年北宋时期,为了加强对兵器的质量管理,专设了军器监。沈括著写的《梦溪笔谈》中就谈到了当时兵器生产的质量管理情况。据古书记载,当时兵器生产批量剧增,质量标准也更具体。如对弓的质量标准就有下列六条:

(1) 弓体轻巧而且强度要高。

(2) 开弓容易并且弹力要大。

(3) 多次使用后,弓力不减弱。

(4) 天气变化,无论冷热,弓力需保持一致。

(5) 射箭时弦声应清脆、坚实。

(6) 开弓时,弓体要正、不偏扭。

这些质量标准基本上都是实践经验的总结,产品质量主要依靠工匠的实际操作技术,靠手摸、眼看等感官估量和监督的度量衡器测量而定,靠师傅传授技术经验来达到标准。可是,质量管理却是严厉的,历代封建王朝,对产品都规定了一些成品验收制度和质量不好后的处罚措施。官府监造的产品一般都由生产者自检后,再由官方派员验收,而且秦、汉、唐、宋、明、清朝都以法律形式颁布对产品质量不好的处罚措施，如笞（杖打30、40、50次）、没收、罚款和对官吏撤职、降职等处罚规定。

案例　钢材元素含量对其性能的影响

钢材的质量及性能是根据需要而确定的，不同的性能需要，钢材元素含量不同。

（1）碳：含碳量越高，钢的硬度就越高，但是它的可塑性和韧性就越差。

（2）硫：是钢中的有害杂物，含硫较高的钢在高温进行压力加工时，容易脆裂，通常叫作热脆性。

（3）磷：能使钢的可塑性及韧性明显下降，特别在低温下更为严重，这种现象叫作冷脆性。在优质钢中，硫和磷含量要严格控制。但从另一方面看，在低碳钢中含有较高的硫和磷，能使其切削易断，对改善钢的可切削性是有利的。

（4）锰：能提高钢的强度，能削弱和消除硫的不良影响，并能提高钢的淬透性，含锰量很高的高合金钢（高锰钢）具有良好的耐磨性和其他的物理性能。

（5）钨：能提高钢的红硬性和热强性，并能提高钢的耐磨性。

（6）铬：能提高钢的淬透性和耐磨性，能改善钢的抗腐蚀能力和抗氧化作用。

（7）钒：能细化钢的晶粒组织，提高钢的强度、韧性和耐磨性。当它在高温熔入奥氏体时，可增加钢的淬透性；反之，当它在碳化物形态存在时，会降低它的淬透性。

【自检】

每一种产品，都有其使用性能，你能针对不同家用产品，说出它们的主要性能吗？

_____
_____
_____
_____
_____
_____

2. 寿命

寿命是指产品能够使用的期限，包括使用寿命和储存寿命两种。使用寿命指产品在规定的使用条件下完成规定功能的工作总时间。一般地，不同的产品对使用寿命有不同的要求。储存寿命指在规定储存条件下，产品从开始储存到规定的失效的时间。

案例　电子产品使用寿命周期

一个产品的使用寿命是由其设计寿命决定的，电器也不例外。由于各种家用电器的功能、使用环境和使用率的不同，又决定了它们的寿命各有差异。除设计和工艺因素之外，电器产品的使用寿命还要受到实际使用环境的影响。一般来说，恶劣的使用环境和不正确的操作，都会影响电器的局部或整机的使用寿命。如洗衣机、冰箱长时间受潮会发生故障，甚至提前"寿终正寝"，更加严重的是还有可能因此造成漏电，危及人身安全。如果彩电经常遇到骤冷骤热的环境变化，即使是新彩电也会引发彩管爆裂。因此质量好的家电使用寿命要有一定的使用环境保障。

第一章 质量管理基础知识

人们在家电出现故障时,往往首先想到修理,很少考虑它的使用寿命是否到了。实际上,如果一件电器的使用寿命到头了,即使今天的故障修好了,由于其整体的老化还会不断出现新的故障,其安全隐患也会越来越多,从安全和经济的角度讲应该尽早弃旧更新。

【自检】

每一种家电产品,国家都有其使用寿命标准,你能说出几种常见家用电器的使用寿命吗?

_____
_____
_____
_____
_____

3. 可靠性与可维修性

可靠性是指产品在规定的时间内,在规定的使用条件下完成规定功能的能力,它是从时间的角度对产品质量的衡量;可维修性是指产品出现故障时维修的便利程度;维修保障性是指按规定的要求和时间,提供维修所必需的资源的能力。显然,具备上述"三性"时,必然是一个可用而且好用的产品。对机电产品、压力容器、飞机和那些易发生质量事故从而造成巨大损失或危及人身、社会安全的产品,可靠性是使用过程中主要的质量指标。对于耐用品来说,可靠性和可维修性是非常重要的,如汽车的首次故障里程、平均故障里程间隔、车体结构是否易于维修等都是顾客十分重视的质量指标。

案例　弹药的安全可靠性

在1960—1970年期间的侵越战争中,共有3艘美国航母发生过爆炸事故,航母上装载的弹药引爆造成了大量人员伤亡和器材破坏。最大的一次是"福莱斯特"号航空母舰上的爆炸事故,当时死亡134人,伤161人,经济损失达7 200万美元。美国官方给出的事故调查显示,由于航母上集中大量电子设备,电磁环境异常复杂。在通电瞬间,本不该被激活的火箭炮由于周围复杂的电磁环境,被莫名其妙地接通控制系统,并导致该火箭被发射。这枚火箭飞出90多米,恰好打中一架正起飞的A-4攻击机,将其油箱撕开,倾泻而出的油料接着被火箭的尾焰引燃,刹那间航母飞行甲板变成人间地狱。当然,美国海军也从中"吃一堑长一智",重点加强军舰损害控制建设。鉴于航母爆炸事故的经验教训,美国从1984年开始推进有关弹药的高安全化的计划;1992年同北约(NATO)各国共同设立北约不敏感弹药信息中心(NIMIC),以交换有关高安全化的技术情报和信息。

4. 安全性

产品的安全性指产品在存放和使用过程中对使用者的财产和人身不会构成损害的特性。不管产品的使用性能如何、经济性如何,如果产品存在安全隐患,那不仅是消费者所不能接受的,政府有关部门也会出面干涉或处罚相关生产企业。对于家用电器、汽车、工程机械、机床设备、食品、医药等,安全性是一个特别重要的质量指标。

5

在国际标准中，安全性被定义为"使伤害（对人员）或损坏的风险限制在可接受的水平内"。它主要体现为产品本身所具有的保障使用者人身安全的质量特性。例如洗衣机等家用电器采用绝缘等级高的电动机就是这方面的事例。在考虑产品的使用不给使用者造成伤害的同时，还应考虑不对使用者以外的人造成伤害，即不对社会造成伤害。例如汽车的性能、可靠性等方面的质量都很好，只有废气排放超出标准，从使用的角度看，汽车的质量固然无可非议，但废气造成空气污染，将对使用者以外的其他人（当然也包括使用者在内）的健康造成伤害。所以，有关安全性的质量特性不能忽视社会所要求的质量。这些质量要求通常包括空气污染、噪声、振动、废弃物污染等内容。除此之外，产品在使用过程中遇到突如其来的异常情况时，可能造成产品本身损坏或因产品本身损坏造成更大范围的损失。因此，安全性还包括把这类损坏限制在可接受的水平内的内容，例如电气设备的过电流保护就是这方面的事例。通常在考虑设计可靠性时，也应考虑安全性的问题。

案例　小缺陷酿成大事故

2014年1月4日夜，某公司傅某等五人在上班。作业过程中傅某衣服被压延机传动轴（十字传动轴）凸起部勾住并被旋转的传动轴卷入。在场的其他人员见状关掉电源、拆掉机器后把傅某救出，并送到市内某医院抢救。第二天，傅某因抢救无效死亡。

经过现场勘查及专家分析认为该起事故的直接原因是傅某的工作服穿着不合理，导致衣服下摆被压延机传动轴卷入；该公司使用的压延机存在设计缺陷，传动轴未安装防护设施。

根据安全生产有关规定，2 m高度以下的传动部位必须安装防护装置；员工的工作服必须按规定穿戴，袖口、下摆必须扎紧；女员工的长发必须塞进工作帽。这是一起小隐患酿成大事故的典型案例。在安全检查过程中，员工赤膊、穿背心拖鞋、女工长发等未按规定穿戴工作服、工作帽的情况时有发现，检查人员向企业主、员工要求当场整改时，其第一反应大都是不以为然，认为在小题大做，殊不知祸患常积于忽微，等到事故发生后才追悔莫及。

【自检】

仔细观察和思考，对教室内可能存在的安全隐患问题进行检查，并提出改进措施。

序号	排查项目	是否存在隐患	改进措施

5. 适应性

适应性是指产品在不同的环境下依然保持其使用性能的能力。如一块手表能否防水、防磁等功能就是适应性要求。这里所说的环境包括自然环境和社会环境。自然环境适应性如产品适应沙漠与山地、暴风雪与海浪、振动与噪声、灰尘与油污、电磁干扰、高温与潮湿等自然环境条件的能力。社会环境适应性如产品适应某地区、某国家、某类顾客等需求的能力。

第一章 质量管理基础知识

案例 收割机的适应性要求

在收割机的质量评价要求中,重要的一个方面是产品适应性(见表1-1),这是因为收割机要适应不同环境的使用,比如南方与北方地区的不同、干燥与湿漉环境的不同、寒冷与温暖气候的不同,对收割机适应性提出了各种要求。所以在选择和评价收割机质量时,一定要考虑该产品的适应性要求。

表1-1 收割机的质量评价要求

	产品可靠性
	产品适应性
产品质量	生产企业规模
	品牌知名度
	性能与价格比
价格	与参与申报的同类产品比
	随机配件价格的高低
企业供货及服务保障能力	

6. 经济性

质量经济性是指产品寿命周期的总费用,包括生产、销售过程的费用和使用过程的费用。经济性是保证组织在竞争中得以生存的关键特性之一,是用户日益关心的一个质量指标。

质量问题实际上是一个经济问题,中国古老文化在创造"质量"这一词汇时,就为我们现在说文解字提供了佐证。"质"即"質",上半部两个斤,意味"斤斤计较",下部"贝",通解为"钱"。也就是说质量对企业和顾客而言都是"钱",即经济性上"斤斤计较"。

1)从利益方面考虑

对顾客,必须考虑减少费用、改进适用性、提高满意度和忠诚度。

对企业,必须考虑安全性、购置费、运行费、保养费、等待损失和修理费以及可能的处置费用。

2)从成本方面考虑

对顾客,必须考虑安全性、购置费、运行费、保养费、停机损失和修理费以及可能的处置费用。如空调器是一种需要消耗电能的产品,在达到同样的制冷效果下能耗越低给顾客带来的节约效益就越大;又如洗衣机是一种需要大量耗水的产品,在达到同样洗净比的前提下,用水越少则其经济性越好。

对企业,必须考虑顾客的需要和产品设计中的缺陷,包括不满意的产品返工、返修、更换、重新加工、生产损失、担保和现场修理等发生的费用,以及承担产品责任和索赔风险等的费用。

案例 经济的赵州桥

有1400年历史的赵州石拱桥,经过无数次洪水与多次地震,一直屹立在河北赵县洨河上,并任车马往来。直到20世纪末,人们在它的旁边修建了一座钢混拱桥,它才退役,作为文物被保护起来。赵州桥是全国重点保护文物，被美国土木工程师学会立为"国际土木工程历史古迹"。

面对这个奇迹，人们无不敬佩隋朝建造师李春的智慧。更多的人惊叹它的奇巧，但忽略了其"节约"带来的巨大效益。假如一座普通的石拱桥的使用寿命是100年，在赵州这个地方要满足同样的交通要求，自隋朝以来需要建造14座桥，那么所耗资源就是这座赵州桥的14倍了。

【自检】

在生活中，人们常说"物有所值""一分钱一分货"，你是否碰到过质量较差而价格又昂贵的物品？这对你以后认识产品性能有何启迪？

_____
_____
_____
_____
_____

二、质量的基本术语

1. 质量

质量指一组固有特性满足要求的程度。

术语"质量"可使用形容词如差、好或优秀等来修饰。"固有的"（其反义是"赋予的"）就是指在某事或某物中本来就有的，尤其是那种永久的特性。

2. 要求

要求指明示的、通常隐含的或必须履行的需求或期望。

所谓"通常隐含"，是指组织、顾客和其他相关方的惯例或一般做法。特定要求可使用修饰词表示，如产品要求、质量管理要求、顾客要求。规定要求是经明示的要求，如在文件中阐明的要求。

3. 特性

特性指可区分的特征。特性可以是固有的或赋予的，也可以是定性的或定量的。

4. 质量特性

质量特性指产品、过程或体系与要求有关的固有特性。

但赋予产品、过程或体系的特性，如产品的价格、产品的所有者，不是它们的质量特性。

产品质量特性是由产品的规格、性能和结构决定的，并影响产品的适用性，是设计传递给工艺、制造和检验等的技术要求和信息，它包含有尺寸、公差与配合、功能、寿命、互换性、环境污染、人身安全及执行有关法规和标准情况等。

5. 质量管理

质量管理指在质量方面指挥和控制组织的协调活动。

在质量方面的指挥和控制活动,通常包括制定质量方针、质量目标以及质量策划、质量控制、质量保证和质量改进。

6. 质量控制

质量控制是指为达到质量要求所采取的作业技术和活动。这些"作业技术和活动"的目的在于监视过程,进行控制、诊断与调整,使过程处于受控状态。质量控制是质量管理的一部分,致力于满足质量要求。

7. 组织

国际标准 ISO 8402:1994 对组织的定义是"具有其自身的职能和行政管理的公司、集团公司、商行、企事业单位或社团或其一部分,不论其是否是股份制、公营或私营"。在本书中的"组织"的定义是适用于质量领域的,在其他范畴有不同的含义。

【自检】

你认为学校也属于组织吗?

_____

_____

_____

_____

_____

三、质量的重要意义

美国著名质量管理专家朱兰有句名言:"生活处于质量堤坝后面(Life behind the quality dikes)。"这一思想源于荷兰的海防大堤——荷兰有大约 1/3 的国土低于海平面,这块土地赋予人们很大的恩惠,但也很危险,要利用好这块土地,就需要建造和维护巨大的海防大堤。质量正像海防大堤一样,可以给人们带来利益和幸福,而一旦质量的大堤出现问题,它同样也会给社会带来危害甚至灾难。所以,企业有责任把好质量关,共同维护质量大堤的安全。中华人民共和国成立初期就提出了"百年大计、质量第一"的口号。第七次世界质量大会的主题是:"质量第一、永远第一"。社会发展到今天,质量成了热点,成了追求,成了衡量和鉴定一切的总标准。

美国现代质量管理协会主席哈林顿这样描写过:现在世界上进行着一场第三次世界大战,这不是一场使用枪炮的流血战争,而是一场商业战,这场战争的主要武器就是质量。谁的质量好,谁就能赢得这场战争。美国政府明确提出,如果质量仅仅被简单地看作是一种控制系统,那么,它将永远得不到实质上的改进。由此,美国政府大力推行质量管理和政府质量管理,使经济很快就从遭受日本发起的"质量战"打击的低落状态下得到解放并快速发展。

1. 质量是企业的生命

邓小平同志说:"工业生产,包括出口产品,中心是要抓产品质量,把质量摆在第一位"。在中国共产党第十九次全国代表大会上,习近平总书记代表第十八届中央委员会向大会作了题为《决胜全面建成小康社会 夺取新时代中国特色社会主义伟大胜利》的报告。十九大报告在部署"贯彻新发展理念，建设现代化经济体系"时，明确提及"质量第一"和"质量强国"，充分体现出党对质量工作的高度重视。一个国家产品质量的好坏，从一个侧面反映了全民族的素质；一个企业产品质量的好坏，同样反映了这个企业全体职工的素质，也决定了这个企业的生存。如今，社会进步，产品质量及安全问题更是民众关心的焦点，也是企业管理者必须正视的问题。

质量是企业生存的奠基石，是企业发展的"金钥匙"，换句话说质量就是企业的生命。物竞天择，适者生存。当今的世界，是开放的世界，发展浪潮波涛汹涌，创业意识势不可挡，一个企业要在竞争中乘风破浪，立于不败之地，靠的是什么呢？靠的是优良的产品质量。如果说水是生命之源，那么质量又何尝不是企业的生命之源呢？企业以质量谋生存，任何企业，若想在星罗棋布的同行中立足，如果不讲求质量，注重信誉，那么后果不堪设想。

当今市场环境的特点之一是用户对产品质量的要求越来越高。以前，价格被认为是争取更多的市场份额的关键因素，现在情况已有了很大变化。很多用户现在更看重的是产品质量，并且宁愿花更多的钱获得更好的产品质量。在今天，质量稳定的高质量产品会比质量不稳定的低质量产品拥有更多的市场份额，这个道理是显而易见的。较好的质量也会给生产厂商带来较高的利润回报。高质量产品的定价可以比相对来说质量较低产品的定价高一些。另外，高质量也可以降低成本，而成本降低也就意味着公司利润的增加。

案例　海尔砸冰箱

在青岛海尔的展览室里，至今保存着一个大铁锤，这个大铁锤有一个故事。

1985年，海尔从德国引进了世界一流的冰箱生产线。一年后，有用户反映海尔冰箱存在质量问题。海尔公司在给用户换货后，对全厂冰箱进行了检查，发现库存中有76台冰箱虽然不影响冰箱的制冷功能，但都有小问题。时任厂长的张瑞敏带头抡起大锤将这些冰箱当众砸毁，并提出"有缺陷的产品就是不合格产品"的观点，在社会上引起极大的震动。

作为一种企业行为，海尔砸冰箱事件不仅改变了海尔员工的质量观念，为企业赢得了美誉，而且引发了中国企业质量竞争的新局面，反映出中国企业质量意识的觉醒，对中国企业及全社会质量意识的提高产生了深远的影响。

案例　火烧温州鞋

1987年8月，5 000余双劣质温州鞋在杭州武林广场被付之一炬。随后全国许多城市商场拒售温州鞋。1990年，原轻工业部等六部委联合发出通知，将温州产皮鞋列为重点整治对象。随后的几年时间里，温州鞋成了假冒伪劣的代名词。

当年的"火烧温州鞋"事件至今还作为失信案例供人们警示。如今，温州已经成为名副其实的名牌之都，但温州企业家为此付出了长达十多年的努力。同样是在杭州武林，1999年，温州奥康鞋业集团董事长王振滔和浙江皮革协会领导以及温州市的领导点燃了一把火，2 000多双假冒奥康等名牌产品的劣质鞋，在熊熊大火中化为灰烬。从被别人烧鞋到烧别人的鞋，温州鞋业终于走出了"火"的阴影。

一位质量大师曾预言："21世纪将是质量的世纪。质量将成为占领市场的有效武器，成为企业发展的强大动力，成为企业真正的生命力"。美国一位企业家曾说过"倒了牌子的商

第一章 质量管理基础知识

品,想东山再起,如同下了台的总统期冀重返白宫一样,绝无可能"。产品质量的好坏,决定着企业的产品最终有无市场,影响着企业经济效益的高低,甚至关系到企业能否在激烈的市场竞争中生存和发展。

【自检】

在现今社会,对产品质量的要求越来越高,很多企业因质量而迅捷发展,很多企业却身陷"质量门"事件,你知道有哪些"质量门"事件吗?

_____
_____
_____
_____
_____
_____

2. 质量是人类生活的保障

随着时代的发展,生活水平的提高,人们对生活质量的要求也不断提升,产品质量也越来越引起社会的重视,人们越来越认识到高质量的生活需要有高品质的产品作保证。

目前人们的日常安全和健康极度依赖工业产品的质量,如药品、食品、飞机、汽车、电梯、桥梁等。所以人类的生活需要质量大堤的保护,一旦质量大堤崩塌,劣质产品和服务的洪水猛兽就将危害人们的生活,危及人们的生命。典型的例子如1984年印度的博帕尔农药厂毒气泄漏案、至今仍然后患无穷的切尔诺贝利核电站泄漏案等,这些严重质量事故直接影响到整个社会,甚至危及国家的存亡。朱兰博士很早就提出"质量大堤"的概念来概括这些新的风险,他指出消费者的安全、健康,甚至日常的福利必须置于"质量大堤"之后才能有保证。只有产品的质量有了保证,人类的生命健康、生活质量才有保证。

在人类社会普遍追求美好生活的需要中,对优质产品的消费,毫无疑义地排名第一位。以食品质量为例,民以食为天,客观地说,在物资匮乏的年代,人民群众并不是没有对美好生活的向往,只是供给数量的不足严重抑制了人们的这种需要。当供给数量问题随着生产力的发展得以解决,甚至出现产品和服务的结构性过剩之后,人们才有可能释放出对于更美好生活的需要,也才有可能实现这种需要。这种需要表现在生活中,就是我们越来越关注农产品是否有农药残留、是否为转基因产品、是否有清晰的供应渠道并可追溯到原产地以及是否有绿色、有机认证标志。换句话说,这种对生活品质的追求,反映在消费市场上,就是对优质农产品的追捧。在我国已经解决了吃得饱问题的情况下,吃得好、吃得多样、吃得安全、吃得放心成为人们对美好生活追求的重要目标。"我国社会主要矛盾已从人民日益增长的物质文化需要同落后的社会生产力之间的矛盾,转变为人民日益增长的美好生活需要和不平衡不充分的发展之间的矛盾。"党的十九大报告关于社会主要矛盾的变化为我国产品发展提供了最新的根本遵循原则,生产高品质产品才是企业生存正道。

案例　印度博帕尔毒气泄漏惨案

印度博帕尔市是一个风景美丽的城市。1984年12月3日凌晨,在距博帕尔市附近的一家农药厂,装有液态剧毒气体甲基异氰酸盐的储气罐内温度上升,压力过大,一股浓烈、酸

11

辣的乳白色气体从储存罐内渗漏出来。由于毒气浓度大，加之晚间有雾，毒气弥漫，以5公里/小时的风速向东南方的城市扩散。深夜里人们正在酣睡，许多人在睡梦中被毒死。在毒气笼罩的40平方公里的地区内，有3 000多人死亡，1 000多人双眼失明，20多万人受到严重伤害，60多万人健康受损，许多人终身残疾。到1994年死亡人数已达6 495人，还有4万人濒临死亡，事后，美国联合碳化物公司虽然赔偿了4.7亿美元，但毒气泄漏带来的恶果危害了几代人。

案例　切尔诺贝利核电站泄漏事故

1986年4月26日，苏联乌克兰地区的切尔诺贝利核电站，在进行一项实验时，核电站4号反应堆发生爆炸，造成30人当场死亡，8吨多强辐射物泄漏。此次核泄漏事故使电站周围6万多平方公里土地受到直接污染，320多万人受到核辐射侵害，酿成人类利用核能的一大灾难。事故发生后，苏联政府和人民采取了一系列善后措施，清除、掩埋了大量污染物，为发生爆炸的4号反应堆建起了钢筋水泥"石棺"。此外，离核电站30公里以内的地区还被辟为隔离区，很多人称这一区域为"死亡区"。白俄罗斯国家科学院研究报告说，全球共有20亿人口受切尔诺贝利事故影响，27万人因切尔诺贝利核泄漏事故患上癌症，其中致死9.3万人。苏联专家在总结这起核电站事故的教训时指出：有关人员玩忽职守、粗暴违反工艺规程是造成事故的主要原因。

【自检】

产品质量对人们的生活影响越来越大，校园安全是每所学校的重中之重，食堂管理及食用产品质量尤其重要，我们能为食堂管理及食品质量提出质量改进建议吗？

_____
_____
_____
_____
_____

3. 质量是国家可持续发展的关键

质量水平的高低，反映了一个国家的综合经济实力，质量问题是影响国民经济和社会发展的重要因素。为了建立世界范围的供应体系，加强对供应商和产品质量的管理，各国都在探索新的质量管理方法、程序、规则，并努力寻求国际社会的认同。将质量管理纳入标准化的轨道，以国际标准规范引导国际贸易活动中的质量管理已得到世界各国的支持并在全球范围快速推进。质量管理标准化带来了良好的市场秩序和更高的贸易效率，也对提升产品质量和企业质量管理水平产生了巨大推动作用。

案例　德国的质量观

德国人的产品质量之高素来为全世界所公认。德国有句谚语"德国纽扣的寿命比婚姻还长"。这一句话，说出来的却是一个严肃的话题，因为它说的意义是：当衣服已经旧得不能再旧的时候，它的扣子依然还在。纽扣的质量好、寿命又长，对待一个纽扣能钉得如此结实，说明德国人对于质量的追求几乎深入到骨髓。同样，在德国自动化的流水生产线上，为

第一章 质量管理基础知识

了保证质量，每一道工序都有机器反复地进行质量检验，又不时有工人进行质量检验，每隔四十分钟，还要从流水线上随机抽出一台来进行各项指标的严格检测。在世界十大汽车名牌产品中，奔驰排名第三，在德国十大汽车名牌产品中，奔驰名列第一位，奔驰甚至成了德国货的代名词。如果你稍加留意就会发现，奔驰汽车很少做广告，对此，奔驰人的解释是"我们的质量就是最好的广告"。德国企业自进入中国市场以来，因产品质量、性能存在严重问题或服务不到位而引发的纠纷几乎没有发生过，这也从一个侧面说明了德国企业质量管理的扎实。

据美国《幸福》杂志报道，德国大约30%的出口商品是国际市场上没有竞争对手的独家产品，其价格由德国的出口商说了算。日前，德国在大型工业设备、精密机床和高级光学仪器等方面拥有无可争辩的优势。德国的产品质量是全世界公认的，虽然每种产品产量不一定是世界最高，但是质量永远是世界最高的，这也是德国人引以为豪的一种荣耀：他们要做世界上最好的工业产品——他们的产品就是世界上最好的产品。

作为国家振兴和社会可持续发展的关键，质量的作用比任何历史时期都要重要。注重质量管理，可以促进企业资源优化和合理利用，从而实现全社会各类资源的有效配置和合理利用，提高整个社会的经济效益，增加社会财富；可以推动我国经济从数量效益型向质量效益型转变，从而从根本上改变只重数量、不重质量的局面，保证社会财富的稳定增长，促进国民经济持续、稳定、协调发展。

2015年5月19日，国务院正式印发《中国制造2025》，《中国制造2025》提出，坚持"创新驱动、质量为先、绿色发展、结构优化、人才为本"的基本方针。2016年4月6日国务院总理李克强主持召开国务院常务会议，会议通过了《装备制造业标准化和质量提升规划》，要求对接《中国制造2025》。2017年9月5日，党中央、国务院发布了《关于开展质量提升行动的指导意见》，向全党全国作出了最有力、最集中的质量动员。

目前，我国正处于全面建设小康社会、加快推进社会主义现代化的关键时期，是深化改革开放、加快转变经济发展方式的攻坚时期。在这一重要历史时期，经济全球化深入发展，科技进步日新月异，全球产业分工和市场需求结构出现明显变化，以质量为核心要素的标准、人才、技术、市场、资源等竞争日趋激烈。同时，我国工业化、信息化、城镇化、市场化、国际化进程加快，实现又好又快发展需要坚实的质量基础，满足人民群众日益增长的质量需求也对质量工作提出更高要求。面对新形势、新挑战，坚持以质取胜，建设质量强国，是保障和改善民生的迫切需要，是调整经济结构和转变发展方式的内在要求，是实现科学发展和全面建设小康社会的战略选择，是增强综合国力和实现中华民族伟大复兴的必由之路。

我国的经济建设已取得了举世公认的巨大成功，但是，也不得不承认，我国少部分工业产品仍处于数量效益型状态，产品的高技术含量和附加值不高，服务业质量同国内外先进水平相比仍有一定差距，与以质取胜的国际名牌企业和国际名牌产品相比，竞争力不够。国际上许多著名企业都有自己独具特色的名牌产品，它们不仅在市场上拥有较大的占有率，而且能持久畅销，誉满全球。例如，美国的IBM，日本的松下（Matsushita Panasonic）、索尼（Sony），荷兰的飞利浦（PhiliP），德国的奔驰（BEZN），英国的马莎（Marks&Spencer St. Michael）等都可以称为世界经营管理的典范。实际上，在营销理论中，名牌战略早成为重要内容之一，随着经济全球化深入发展和科技进步日新月异，全球经济结构将不断变化，围绕技术、品牌、质量、服务等的竞争将更为激烈。李克强总理也反复强调:"中国经济升级发展根本靠改革创新。企业是市场主体,也是创新主体,要继续实施创新驱动战略,面向市场,贴近需求,着力提升核心竞争力和品牌塑造能力"。当前,我国很多企业能坚持质量优先,增强质量竞争力,注重名牌效应,打造全球领先运动品牌,发挥了质量对我国经济建设的影响力。例如,我国华为集团、格力集团、吉利汽车集团等已经是创出中国国际名牌的企业,为全社会和中国企业界树立了榜样。

【自检】

对比你使用过的国内外同类产品的性能特点,比较质量上的差距。

_____

_____

_____

_____

_____

_____

第二节 质量管理的概念、发展及基本思想

案例 质量管理的必要性

美国的"阿波罗"飞船上有零件560万个,如果零件的可靠性只有99.9%,则飞行中就可能有5 600个机件要发生故障,但只要一个有故障,后果都不堪设想。为此,全套装置的可靠性要求在99.999 9%,即在100万次动作中,只允许失灵一次。此外,连续安全工作时间要在1亿到10亿小时。如此要求,需要一系列严格的质量组织管理工作,要对设计、准备、制造安装和使用等环节进行科学的质量管理。

新的历史条件和经济形势对质量管理提出了新的要求,必须用全新的质量管理理念开展工作。质量管理是兴国之道,治国之策。人类社会自从有了生产活动,特别是以交换为目的的商品生产活动,便产生了质量的活动。围绕质量形成全过程的所有管理活动,都可称为质量管理活动。

一、质量管理的基本概念

质量管理指在质量方面指挥和控制组织的协调活动。国际标准化组织质量管理和质量保证技术委员会对质量管理提出的定义是:"确定质量方针、目标和职责并在质量体系中通过诸如质量策划、质量控制、质量保证和质量改进使其实施的全部管理职能的所有活动。"

上述定义可从以下几个方面来理解:

第一,质量管理是通过建立质量方针和质量目标,并为实现规定的质量目标进行质量策

划，实施质量控制和质量保证，开展质量改进等活动予以实现的。

第二，组织在整个生产和经营过程中，需要对诸如质量、计划、劳动、人事、设备、财务和环境等各个方面进行有序的管理。由于组织的基本任务是向市场提供符合顾客和其他相关方要求的产品，围绕着产品质量形成的全过程实施质量管理是组织的各项管理的主线。

第三，质量管理涉及组织的各个方面，是否有效地实施质量管理关系到组织的兴衰。组织的最高管理者应正式发布本组织的质量方针，在确立质量目标的基础上，按照质量管理的基本原则，运用管理的系统方法来建立质量管理体系，为实现质量方针和质量目标配备必要的人力和物质资源，开展各项相关的质量活动，这也是各级管理者的职责。所以，组织应采取激励措施激发全体员工积极参与，充分发挥他们的才干和工作热情，造就人人争做贡献的工作环境，确保质量策划、质量控制、质量保证和质量改进活动顺利地进行。

对一个企业来说，质量管理主要体现以下三项基本任务：

（1）制定质量方针目标及实施计划；

（2）实施质量保证；

（3）实施质量控制。

二、质量管理的发展

20世纪，人类跨入了以加工机械化、经营规模化、资本垄断化为特征的工业化时代。从一些工业比较发达的国家来看，质量管理的发展大致经历了三个阶段。

1. 产品质量检验阶段（18世纪中期—20世纪30年代）

这一阶段质量管理活动，从观念上看，仅仅把质量管理理解为对产品质量的事后检验；从方法上看，是对已经生产的产品进行百分之百的全数检验，采用剔除不合格品来保证产品的质量。

从质量管理的执行者来看，这一阶段又可分为三种不同情况。开始，由工人自己来完成对自己生产的产品的检验。然后，到了20世纪初，美国工程师泰勒总结了工业革命以来的经验，提出"科学管理"的思想，把质量管理的职能从生产工人中明确地划分了出来，由工长专门监督、检验，使产品质量检验成为一个独立的工序，提高了生产效率。再后来，随着企业规模的扩大，专职检验人员、部门终于从工长完全脱离了出来，成为一个独立的职能部门。

这一阶段的质量管理有两个问题是必须要解决的，一是事后检验无法在生产过程中对质量进行预防和控制，当不合格产品大量出现时，人们已无法加以制止。二是全数检验成本太高，当产品检验有破坏性时，这种检验的可行性就存在问题了。于是人们思考能否可以用检验少数产品的方法就可以达到同样检验的目的，这些思考为新的质量管理方法的产生做了前期准备。

案例　泰勒科学管理观

泰勒认为，科学管理的根本目的是提高劳动生产率。他提出：第一，对工人操作的每个动作进行科学研究，用以替代凭经验估算的办法，以便于制定合理的工作定额。第二，科学地挑选工人，并进行培训和教育，以提高工人素质。第三，与工人们协作，保证一切工作都按科学原则去办，将管理者与管理对象高度统一起来。第四，管理方和工人们在工作和职责分担上，管理方应把自己比工人更胜任的那部分工作承揽下来。

泰勒的科学管理理论很多是建立在实践试验基础上的，这些科学试验成为对其科学管理原理的最好说明。泰勒相信，即使是搬运铁块这样的工作也是一门科学，可以用科学的方法来管理。

1898年，泰勒从伯利恒钢铁厂开始他的试验。这个工厂的原材料是由一组记日工搬运的，工人按天数拿钱，每天挣1.15美元，每天搬运的铁块重量只有12~13吨，对工人的奖励和惩罚的方法也只是找工人谈话或者开除。

泰勒通过仔细研究，观察各种工作因素对生产效率的影响，例如，有时工人弯腰搬运，有时他们又直腰搬运，后来他又观察了工人行走的速度、持握的位置和其他的变量，通过长时间的观察试验，他把劳动时间和休息时间很好地搭配起来，发现工人每天的工作量可以提高到47吨，同时并不会感到太疲劳。于是他采用了计件工资制，工人每天搬47吨，工资也升到1.85美元，劳动生产率也提高了很多。

【自检】

思考一下，在平时的工作或生活中，有没有哪件事可以再节约时间？可采用什么好的方法？

_____
_____
_____
_____
_____

2. 统计质量控制阶段（20世纪40年代—20世纪50年代）

第二次世界大战中，军需品严重不足，在大量生产军用品的过程中，由于事先无法控制质量，导致军火生产常常延误交货期。而且，尽管增加了大量的检验人员，产品积压待检的情况却日趋严重，有时不得不进行无科学根据的检查。结果不仅废品损失惊人，而且在战场上经常发生武器弹药的质量事故，比如炮弹炸膛事件等，对士气产生了极坏影响。这时，由于产品零件众多，全部质量检验工作立刻显示出其弱点。此时，防患于未然的"抽样检查"产品控制的理论被人们重视起来，应用数据统计的知识去控制产品质量成为这一阶段的主要标志，要求生产人员在生产过程中规范操作，保证生产过程处于控制之中从而达到稳定的目的就特别重要。

在这种情况下，美国军政部门随即组织一批专家和工程技术人员，于1941至1942年期间，先后制订并公布了《质量管理指南》《数据分析用控制图》《生产过程中质量管理控制图法》，强制生产武器弹药的厂商推行，并收到了显著效果。从此，统计质量管理的方法得到很多厂商的应用，统计质量管理的效果也得到了广泛的承认。

第一次世界大战后期，休哈特将数理统计的原理运用到质量管理中来，并发明了控制图。他认为质量管理不仅要事后检验，而且在发现有废品生产的先兆时就要进行分析改进，从而预防废品的产生。控制图就是运用数理统计原理进行这种预防的工具。因此，控制图的出现，是质量管理从单纯事后检验进入检验加预防阶段的标志，也是形成一门独立学科的开始。第一本正式出版的质量管理科学专著就是1931年休哈特的《工业产品质量的经济控制》。

在休哈特创造控制图以后，他的同事在1929年发表了《抽样检查方法》。他们都是最早将数理统计方法引入质量管理中，为质量管理科学作出了贡献。

案例　控制图的应用

在20世纪20年代，美国贝尔电话实验室成立了两个课题研究组，一个研究组从事过程控制，一个研究组研究抽样检验。休哈特主张对生产过程进行控制，首创了生产过程监控工具——控制图，并于1931年出版了《工业产品质量的经济控制》一书，这本专著奠定了质量控制理论的基础。休哈特首创控制图，绝不是偶然的。因为休哈特工作的贝尔实验室是研究自动电话机的。在当时，每部电话机有201个零件，而实施电话机之间的通信装置更为复杂，要有11万个零件，生产电话机和通信装置的材料不但数量较多，而且价格昂贵。如何在生产中提高质量、降低成本成为一个必须突破的难题。当时数理统计的理论已有了突飞猛进的发展，为休哈特的控制图的发明提供了必不可少的理论基础，休哈特的控制图由此产生了。在同时，德国柏林大学贝格等3人得出了和休哈特几乎类似的结论，这也说明控制图的发明是时代造就的质量管理成果。

3. 全面质量管理阶段（20世纪60年代—现在）

20世纪60年代，随着生产的发展和社会的进步，工业生产手段越趋现代化，工业产品更新换代日益频繁，对质量要求从单一的使用性能有了新的变化。火箭、宇宙飞船、人造卫星等大型、精密、复杂产品的出现，对产品的耐用性、美观性、安全性、可靠性、经济性等要求越来越高，质量问题就更为突出。质量管理的对象、内容和任务发生了新的变化，产品的形成与试验研究、产品设计、试验鉴定、生产准备、辅助过程、使用过程等每个环节都有密切关联。影响质量的因素越来越复杂，有物质的因素，也有人的因素，有生产技术的因素，也有管理的因素，有企业内部的因素，也有企业外部的因素，仅靠统计质量控制是无法保证质量的。人们逐渐认识到质量管理问题不能同外部环境相隔离，只能把质量管理与整个企业管理乃至企业以外的社会相联系，把质量管理作为企业管理系统乃至社会大系统的一个子系统，才能形成人们认可的质量。

20世纪60年代在管理理论上出现了"行为科学"学派，主张调动人的积极性，注重人在管理中的作用。随着市场竞争，尤其国际市场竞争的加剧，各国企业都很重视"产品责任"和"质量保证"问题，加强内部质量管理，确保生产的产品使用安全、可靠。在上述背景条件下，显然仅仅依赖质量检验和运用统计方法已难以保证和提高产品质量，也不能满足社会进步要求。1961年，菲根堡姆提出了全面质量管理的概念，于是全面质量管理逐步产生了。

案例　美国的质量管理模式

美国企业的质量管理方法主要是全面质量管理，其基本内容是：公司全体员工及其有关部门同心协力，综合运用管理技术、专业技术和科学方法，经济地开发、研制、生产和销售用户满意的产品。

美国全面质量管理思想的特点有：

（1）普遍重视质量管理，他们认为，质量好的产品是消费者选出来的，消费者的选票就是"钱"。

（2）强调产品质量的综合特性，产品必须有过人之处。

（3）推崇预防为主。

（4）强调高层管理人员的质量管理职能。

（5）重视质量指标的完成（他们将质量指标分解到每道工序、每个人，追求100%的合格率）。

所谓全面质量管理，是以质量为中心，以全员参与为基础，旨在通过顾客和所有相关方受益而达到长期成功的一种管理途径。日本在20世纪60年代引进了美国的质量管理方法，并有所发展。最突出的是他们强调从总经理、技术人员、管理人员到工人，全体人员都参与质量管理。企业对全体职工分层次地进行质量管理知识的教育培训，广泛开展群众性质量管理小组活动，并创造了一些通俗易懂、便于群众参与的管理方法，包括由他们归纳、整理的质量管理的老七种工具（常用七种工具）和新七种工具（补充七种工具），使全面质量管理充实了大量新的内容。质量管理的手段也不再局限于数理统计，而是全面地运用各种管理技术和方法。

全面质量管理以往通常用英文缩写TQC来代表，现在改用TQM来代表。其中"M"是"Management"的缩写，更加突出了"管理"。在一定意义上讲，它已经不再局限于质量职能领域，而演变为一套以质量为中心，综合的、全面的管理方式和管理理念。

【自检】

用全面质量管理进行班级管理，你认为班级管理有哪些主要内容？

_____
_____
_____
_____
_____

三、质量管理的基本思想

质量管理是人们有目的的活动，要使这个活动顺利有效地进行，要求管理者有正确的指导思想。

1. 以预防为主的思想

案例　扁鹊答魏文王

魏文王问名医扁鹊："你们家兄弟三人，都精于医术，到底哪一位医术最好呢？"扁鹊答说："长兄最好，中兄次之，我最差。"文王吃惊地问："你的名气最大，为何反而长兄医术最高呢？"扁鹊惭愧地说："我扁鹊治病，是治病于病情严重之时。一般人都看到我在经脉上穿针管来放血、在皮肤上敷药等大手术，所以以为我的医术高明，名气因此响遍全国。我中兄治病,是治病于病情初起之时。一般人以为他只能治轻微的小病,所以他的名气只及于本乡里。而我长兄治病,是治病于病情发作之前。由于一般人不知道他事先能铲除病因,所以觉得他水平一般,但在医学专家看来他水平最高。"

以预防为主是质量管理的指导思想,也是相对于单纯的事后把关来说的。好的产品质量是设计和生产出来的,不是靠最后检验出来的。单纯的事后把关,只能发现和剔除不合格品,而不合格品即使被发现,其损失已经造成。全面质量管理要求把管理工作的重点,从"事后把关"转移到"事先预防"上来,从"管结果"变为"管因素",实行"以预防为主"的方针,将不合格品消灭在产品形成过程之中。

2. 为用户服务的思想

案例 不起眼的甲壳虫

大众汽车坚持奉行"用户愿望高于一切"的经营宗旨。上海大众汽车有限公司,生产的桑塔纳轿车在中国家喻户晓。大众汽车之所以以"大众"为名,就是考虑了当时大多数普通百姓的愿望,以生产普通民众能够购买的小轿车为重点。1939 年第一批以这一观念为基础的大众汽车正式上市,由于它为了节约成本,一改过去汽车庄严堂皇的形象,狭小圆滑,被美国《时代周刊》杂志讥讽地称为"甲壳虫"。谁知正是这不起眼的"甲壳虫",由于注重实用,性能价格比达到了汽车行业新的高度,又顾及了普通居民的愿望,竟然在中国家用轿车市场上脱颖而出,成为中国人心中的品牌汽车。

企业的产品是为用户生产的。对外,表现在为消费者服务。产品只有受到消费者的欢迎,才能占领市场,产生经济效益。要使产品受到欢迎,必须在质量上为用户所满意。因此必须牢固树立为用户服务的思想,并以此来指导企业的质量管理工作。对内,表现在上道工序为下道工序服务——内部用户原则。在实行全过程管理中,也要求企业各个工作环节都必须树立"下道工序就是用户",努力为下道工序服务的思想。因此,要求每道工序的工作质量,都要经得起下道工序(用户)的检验,满足下道工序的要求。在全面质量管理中,这是一个十分重要的指导思想。

要使产品质量与服务质量尽可能满足用户的要求,产品质量的好坏最终应以用户的满意程度为标准。从 20 世纪 90 年代起,瑞典、美国等国家已开始调查与公布全国性用户满意指数宏观经济指标。我国的用户满意指数测评体系的建立起步较晚,1997 年在中国质量协会、全国用户委员会的推动下,开始着手用户满意指数系统研究,并联合北大、人大、清华、社科院等国内顶级学术机构共同攻关,展开适合中国国情的用户满意指数模型的设计工作。1999 年 12 月,国务院发布了《关于进一步加强产品质量工作若干问题的规定》,明确提出要研究和探索顾客满意度指数评价方法。

3. "质量第一"的思想

任何产品都必须达到所要求的质量水平,否则就没有或未完全实现其使用价值,从而给消费者、给社会带来损失。从这个意义上讲,质量必须是第一位的。从 20 世纪 80 年代以来,国际市场的竞争异常激烈。日本在产品质量和经济上的成功与欧美工业发达国家在产品质量和经济上的衰退,促使了欧美国家质量管理的复兴。例如,1984 年英国政府发起了一项质量改进运动,与此同时,美国政府也发起了一项有关质量的五年运动。现在,西方国家又把统计过程控制（SPC）列为现代高技术之一。市场的竞争归根结底就是质量的竞争，企业的竞争能力和生存能力主要取决于它满足社会质量需求的能力。1984 年，首届世界质量会议提出"以质量求繁荣"，1987 年，第二届世界质量会议提出"质量永远第一"，这些都说明"质量第一"的指导思想已成为世界各国的共同认识。

产品要有使用价值，就必须达到所要求的质量要求，否则就会给企业、消费者和社会带来损失。从这个意义上讲，企业必须把质量放在第一位。这就要求全体职工，尤其是领导干部，要有强烈的质量意识，要科学地确定质量方针并安排人力、物力、财力，以保证生产出优质产品。

高品质产品的制成，关键之一是企业具有高级或独特的工艺技术，包括专用工艺方法、工艺装备和工艺规范。工艺技术是企业的知识产权，是最需要保密的。有些优秀产品的企业公开宣称："只卖产品，不卖技术"。工艺是提高生产适应能力、开发新产品、提高质量、降低成本的重要技术基础。美国、德国、日本都是高度重视工艺技术的国家，所以他们开发新产品的能力很强。美国人自称有一种"美国佬的智巧"（yankee ingenuity），实际上无非是说明他们有高超的工艺技术。日本人除了重视工艺开发外，还特别重视"能工巧匠"在生产中的作用，称他们是任何精密机器无法替代的"巨匠"。目前工业发达国家都特别重视工艺技术的研究开发。例如达到纳米（即 0.001 微米）的精密与超精密加工，利用光、声、化、电的各种非机械加工的工艺方法（如电加工、激光加工等），特种工艺和各种类型的复合工艺等，可以说，没有现代工艺方法，就不可能有现代大型计算机、卫星发射等高度科学技术成就。对于普通产品而言，发展相应的工艺技术，同样是重要的技术基础。

4. 质量与经济统一的思想

质量管理提倡质量与数量统一，质量与技术统一，质量与效益统一，防止盲目追求过剩质量，反对不顾成本（或需要）的所谓"高质量"，要求以最经济的手段，生产出满足用户需要的产品。质量管理者应追求的是，在满足用户需要的前提下以尽可能少的投入，生产出质量"适宜"、物美价廉的产品，以取得质量与经济的统一。根据这一思想，既不可以片面追求过剩质量，而使成本大大提高，也不应该为了降低成本，而使质量大大下降，影响质量的适用性。应该重视质量成本的分析，把质量与成本加以统一，确定最适宜的质量。

5. 以人为本的管理思想

人民，只有人民，才是创造历史的动力。在开展质量管理活动中，人的因素是最积极、最重要的因素。质量是依靠人产生出来的，质量管理是人们有目的的活动。要抓好质量管理，应树立以人为本的管理思想。

案例　惠普的野餐会和就餐

野餐会是惠普公司让员工有福同享最具代表意义的形式，野餐会是"惠普管理"的重要内容之一。20 世纪 50 年代初，美国惠普公司在乡间购买了一块土地，把其中的一部分改建成娱乐区，可供 2 000 多人举行野餐，还可以在全年中接待惠普的雇员及家属来此露宿，并将它命名为"小盆地"。每年野餐会时，菜单上包括纽约牛排、汉堡包、墨西哥豇豆、生菜色拉、法国蒜味面包和啤酒等，公司购买食品和啤酒，平时员工自助餐厅的师傅们照例烧烤牛排和汉堡包肉饼，其他物品则由员工自备，惠普的许多行政人员都尽量参加进去，与员工交流。

惠普公司有自己的自助餐厅，公司员工无论级别高低均在此用餐，员工在此花费不到3美元就可以享受到一顿丰盛的午餐，在笑声洋溢中，使人仿佛有置身在大学餐厅的感觉。公司每天还免费供应两次咖啡和油炸圆饼，下午还有不定期的啤酒狂欢。在公司里欢欣鼓舞的事屡见不鲜，最常见的景象就是，只要你四处走动一下，总会看到一群人在庆祝某人生日，或庆祝某种特殊的事情。

员工，不是创造产品的机器，而是应该作为企业的财富，是企业持续发展的命脉。

【自检】

班级管理中，如何体现人本思想？

_____

_____

_____

_____

_____

第三节　产品质量形成规律及全过程管理

一、产品质量的形成规律

产品质量不是检验出来的，也不是宣传出来的。检验只是对资源浪费的容忍，宣传只是产品的包装。产品质量有个产生、形成和实现的过程，这个过程称为"螺旋形上升过程"。在这一过程中，包括一系列循序进行的工作或活动，即包含若干个环节，而环节之间又一环扣一环，互相制约，互相依存，互相促进，不断循环，周而复始，每经过一次循环，就意味着产品质量的一次提高。因此，产品质量形成的规律可用质量螺旋来描述，**质量螺旋是表达质量的相互作用活动的概念模式，用以表达产品质量形成的整个过程及其规律性。**过程中的各项工作或活动的总和被称为质量职能，所有这些工作或活动都是保证和提高产品质量所必不可少的，在过程中的每一个工作环节都直接或间接地影响到产品的质量。

企业的主要质量职能，一般包括市场研究、开发研究、制定工艺、采购、生产、检验、销售以及售后服务等环节，把这些环节用螺旋线表示，如图1-1所示。该图为美国质量管理专家朱兰所首创，故也称朱兰螺旋线。朱兰螺旋线反映了产品质量形成的客观规律，是质量管理理论的基础，对于现代质量管理的发展有重大意义。

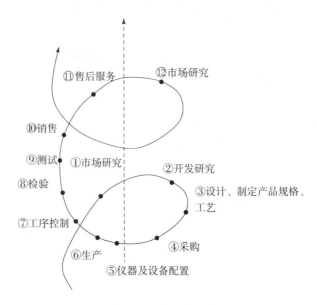

图 1-1 朱兰螺旋线

从朱兰螺旋线可以看出：

（1）产品质量形成全过程包括 12 个环节（质量职能）：市场研究，开发研究，设计、制定产品规格、工艺，采购，仪器及设备配置，生产，工序控制，检验，测试，销售，售后服务，市场研究。

（2）产品质量的形成和发展是一个循序渐进的过程。12 个环节构成一轮循环，每经过一轮循环，产品质量就有所提高。产品质量的提高在一轮又一轮的循环中总是在原有的基础上有所改进、有所突破，且连绵不断、永无止境。

（3）作为一个产品质量系统，系统目标的实现取决于每个环节质量职能的落实和各个环节之间的协调。因此，必须对质量形成全过程进行计划、组织和控制。

（4）质量系统是一个开放的系统，与外部环境有着密切的联系。这种联系有直接的，也有间接的。如采购环节与物料供方有联系，销售环节与零售批发商有联系，服务与顾客有联系等。此外，市场研究环节需要研究产品市场，几乎所有环节都需要人来工作，而人力资源主要由社会来培养和提供，所以，产品质量的形成和改进并不只是企业内部行为的结果。质量管理是一项社会系统工程，需要充分考虑外部因素的影响。

（5）产品质量形成全过程中的每一个环节均需依靠人员的参与和完成，人的质量以及对人的管理是过程质量和工作质量的基本保证。所以，人是产品质量形成全过程中最重要、最具能动性的因素。现代质量管理十分强调以人为本的管理，其理论根据即在于此。

二、朱兰三部曲

朱兰提出的"质量螺旋"有其丰富的内涵。从产品质量形成过程来看，质量管理要贯穿于设计制造、销售、服务等环节的全过程；从管理的角度来看，要搞好质量管理，一般必须抓住以下三个主要环节，计划—控制—改进，即质量计划、质量控制和质量改进。这一管理模式是朱兰博士于 1987 年提出的,故称朱兰三步曲,每一步都要按照固定的执行程序来实现。

1. 质量计划过程

质量计划是为了建立有能力满足质量标准化的工作程序,是必不可少的质量管理过程。其主要内容有:

(1) 必须从外部和内部认识顾客。

(2) 确定顾客的要求。

(3) 开发出能满足顾客需要的产品(包括服务)。

(4) 制定能满足顾客需求的质量目标,并以最低的综合成本来实现。

(5) 开发出能生产所需产品的生产程序。

(6) 验证这个程序的能力,证明它在实施中能达到质量目标。

2. 质量控制过程

质量控制能采取必要的措施纠正质量问题,并提供质量存在的问题作为纠正的参考和依据,是"朱兰三步曲"中的重要环节。其主要内容有:

(1) 选择控制对象。

(2) 选择测量单位。

(3) 规定测量方法。

(4) 确定质量目标。

(5) 测定实际质量特性。

(6) 通过实践与标准的比较找出差异。

(7) 根据差异采取措施。

3. 质量改进过程

质量改进有助于发现更好的管理工作方式,也是质量管理持续发展的过程。其主要内容有:

(1) 证明改进的需要。

(2) 确定改进的对象。

(3) 实施改进,并对这些改进项目加以指导。

(4) 组织诊断,寻找原因。

(5) 提出改进方法。

(6) 证明这些改进方法有效。

(7) 提供控制手段,以保持其有效性。

【自检】

学校需各班级出一个节目,试根据质量计划过程的主要内容制定出具体的实施流程。

三、PDCA 循环

1. PDCA 循环的定义

PDCA 循环又叫戴明环,如图 1-2、图 1-3 所示,是美国质量管理专家戴明博士首先提出的,它是全面质量管理所应遵循的科学程序。

PDCA 是英语单词 Plan(计划)、Do(执行)、Check(检查)和 Action(处理)的第一个字母,PDCA 循环就是按照这样的顺序进行质量管理,并且循环不止地进行下去的科学程序。

全面质量管理活动的全部过程,就是质量计划的制订和组织实现的过程,这个过程就是按照 PDCA 循环,不停顿地周而复始地运转的。

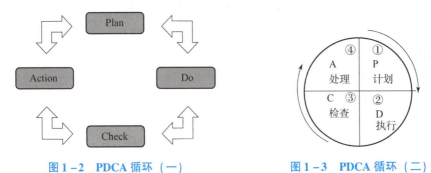

图 1-2　PDCA 循环(一)　　　　图 1-3　PDCA 循环(二)

PDCA 循环的工作方式符合事物发展的客观规律,因此被广泛应用于质量管理和其他领域。例如市场调查每完成一个由"计划—执行—检查—处理"构成的 PDCA 循环,就将信息资源反馈到有关部门,这样不断地加以改进和创新,使企业的销售服务系统对任何变化都很敏感,能迅速反应,不断推出新产品,或者减少顾客的不满意。

2. PDCA 循环的四阶段和八个步骤

戴明循环强调自主、主动管理,即立足于企业内部,详细分析本企业目前存在什么主要问题,然后改进,特点是自我超越。

PDCA 循环主要有如下四个阶段。

第一阶段是计划。它包括分析现状、找出存在问题的原因、分析产生问题的原因、找出其中主要原因、拟定措施计划、预计效果五个步骤。它以满足顾客的要求并取得经济效益为目标,通过调查、设计、试制、制定技术和经济指标、质量目标,以及达到这些目标的具体措施和方法。所以计划阶段就是制定质量目标、活动计划、管理项目和实施方案。

第二阶段是执行。根据预定计划和措施要求,努力贯彻和实现计划目标和任务。所以执行阶段就是要按照所制定的计划和措施去实施。

第三阶段是检查。对照执行结果和预定目标,检查计划执行情况是否达到预期的效果,哪些措施有效,哪些措施效果不好,成功的经验是什么,失败的教训又是什么,原因在哪里,所有这些问题都应在检查阶段调查清楚。所以检查阶段就是对照计划,检查计划执行的情况和效果,及时发现和总结计划实施过程中的经验和问题。

第四阶段是处理。巩固成绩,把成功的经验尽可能纳入标准,进行标准化,对遗留问题转入下一个 PDCA 循环去解决。

PDCA 循环主要有如下八个步骤，如图 1-4 所示。

第一步：分析现状，发现问题（找问题）。

第二步：分析问题中的各种影响因素（找原因）。根据存在问题，分析产生质量问题的各种影响因素，并逐个因素加以分析。

第三步：分析影响的主要原因（找要因）。

第四步：针对影响质量的主要原因，采取解决的措施（订计划），制定技术、组织的措施和方案，执行计划和预计效果。计划和措施应尽量做到明确具体，并确定具体的执行者、时间进度、地点、部门和完成方法等，可用 5W1H 法来实施。

图 1-4　PDCA 循环步骤

——Why，为什么要制订这个措施？

——What，达到什么目标？

——Where，在何处执行？

——Who，由谁来负责？

——When，到何时完成？

——How，怎样执行？

第五步：执行，按照措施计划的要求去做。

第六步：检查，把执行结果与要求达到的目标进行对比。

第七步：定标准，对原有的制度、标准进行修正，把成功的经验肯定下来制定成为标准和规则，以指导实践，对失败的教训也要加以总结整理，记录在案，以供借鉴。巩固已取得的成绩，同时防止重蹈覆辙。

第八步：把还未解决或新出现的问题转入到下一个 PDCA 的循环中去解决（提出新问题）。

3. PDCA 循环的特点

（1）大环套小环，互相衔接，互相促进（见图 1-5）。企业总部、车间、班组、员工都可进行 PDCA 循环，找出问题以寻求改进。如果将整个企业的工作比喻为一个大的 PDCA 循环，那么各个车间、小组或职能部门则都有各自的 PDCA 小循环。因此，管理循环的转动，不是个人的力量，而是组织的力量，是整个企业全员推动的结果。PDCA 循环不仅适用于整个企业，而且也适用于各个车间、科室和班组以及个人。根据企业总的方针目标，各级各部门都要有自己的目标和自己的 PDCA 循环。这样就形成了大环套小环，小环里边又套有更小的环的情况。整个企业就是一个大 PDCA 循环，各部门又都有各自的 PDCA 循环，依次又有更小的 PDCA 循环，具体落实到每一个人。上一级的 PDCA 循环是下一级 PDCA 循环的依据，下一级 PDCA 循环又是上一级 PDCA 循环的贯彻落实和具体化。通过循环把企业各项工作有机地联系起来，彼此协同，互相促进。

（2）螺旋式上升，如同爬楼梯（见图 1-6）。第一循环结束后，则进入下一个更高级的循环，循环往复，永不停止。戴明强调连续改进质量，把产品和过程的改进看作一个永不停止、不断获得小进步的过程。PDCA 循环不是只停留在一个水平上的循环，而是每一次循环都会解决一批问题，取得一部分成果，因而就会前进一步，有新的内容和目标，水平就上升一个台阶，质量水平就会有新的提高。就如上楼梯一样，每经过一次循环，就登上一级新阶，这样一步一步地不断上升提高。例如，企业向省级、国家级、国际标准不断迈进，正是阶梯式上升的具体表现。

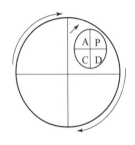
图 1-5　PDCA 大环套小环

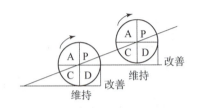
图 1-6　PDCA 螺旋式上升

（3）推动 PDCA 循环的关键在 A 阶段。所谓总结，就是总结经验，肯定成绩，纠正错误，提出新的问题以利再战。这是 PDCA 循环之所以能上升、前进的关键。如果只有前三个阶段，没有将成功经验和失败教训纳入有关标准、制度和规定中，就不能巩固成绩、吸取教训，也不能防止同类问题的再度发生。因此，推动 PDCA 循环，一定要始终抓好总结这个阶段。

案例　PDCA 循环的实际运用

我是个男孩子，在学校，我最怕与同学交流（因为内向，还有一定自卑感）。班级搞活动时，每次只要我站上去，活动就卡壳了。上课时老师喊我回答问题，我也会紧张得要命。与女生交流，一定会脸红，说话结结巴巴。个别同学还认为我有心理障碍，同学们都劝说：要放开些，要对自己有信心。在学习中，因为我不太善于与人交流，不会的问题又不敢问老师和同学，孤陋寡闻，成绩一直无法提高。这次学习了 PDCA，就用 PDCA 来改变自己。

P—计划：因为内向，不喜欢与人交流。所以第一周选择好朋友作为谈话对象，第二周扩大到周边同学，第三周再与老师交流，提高讲话能力后，再参加其他活动。

D—执行：先与好朋友交流，每天坚持与他谈话，这样心里有了点底气。再与周边同学交流，每天按计划谈一些趣事，渐渐地人也开朗了许多，逐渐克服了心理恐惧。最后，在课间向老师请教问题，呵，没想到成绩也有了进步。

C—检查：基本能按周完成计划，心理上能承受交流带来的恐惧感。但执行过程中，有时感到没有谈话内容。

A—处理：对上面的计划感到可行，争取继续执行。针对有时感到没谈话内容的，决定再定出计划和执行方案，再以 PDCA 循环作为改进措施。

P—计划：每天找一个同学谈一个话题，谈话前先熟悉话题相关信息资料。

D—执行：按计划方案去做。例如第一天谈学习问题，先熟悉学习方法、学习习惯、具体科目的特点等，再与一个同学交流。

C—检查：能按计划完成。在小组活动人多时，还存在说话结巴的现象。

A—处理：针对人多时说话结巴问题，决定再定出计划和执行方案。再以 PDCA 循环作出改进。

好了，现在，我已经成为一个演讲高手了，不再是一个腼腆的男孩了，成绩也有了极大提高，祝贺我吧。

【自检】

通过学习 PDCA 循环法，以后我们在处理生活或学习问题时，就可以参照同样的处理方法，甚至可以触类旁通，寻找到更加快捷的处理方法。探讨下，在班级管理中，针对早上迟到现象，应如何采用 PDCA 循环法的八步骤进行解决？

_____
_____
_____
_____
_____

第四节　质量经济性

质量问题实际上是一个经济问题，质量经济分析和管理，是一个组织质量经营追求成功的重要环节，也是衡量一个组织质量管理有效性的重要标志。质量经济涉及利益和成本等诸因素，对组织和顾客都具有重要意义。有效实施质量经济分析和管理，将有力地推进组织提高质量和管理水平。

一、质量的经济性

质量对组织和顾客而言都有经济性的问题。如从利益方面考虑：对顾客而言，必须考虑减少费用、改进适用性；对组织而言，则需考虑提高利润和市场占有率。从成本方面考虑：对顾客而言，必须考虑安全性、购置费、运行费、保养费、停机损失和修理费以及可能的处置费用；对组织而言，必须考虑由识别顾客需要和设计中存在的缺陷，包括不满意的产品返工、返修、更换、重新加工、生产损失、担保和现场修理等发生的费用，以及承担产品责任和索赔风险等。这些都是围绕经济性的有关问题。

1. 质量与经济

质量管理是以质量为中心，努力开发和提供顾客满意的产品和服务。质量管理正从"消除不满意"向"追求满意"方向发展。伴随着质量概念的不断演变，从符合性发展到追求顾客满意，质量经济性也越来越重要，逐渐成为质量管理中的一个重要课题。

2. 质量经济性管理

通过加强质量管理，来提高组织经济效益有两个方面：一是增加收入（销售额）、利润和市场份额；二是降低经营所需资源的成本，减少资源投入。由于销售质量低劣的产品和服务，会给组织带来损失，并使其在市场竞争中处于不利地位，并且其他的损失也可能会使市场份额减少，如组织形象和信誉不佳、顾客抱怨、责任风险等，以及人力和财务资源的浪费，因此减少这些损失，可以降低经营所需资源的成本。1998年8月1日颁布的 ISO/TR 10014《质量经济性管理指南》给出了实施质量经济性管理、改进经济效益的层次结构，如图1-7所示。

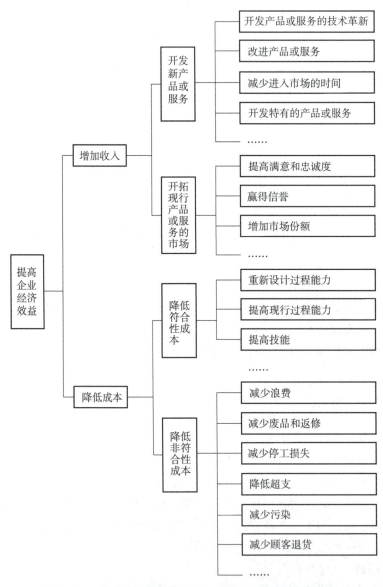

图1-7 实施质量经济性管理、改进经济效益的层次结构

案例 国企的悲哀

内地某国营企业曾经与外商草签了一份供销合同，合同规定由外商给该企业提供价值300万元人民币的生产设备，以提高企业的生产能力，合同期为三年，三年后该企业将无偿拥有这些设备的所有权。合同约定，在三年合同期内，该企业按双方商定好的价格每年为外

商提供某种产品10 000件。合同同时约定，若第一年少交货1件，该企业将按每件1 000元交付赔偿金，第二年少交货1件，该企业将按每件2 000元交付赔偿金，第三年该企业将按每件3 000元交付赔偿金。该企业几个主要领导商议后认为有利可图，便与外商正式签订了合同。300万元的设备到位后，该企业立即组织生产，由于生产能力不足，虽经全体职工的努力，第一年只生产出了8 000件产品，按合同规定，被罚金额2 000件×1 000元＝2 000 000元。第二年该企业调整好生产组织方式，准备大干一年，挽回经济损失，但第二年只能生产8 500件，结果被罚金额1 500件×2 000元＝3 000 000元。第三年只交货7 000件，被罚金额3 000件×3 000元＝9 000 000元。辛苦三年，损失竟然达到了14 000 000元以上。

二、质量成本管理

在市场经济条件下，市场竞争已把质量置于企业发展的战略地位，企业必须以质量求发展，通过提供高质量的产品和服务，来增加企业的经济效益，获得长期的竞争优势。质量成本分析从保证产品质量支出的有关费用和未达到既定质量标准付出的代价入手，探求以最少的质量资本投入来取得最大的经济效益，这已成为企业质量管理部门的一项重要职能，也是质量管理必不可少的重要工具。

1. 质量成本的概念

质量成本（Cost of quality）是人们在企业质量管理的实践中逐步形成和发展起来的。20世纪50年代朱兰提出了"矿中黄金"的概念，认为废品就像亟待开采的"金矿"，只要管理得当，降低废品费用就如同从金矿中开采出黄金，他指出了质量成本分析的重要性。今天，人们已经明白，良好的产品和服务质量与低成本并不是相互矛盾的。

世界上最早运用质量成本分析的企业是美国的通用电气公司，负责设计该公司质量成本体系的就是著名质量管理专家菲根堡姆。20世纪50年代初期，他为通用电气公司设计了一个质量成本报告体系，即以美元为计量单位，把因质量预防和鉴定活动所发生的费用与产品质量不符合要求所引起的损失放在一起考虑，向公司管理当局提供有关质量问题影响企业经济效益的资料，并有针对性地提出质量改进建议、质量改进方案以及这些建议、方案的经济重要性，以引起管理当局对质量工作的重视，便于管理者正确进行质量决策。

质量成本是将产品质量保持在规定的质量水平上所需的费用。质量成本是企业生产总成本的一部分，它包括确保满意质量所发生的费用，以及未达到满意质量时所遭受的有形和无形损失。

质量成本是管理的经济表现，是衡量质量体系有效性的一个重要因素。对质量成本进行统计、核算、分析、报告和控制，不但可以找到降低生产成本的途径，促进经济效益的提高，同时还可以监督和指导质量管理活动的正常进行。因此，质量成本是质量管理深入发展和财务成本管理必须研究的问题。

开展质量成本管理对改进产品质量、降低成本、提高企业素质也具有重要的现实意义。我国一些企业在推行全面质量管理活动中，开展质量成本管理，对促进质量管理工作的深入开展，提高产品质量，降低产品成本起到了很大作用。

案例　开展质量成本管理的意义

某公司是一家中美合资企业，从1990年成立以来，以差异化为经营战略，取得了较好的业绩，迅速成为行业的领先者。然而，在行业进入成熟期后，企业的增长势头受到了抑制。2000年，为进一步提高企业的管理水平，开始引进日本丰田的精益生产方式，特别是对现场中的库存、制造、等待、搬运、加工、营销等多种浪费的存在有了比较清醒认识，并且在实际工作中努力加以改善。但是随着活动的进一步深入，管理人员发现，企业的日常管理中存在着许多无效的管理，按照这些管理方法，所造成的损失是难以测量的，因为它们常常作为正常的管理成本而不被发现，使企业的经营管理难以得到持续的改进。为此，需要一种新的工具来发现这些质量成本和浪费，在经过反复比较后，该公司最终选择了质量成本法来解决这一问题。

2. 质量成本的构成

1）质量成本的构成

质量成本可以分为控制成本与损失成本（或故障成本）。我们可以将第一次就把事情做对的成本作为控制成本，将做错事情的成本作为损失成本。

控制成本与从生产过程中消除缺陷的活动有关。消除缺陷可以通过预防和鉴定两种方式来实现。预防成本包括诸如质量计划、新产品的评审、人员的培训和工程分析等活动的成本。这些活动发生在产品投入生产之前，其目的是防缺陷于未然。控制成本的另一类型是鉴定或检验成本，鉴定或检验的目的是在缺陷出现之后，但产品还未交付用户使用之前消除缺陷。

损失成本，又称故障成本，可以是生产过程中产生的（内部损失成本或内部故障成本），也可以是在产品发运后产生的（外部损失成本或外部故障成本）。内部损失成本包括不合格品损失费、返修费、质量降级费、机器设备停工损失费。外部损失成本包括理赔费、退货损失费、折价损失费等。

由此可知，质量成本又可以分为预防成本、鉴定成本、内部损失成本和外部损失成本四类。

（1）预防成本。预防成本是为了保证产品质量的稳定和提高，控制工序质量，减少损失而采取的措施所发生的各项费用。当产品质量或服务质量及其可靠性提高时，预防成本通常是增加的。因为提高产品或服务质量通常需要更多的时间、努力和资金等的投入。预防性支出项目包括新产品评估审核费、工序研究费、质量设备费、教育与培训费、质量情报费、持续的质量改善工作费等。

案例　产品设计时的成本考虑

产品设计开发之前进行详细的市场调查，必须考虑以下内容：

a. 该产品市场供求信息。

b. 国内外该类产品水平及发展趋势。

c. 市场对产品的品种、规格、性能、质量、价格等的要求。

d. 市场对产品寿命的预期。

e. 国家政策对该产品的控制。

设计过程应注意的成本问题:
a. 原材料的采用应在能够实现设计目标前提下,尽量采用较低成本的材料。
b. 产品设计应充分考虑生产的效率。
c. 高新技术的使用应充分考虑企业的生产现状和市场的认知、接受程度。
d. 确定合适的材料定额,提高材料的利用率。

(2) 鉴定成本。鉴定成本是用于试验和检验,以评定产品是否符合所规定的质量水平所支付的费用。质量鉴定可以帮助管理人员发现质量问题的所在,从而可以立即采取措施解决存在的问题,保证质量能够持续得到改善,以减少质量问题带来的成本。当产品或服务的质量及其可靠性提高时,鉴定成本通常会降低。例如在日本企业中,每名员工都不放过任何一个已发现的质量问题,绝对不让有质量问题的加工零件进入生产线的下一工位。这种做法不仅有利于企业迅速发现质量问题,还能找到引起质量问题的根源所在,这是一种降低质量管理中鉴定成本的有效方法。鉴定成本支出项目包括进货检验费、工序检验费、成品检验费、试验设备维修费等。

(3) 内部损失成本。内部损失成本是交货前因产品不能满足质量要求所造成的损失成本,当产品或服务的质量及其可靠性提高时,内部损失成本会降低。内部损失成本支出项目包括废品损失、返工损失、复检费、质量故障处理费等。

(4) 外部损失成本。外部损失成本是交货后因产品不能满足质量要求所造成的损失,它同内部损失成本的区别,在于产品质量问题是发生在发货之后。同内部损失成本一样,当产品或服务的质量及其可靠性提高时,外部损失成本会降低。质量及可靠性的提高,不仅会减少售后保修费用,保持市场份额,而且还会避免由于产品或服务质量低劣而导致的人身损害、环境污染等重大事故的发生。外部损失成本支出项目包括保修、保换、保退、撤销合同及有关质量的赔偿、诉讼费用等。

为了明确经济责任,不仅需要考核各单位、部门质量成本的支出情况,还要按质量成本具体发生的地点进行分类,以便考核其质量成本指标的完成情况。根据这个标志,可将质量成本分为生产部门、销售部门、检验部门、全面质量管理部门等部门的质量成本。对于发生的质量成本按上述责任单位进行归集,责任明确,费用归集方便,能更好贯彻经济责任制的要求。一般情况下,预防成本可由全面质量管理部门、检验部门和供应部门负责;鉴定成本可由检验部门负责;内部损失成本可由生产车间负责;外部损失成本可由销售部门和生产部门负责。

案例 一汽公司成本浪费的项目

一汽公司对企业中质量缺乏而造成的成本浪费项目进行了归类。主要有以下几个方面:
(1) 设备、物流、外协件、规划等的停台。
(2) 安装或焊接、外协加工时产生的废品。
(3) 用户的抱怨所浪费的人力、财力及索赔工作。
(4) 返修时的损失。
(5) 各种无效的会议和工作。

2) 总质量成本的形成

总质量成本可以表达为下面各成本的和（见表1-2）：

总质量成本 =（控制成本）+（损失成本）

　　　　　=（预防成本 + 鉴定成本）+（内部损失成本 + 外部损失成本）

表1-2　总质量成本的形成

预防成本	控制成本	总质量成本
鉴定成本		
内部损失成本	损失成本	
外部损失成本		

质量成本的四项费用的大小与产品质量的合格率之间有内在的联系，反映这种关系的曲线称为质量成本特性曲线，如图1-8所示。在100%不合格的极端情况下，预防成本和鉴定成本几乎为零，说明企业完全放弃了对质量的控制，而导致损失成本极大。随着企业对质量管理的投入，在逐步增加预防成本与鉴定成本时，产品合格率上升，损失成本明显下降。当产品合格率达到一定水平以后，如要进一步提高合格率，则预防成本和鉴定成本将急剧增大，而损失成本降低率很小。如何合理地选择质量水平？从曲线中可以看出质量成本的极小值点A，A点对应着产品质量水平点P，企业如果把质量水平维持在P点，则有最小质量成本。

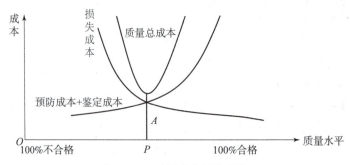

图1-8　质量成本特性曲线

根据长期大量的调查分析，质量成本的构成一般为以下情况（见表1-3）：预防成本占质量成本总额的百分比为1%~5%，鉴定成本占10%~15%，内部损失成本占25%~40%，外部损失成本占25%~40%。其中，控制成本控制在约10%，损失成本控制在约50%是较为合理的。

表1-3　朱兰博士的质量成本比例

质量费用	占质量总成本的比例
内部损失成本	25%~40%
外部损失成本	25%~40%
鉴定成本	10%~15%
预防成本	1%~5%

3. 质量成本管理的功能

质量成本管理包括以下职能：质量成本的预测、质量成本的计划、质量成本的分析和报告、质量成本的控制和考核。

1）质量成本的预测

为了编制质量成本计划，对质量成本进行科学合理的控制，首先需要对质量成本进行预测。预测时，根据企业的实际状况、质量方针目标、质量成本水平、顾客需求等，通过分析各种要素与质量成本的变化关系，对成本计划中的质量成本作出估算。预测的质量成本数据可作为编制质量成本计划的依据，也可作为质量改进计划的制定依据。

案例　邯郸钢铁的成本预测

邯郸钢铁集团的成本管理模式的突出特点是企业内部实行"模拟市场，成本否决"。具体做法是：以市场价格为主要参照系，核定出内部核算价格，并从这个价格开始，一个工序一个工序地剖析其潜在效益，从后向前核定目标成本，直至原材料采购。然后将总目标成本分解至企业内部的产品设计、经营管理的各部门，以及分厂、车间、班组等生产经营各个环节，直到每个人层层签订承包协议，并与奖惩挂钩，实行成本管理责任制。如果经营环境变化，目标成本与实际成本之间可能会有一定的差异，公司将认真分析这种差异，以采取有效措施，使得目标成本控制更加科学化。

2）质量成本的计划

质量成本计划是指达到适宜的质量成本而筹划的各种措施，每个推行质量成本管理的部门必须编制质量成本计划并付诸实施，逐渐使质量成本进入受控状态。质量成本计划应规定质量成本目标、采取的具体措施、要求目标定量（可测量）、措施可操作性，一般质量成本计划每年编制一次，下一年的计划应充分考虑过去一年的计划实施结果。

案例　产品改进与成本控制

本田汽车公司在设计新款轿车"思域"时，力图在降低成本的同时增加顾客满意程度。改进的地方有：将仪表盘的时钟刻在收音机显示器上，简化车身铰链，重新设计保险杠、挡泥板和其他部件，以减少组件，降低生产成本；福特汽车公司的新产品设计项目"福特产品研发系统"可以加快新车研发、改善设计质量并节约设计成本。该系统以网络为基础，集中全球范围内福特工程师的研究能力，使之竭诚合作。最近，在美国、英国和德国的4 500名工程师使用了该网络工具。福特还使用结构动态研究公司的计算机辅助设计软件来加快设计进度，降低设计成本并减少汽车样品生产成本。

【自检】

勤俭节约是种美德，根据个人实际情况，制定一个费用支出成本计划。

_____
_____
_____
_____
_____

3）质量成本的分析和报告

质量成本分析的目的，是通过质量成本核算所提供的数据信息，对质量成本的形成、变化原因进行分析和评价，以找出影响质量成本的关键因素和管理上的薄弱环节。质量成本分析的主要方面有：质量成本的总额分析、质量成本的构成比例分析以及质量成本与比较基数（如销售收入、产品总成本、总利润等）的比较分析。

规定质量成本核算期后（一般每月核算一次），核算部门就收集各部门有关质量成本的数据和记录，进行统计、计算并汇总。根据质量成本汇总表，企业责任部门（财务部或品质部或其他指定部门）应进行质量成本的趋势分析，并编写质量成本报告。

案例　质量成本数据的收集

表1-4是某公司三年度的质量成本数据收集汇总表。

表1-4　质量成本数据汇总表　　　　　　　　　　　　　　　　　　　　元

年度 项目	2005	2006	2007
检测设备折旧	22 000	34 000	30 000
废品处置	54 000	76 000	60 000
检测	76 000	120 000	132 000
废料成本	86 000	124 000	100 000
产品退回	340 000	82 000	40 000
产品检验	98 000	160 000	170 000
质量工艺	56 000	80 000	84 000
返工成本	140 000	200 000	180 000
统计过程控制		74 000	78 000
测试物料	4 000	6 000	7 000
系统开发	64 000	106 000	117 000
质保维护	420 000	140 000	70 000
质量退换	60 000	18 000	5 000
合　　计	1 420 000	1 220 000	1 073 000

案例　质量成本的报告分析

根据表1-4所列的数据，进行统计分析，得到报告信息，如图1-9所示。

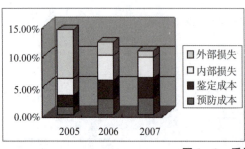
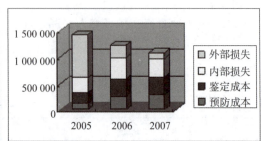

图1-9　质量成本数据统计

成本报告显示2005年全年质量成本达到年度销售额的14.2%，因为产品的质量问题给公司造成成本损失，通过实施质量成本管理系统，到2007年已经下降到10.73%，在假设销售额不变的情况下公司盈利能力得到显著增强。

通过产品质量成本报告，我们可以看出随着公司预防成本、鉴定成本的增加，公司内、外部损失成本减少，公司全部质量成本从绝对值和比重方面都得到显著降低。

4) 质量成本的控制和考核

质量成本的控制是以质量成本计划所制订的目标要求为依据，采取措施把影响质量总成本的各个成本项目控制在计划范围内的一种管理活动。

质量成本考核就是对质量成本责任单位和个人的质量成本指标完成情况进行考察和评价，以达到不断提高质量成本管理绩效的目的。质量成本的考核应与绩效挂钩，并定期考核，以充分发挥质量成本管理的作用。

案例　质量成本的控制

某乡镇企业的产品一直被评为全省最优，连续几年保持同档次产品生产成本在同行业为最低的纪录。该企业通过以下措施创造出了最低的生产成本。

（1）定编减员，压缩经费开支。前几年，该企业为提高社会效益，广招农村闲散劳动力进厂，结果造成了企业人员过剩，科室人浮于事，勤杂人员多，工资开支过大。厂领导为降低成本，在全厂范围内定编定岗，压缩机构，裁减过剩人员，1 200多人的企业，只留下50名干部（包括各种专业技术干部），并且干部大多身兼数职。

（2）严格定额管理，降低消耗。厂领导认为只有严格执行各种定额标准，降低消耗，才能提高经济效益。由此，企业对各生产班组、织机实行严格的定额管理，限额发料，节约提成奖励。通过定产量、定消耗、定工时，并每年确定各单位的原材料消耗降低率、能源动力降低率指标，使消耗水平一降再降。

（3）提高产品质量档次，减少废品损失。由于外贸部门对出口产品实行优质优价，质量档次越高，产品的附加价值就越大，单位产品的成本相对就越低。为了减少废品损失，企业对职工生产的废次品实行折扣赔偿制度，这样就使生产操作者的责任心大大增强。

（4）开展价值工程活动，综合利用各种资源，在保证产品质量的前提下采取各种措施降低成本。能用土办法、土设备满足生产需要时，他们就不用洋办法、洋设备；能用国产原料，就不用进口原料，尽量做到少花钱多办实事。

通过一系列的质量成本管理措施，使企业的质量成本管理水平有了极大的提高，也提高了企业在同行业中的竞争力。

第五节　质量管理的基础工作

质量管理的基础工作是组织质量管理体系有效运行的基本保证，通常包括质量教育培训工作、标准化管理工作、计量管理工作和质量信息管理工作。

一、质量教育培训工作

质量教育培训内容包括如下三个方面。

1. 质量意识教育

增强质量意识是质量管理的前提,而领导的质量意识更是直接关系到企业质量管理的成败。因此,质量意识教育被视为质量培训的首要内容。

质量意识教育的重点是要求各级员工理解本岗位工作在质量管理体系中的作用和意义,理解其工作结果对过程、产品甚至信誉的影响,知道采用何种方法才能为实现与本岗位直接相关的质量目标做出贡献。

质量意识教育的内容可包括质量的概念、质量法律、法规,质量对组织、员工和社会的意义和作用,质量责任等。

> **案例　优良产品为什么会变成垃圾?**
>
> 某天,某企业的一位副总突然发现垃圾桶里有本公司生产的优良产品,他怀疑有人故意搞破坏,于是展开层层调查,结果大大出乎他的意料。本来优良产品和不良产品是用不同颜色的篮子盛装的,不良品用红色篮子,优良品用蓝色篮子。但是,这一天,一位负责包装产品的员工不小心用红色的篮子装了优良产品;接下来第二个人随手就把一张报纸丢在红色篮子上面;接着,第三个人把垃圾倒在里面;最后,来打扫卫生的第四个人一看是垃圾,就把它倒在垃圾桶里。
>
> 质量意识应时刻存在于工作与生产中,只要时刻关注质量,就会养成良好的质量意识习惯。否则,就有可能出现不该出现的错误。

2. 质量知识培训

质量知识培训是质量管理培训内容的主体,组织应对所有从事质量工作的员工进行不同层次的培训。在识别培训需要的基础上,应对不同层次的对象提出不同的要求,规定不同的内容,编写不同的教材,切忌"一刀切"。领导培训内容应以质量法律法规、经营理念、决策方法等为主;管理人员和技术人员培训内容应注重质量管理理论和方法;而一线员工培训内容则以本岗位质量控制和质量保证所需的知识为主。

3. 技能培训

技能是指为保证和提高产品质量所需的专业技术和操作技能。技能培训是质量管理培训中不可缺少的重要组成部分。由于行业和岗位不同,员工所需的技能也不同,但是,对各层次人员的培训要求则大致相同。

对技术人员,主要应进行专业技术的更新和补充,学习新方法,掌握新技术;对一线工人,应加强基础技术训练,熟悉产品特性和工艺,不断提高操作水平;对于领导人员,除应熟悉专业技术外,还应掌握管理技能。

二、标准化管理工作

质量管理与标准化虽然是两个不同的学科,但两者有着非常密切的关系。标准化是进行质量管理的依据和基础,标准化的活动贯穿于质量管理的始终,标准与质量在循环过程中互相推动,共同提高。标准化与质量管理都是现代科学技术与现代科学管理相结合的综合性学科,它们的学科基础以及与社会学、经济学、环境学等的交汇都有许多相同之处。因此,学习质量管理应掌握必要的标准化知识。

1. 标准与标准化

我国国家标准 GB 3935.1—1996《标准和有关领域的通用术语第二部分:基本术语》对标准和标准化有明确的定义:

标准是指为在一定的范围内获得最佳秩序,对活动或其结果规定共同的和重复使用的规则、导则或特性文件。该文件经协商一致制定并经一个公认机构的批准。

注:标准应以科学、技术和经验的综合成果为基础,以促进最佳社会效益为目的。

标准化为在一定的范围内获得最佳秩序,对实际的或潜在的问题制定共同的和重复使用的规则的活动。

注:①上述活动主要是包括制定、发布及实施标准的过程。

②标准化的重要意义是改进产品、过程和服务的适用性,减少和消除贸易技术壁垒,并促进技术合作。

由上述定义可见,标准是一种特殊文件,是现代化平常技术成果和生产实践经验相结合的产物,它来自生产实践,反过来又为发展生产服务,标准随着科学技术和生产的发展不断完善、提高。而标准化是一种活动,主要是指制定标准、宣传贯彻标准、对标准的实施进行监督管理、根据标准实施情况修订标准的过程。这个过程不是一次性的,而是一个不断循环、不断提高、不断发展的运动过程。每一个循环完成后,标准化的水平和效益就提高一步。

标准是标准化活动的产物。标准化的目的和作用,都是通过制定和贯彻具体的标准来体现的。所以标准化活动不能脱离制定、修订和贯彻标准,这是标准化最主要的内容。

案例 惠特尼的互换性

18 世纪末,美国刚成立不久,政府急需大量军火,便与惠特尼签订了一项两年之内生产一万支来复枪的合同。开始,惠特尼的工厂用手工方法难以完成。后来,他运用互换性的原理,选择一支标准枪为基准模型,分零件仿造,按专业化组织生产,这些零件在每支枪上都可以使用并可互换,从而提高了生产效率和质量,完成了合同。由于在批量生产中采用了可以互换零部件的方法,开创了标准化基础上的成批生产方式,引起了企业生产组织形式的革命,并为现代化大批量流水生产奠定了基础。因此,惠特尼被誉为"美国标准化之父"。

【自检】

就班级管理某一方面,设计一个标准化管理样表。

_____
_____
_____
_____
_____

2. 标准分级

所谓标准分级就是根据标准适用范围的不同，将其划分为若干不同的层次。对标准进行分级可以使标准更好地贯彻实施，也有利于加强对标准的管理和维护。由于世界各国的具体情况不同，有着不同的标准分级方法。按《中华人民共和国标准化法》规定，我国标准分为四级，即国家标准、行业标准、地方标准和企业标准。另外，为了适应高新技术标准化发展快和变化快等特点，国家标准化行政主管部门于1998年通过《国家标准化指导性技术文件管理规定》，出台了标准化体制改革的一项新举措，即在四级标准之外，又增设了一种"国家标准化指导性技术文件"，作为对四级标准的补充。

国家标准：是指由国家的官方标准化机构或国家政府授权的有关机构批准、发布，在全国范围内统一和适用的标准。中华人民共和国国家标准是指对全国经济技术发展有重大意义，必须在全国范围内统一的标准。对需要在全国范围内统一的技术要求，应当制定国家标准。我国国家标准由国务院标准化行政主管部门编制计划和组织草拟，并统一审批、编号和发布。

行业标准：指中国全国性的各行业范围内统一的标准。《中华人民共和国标准化法》规定："对没有国家标准而又需要在全国某个行业范围内统一的技术要求，可以制定行业标准。"行业标准由国务院有关行政主管部门编制计划，组织草拟，统一审批、编号、发布，并报国务院标准化行政主管部门备案。行业标准是对国家标准的补充，行业标准在相应国家标准实施后，自行废止。

地方标准：指在某个省、自治区、直辖市范围内需要统一的标准。对没有国家标准和行业标准而又需要在省、自治区、直辖市范围内统一的工业产品的安全和卫生要求，可以制定地方标准。制定地方标准的项目，由省、自治区、直辖市人民政府标准化行政主管部门确定。地方标准由省、自治区、直辖市人民政府标准化行政主管部门编制计划，组织草拟，统一审批、编号、发布，并报国务院标准化行政主管部门和国务院有关行政主管部门备案。地方标准不得与国家标准、行业标准相抵触，在相应的国家标准或行业标准实施后，地方标准自行废止。

企业标准：是指企业所制定的产品标准和在企业内需要协调、统一的技术要求和管理、工作要求所制定的标准。企业生产的产品在没有相应的国家标准、行业标准和地方标准时，应当制定企业标准，作为组织生产的依据。在有相应的国家标准、行业标准和地方标准时，国家鼓励企业在不违反相应强制性标准的前提下，制定充分反映市场、顾客和消费者要求的，严于国家标准、行业标准和地方标准的企业标准，在企业内部适用。

《中华人民共和国标准化法》规定，国家标准、行业标准分为强制性标准和推荐性标准。保障人体健康、人身、财产安全的标准和法律、行政法规规定强制执行的标准是强制性标准，其他标准是推荐性标准。《中华人民共和国标准化法》同时还规定，省、自治区、直辖市标准化行政主管部门制定的工业产品的安全、卫生要求的地方标准，在本行政区域内是强制性标准。

三、质量信息管理工作

信息指"有意义的数据"。该定义中数据是一个广义的概念，指有意义、有价值的资讯。信息是通过形象符号、语言文字、指令代码、数据资料等不同形式和不同媒体对客观事物所做的描述和反映。原始数据和信息之间的关系，类似于原材料和成品之间的关系。通过对数据的整理分析或通过计算机的信息处理系统，将不可利用或难以应用的原始数据加工成可利用的有效信息。一般情况下，信息本身可能就是一种已经被加工成为特定形式的数据，在质量管理活动中经常要记录或接触大量的数据（记录、客观证据等）。这些质量信息不但可以帮助人们发现问题，寻找解决问题的途径，也是质量管理中做出决策和采取行动的依据。质量信息管理是企业质量保证体系的重要组成部分，质量信息可分为产品质量信息和工作质量信息两个方面。

质量信息是有关质量方面有意义的数据。产品的形成中存在着两种运动过程：物流和信息流。物流是由原材料等资源的输入转化成产品输出而进行形态和性质变化的过程。而信息流则是伴随物流而产生，它反映了物流状态，并通过它控制、调节、改进物流。一个组织的质量管理，从某种意义上说，就是要管好这两个方面的过程。如图 1-10 是信息流示意图。

图 1-10　信息流示意图

1. 信息源

信息源指信号或消息序列的产生者。在质量管理信息中，指数据或信息的发出者。信息源可分为内部信息源和外部信息源。内部信息源产生于组织内部产品实现过程和体系运行过程。外部信息源产生于组织外部，包括相关方的、社会和外部环境等方面的信息。组织应通过需求分析收集对过程控制和体系有效运行起作用的数据，至少应能提供以下方面的信息：

（1）顾客满意度的评价。

（2）产品的符合性。

（3）过程能力和产品质量现状及其发展趋势。

（4）纠正、预防措施和持续改进。

2. 信息传递

信息传递是指在信息系统中将信息按照规定的方式和途径，经过一定的载体从一处传到另一处的过程。信息传递大体由三部分组成：信源、信道、信宿。信道是传递的通道；信宿是传递的终点，一般指接收信息和处理信息的部门。传递要求完整（数据完整并可追溯）、准确、及时。从质量管理角度来看，"记录"（阐明所取得的结果或提供完成活动证据的文件）这个特殊文件是最重要的信息载体。

3. 信息处理

信息处理是指将原始数据（信息）通过一定的手段和方法，"加工"成有意义的信息的过程。这里，原始数据是信息处理过程的输入，通过整理、分析、计算、建模等一系列操作活动，从而产生可用于控制、改进和决策的有用信息（信息处理过程的输出）。

4. 信息反馈

信息反馈是双向的，即将处理后的信息作为二次信息源，反馈给需要信息的人们和部门。

二次信息源的质量直接影响到新的一次信息的质量及传递。质量信息不仅需要及时传递，而且要做到及时反馈，才能使信息被利用和共享成为可能。

产品质量信息反馈是指生产的全过程中发现存在各种质量不良因素，以及用户反映的各种质量问题时，进行的质量信息的收集、分析、分类、传递和处理。工作质量信息反馈是指企业的任何部门、任何个人，对其他部门和其他人员的活动对产品质量的保证程度达不到要求时，而进行的信息反馈和处理。

为了确保质量管理的有效运行，进行质量信息转换是十分必要的，应将质量信息（数据）作为一种基础资源，这对以事实为依据做出决策的质量管理工作是必不可少的。为了对质量信息进行管理，质量信息管理工作应当做到：

（1）识别信息需求。
（2）识别并获得内部和外部的信息来源。
（3）将信息转换为对组织有用的知识。
（4）利用数据、信息和知识来确定并实现组织的战略和目标。
（5）确保适宜的安全性和保密性。
（6）评估因使用信息所获得的收益，以便对信息和知识的管理进行改进。

案例　日升电子公司的质量信息管理

日升电子公司管理层认识到由于公司多年来的运作，中、高层管理人员的稳定对保持公司的政策一致性有主要的作用，但管理人员有时出现质量改进惰性。为此，公司管理层在2001年年底开始全面实施数据化、信息化管理，各个生产车间、楼层都和中央数据中心联网，并且各生产单位按小时输入数据，使数据、信息及时输入，让管理层利用数据信息及时做出相应对策，保证信息的时效性。并且挑选一位品质副经理专职负责质量改善小组，直接向品质总监报告制造问题，每周召开各部门检讨上周出现的品质问题以及可以希望改善品质的地方。而生产单位每个小时都可以根据数据进行分析，掌握各生产线的实际品质状况，每日自行开会检讨，重点检查质量未达到公司目标的产品和不合格率居于前三名的典型问题，通过各种品质分析手法，寻找改善机会。由于所有生产、检查数据全部输入电脑，利用"CRYSTAL REPORT"分析工具进行分析，使管理层能充分及时地利用这些数据，转化成有用信息，总结经验，然后实施标准化，最后推广。如公司现在推行的"百点法""吸塑双机平行法""防尘简易柜"等方法和方案，以及日升各种操作和工艺基本要求，都是全日升人的共同智慧结晶，这不仅提高了产品品质，而且也大大降低了质量成本。

【自检】

对班级中的迟到现象，建立一个数据源，及时改进，建立制度，实施标准化管理。

本章小结

本章是本课程的基础，试图通过各种案例引领学生去思考质量问题，培养学生的质量意识观。通过学习，引导学生回顾质量管理发展的历史过程，认识质量形成规律，了解质量成本的构成，使学生进一步明确新时期质量管理的重大任务，明确质量管理的重要意义，引导学生能积极参与质量管理基础活动。

思考题与习题

1. 什么是质量？简述质量对人类生活的影响。
2. 什么是质量管理？质量管理的基本思想是什么？
3. 质量管理经历了哪几个阶段？
4. 产品质量是如何形成的？什么是朱兰质量三步曲？
5. 什么是 PDCA 循环？PDCA 循环分为哪几个步骤？它有什么特点？
6. 什么是质量成本？质量成本由几部分构成？质量管理有哪些功能？
7. 质量管理的基础工作有哪些？
8. 我国标准分为哪四级？

第二章 质量管理体系与质量认证

第一节 ISO 9000 质量系列标准

随着贸易国际化，标准也日趋国际化。国际标准化，是指在国际范围内由众多国家、团体共同参与开展的标准化活动。目前，世界上大约有近 300 个国际和区域性组织，制定标准或技术规则。其中最大的是国际标准化组织（ISO）、国际电工委员会（IEC）、国际电信联盟（ITU）。ISO、IEC、ITU 标准都为国际标准，此外，被 ISO 认可，收入的其他 25 个国际组织制定的标准，也视为国际标准。以国际标准为基础制定本国标准，已成为 WTO 对各成员国的要求。

案例　ISO 标准的使用

某厂主要承担顾客来料加工的线路板焊接、组装任务。其生产作业指导书规定：在调试工位上应铺上导电地毯，调试工在工作时应穿导电拖鞋、戴导电手镯。

检查员在检查现场时发现有导电地毯，但是调试工穿的是普通拖鞋，而且未戴导电手镯。

检查员问工人："是否知道作业指导书的规定？"

工人说："不知道。"

这时车间主任过来说："作业指导书就在我的桌子上，他们随时可以过来查看。"

为什么工人说"不知道"，说明企业对工人的岗位培训没有到位。这违反了标准 ISO "6.2.2 能力、意识和培训"中的"提供培训或采取其他措施以满足这些需求"的规定。

一、ISO 9000 族标准的产生

ISO 是国际标准化组织（International Organization for Standardization）的英文缩写，于1946 年成立，主要任务是制定国际标准，协调世界范围内的各项标准工作，在世界范围内促进标准化工作的发展，以利于国际贸易和技术协作，并推动科学、技术和经济等方面的国际合作。**ISO 9000 族标准是国际标准化组织颁布的关于质量管理方面的世界性标准**，这一国际标准发源于欧洲经济共同体，但很快就波及美国、日本及世界各国。到目前为止，已经有 70 多个国家在它们的企业中采用和实施这一系列标准。一套国际标准在如此短的时间内被这么多国家采用，实属罕见。中国对此也十分重视，采取了积极态度，一方面确定对其等同采用，发布了与其相应的质量管理国家标准系列 GB/T 19000；同时积极组织开展和实施 ISO 质量认证工作。

1. ISO 9000 族标准产生的背景

1）质量保证与 ISO 9000 族标准

产品质量的要求通常是以技术标准来保证的。国际间通用的技术标准已逐渐为各国所采用，通用的技术标准也便于产品的流通与互换，但任何技术标准都不可能将顾客的全部期望和产品在使用中的全部要求做出明确规定，而且产品质量的形成涉及产品寿命周期的诸多环节，特别是现代产品技术含量高，不合格产品将会带来严重后果，所以顾客要求的不仅是产品本身"资格认证"的问题，而且对产品制造过程的合格认证要求也日益高涨。20 世纪中叶，随着军事工业的迅速发展，武器装备日趋先进，生产过程日益复杂，许多产品质量问题往往在使用过程才逐渐暴露，促使人们逐渐认识到：如果组织的管理体系不完善，产品就不可能稳定提供和支持满足顾客需要的产品，从而导致采购方不但对产品特性提出要求，还对供方质量管理体系提出要求，并以此作为产品规范中有关产品要求的一种补充，质量保证活动由此产生。"质量保证是质量管理的一部分，致力于提供质量要求会得到满足的信任"。1959 年，美国国防部发布了《质量大纲要求》（M IL—Q—9858A），成为世界上最早的有关质量保证方面的标准。美国军工产品生产方面的质量保证活动的成功经验，在世界范围内产生了很大的影响，一些工业发达国家，如英国、法国、加拿大等，在 20 世纪 70 年代末先后制定和发布了用于民用品生产的质量管理和质量保证标准。随着各国经济的相互合作和交流，对供方质量管理体系的评价已逐渐成为国际贸易和国际合作的前提。由于各国标准的不一致，给国际贸易带来障碍，质量管理和质量保证标准的国际化就成为当时世界各国的迫切需要。

2）市场准入与 ISO 9000 族标准

现代科学技术，特别是现代信息技术和交通的飞速进步，带动了国际商务活动的空前发展，它既包括易货贸易、技术和服务贸易等国际间的贸易，也包括以产业资本流动形成的国际间的直接投资，以及金融资本流动形成的国际间的间接投资等活动。据联合国贸易和发展会议统计，进入 20 世纪 90 年代以来，世界贸易增长率一直快于世界产出的增长率，前者为后者的 3 倍。世界经济的融合度越来越紧密，"在竞争中寻求合作，在竞争和合作中寻求发展"已成为世界各国经济发展的基本战略。在经济全球化的进程中，为了保护和发展民族工业，保护消费者的合法权益，世界上许多国家都制定了比较高的市场准入制度，即国家以

法律的形式规定必须符合某种标准要求的产品或企业才能进入市场，这就涉及供应商的合格评定问题。从这一点来说，早已存在于国际间的产品质量认证制度就是其中的一部分。通过权威的第三方认证机构对供应厂商的质量管理体系进行评定，当证明符合"质量管理和质量保证"标准的有关要求后，便确定其为合格的供应商，予以注册，发给认证证书。通过开展质量保证（认证）活动取得顾客信任，已成为厂商赢得用户、占领市场必不可少的活动。作为评定依据的质量管理和质量保证标准，已成为许多国家的国家标准的组成部分，并促使各国对企业内部的质量管理提出更高的要求。随着国际技术经济合作深入发展，要求各国质量管理和质量保证标准能协调一致，以便成为对供应商评定的共同依据。

目前风行世界的 ISO 9000 族标准，就是在这一背景下产生并迅速被世界各国所采用。

3）非关税壁垒与 ISO 9000 族标准

随着经济全球化的发展，被动的关税壁垒已逐渐削弱甚至取消，而一些发达国家利用其技术等方面的优势，为保护自身利益提出了非关税壁垒，特别是其中的"技术壁垒"与"绿色壁垒"日益显著。根据欧盟的规定，一些机械、玩具、建筑材料等产品要进入欧盟 15 国这个拥有近 4 亿人口的巨大市场，必须加贴 CE 标志。加贴 CE 标志除产品本身必须符合相关的技术标准和法律法规外，生产厂家的质量管理体系要取得 ISO 9000 族标准认证是取得 CE 标志的有效途径，因此 ISO 9000 族标准已成为突破非关税技术壁垒的有力武器。

另外，一些发达国家面对当今世界环境污染的问题，严格限制涉及环境污染和不利于人身健康的产品进入，形成"绿色贸易壁垒"，提出了"绿色产品"和企业环境管理体系认证，即正在兴起的 ISO 14000 标准的认证。而 ISO 14000 标准的基本思想和管理原则与 ISO 9000 族标准是一致的，取得 ISO 9000 认证的企业，只要在体系中增加相应环境管理体系要求，便可以同时满足 ISO 14000 标准的要求。因此推行 ISO 9000 标准也是突破绿色贸易壁垒的重要武器。

按照 ISO 9000 族标准实施质量管理，通过 ISO 9000 质量管理体系认证后的单位，可以理直气壮地对顾客发出这样的承诺："我们的管理体系是国际上一致认可的，我们的产品和服务质量是一流的！" ISO 9000 族标准的作用有多大，由此可知！

案例　产品标准的作用

湖北旭通送变电设备有限公司是一个仅有几十人的小公司，只生产一种产品"间隔棒"（见图 2-1）。该企业建立和发展就是紧紧地围绕着该产品标准进行的。

在电力传输中，要加大传送的电力，就需要加粗电缆线，但是电缆线过粗后，由于自身重量过重就会使垂度过大。为了克服这个问题，人们把一根粗电缆线分成多根细电缆线；但是多根电缆线在空中受风力影响会发生碰撞，造成电缆线磨损甚至断股。因此，在多根电缆线之间，每隔一定距离，就要用一个固定的装置即间隔棒固定。普通间隔棒与电缆线的固定采用螺栓和螺母紧固的方法，在使用一定时间后，因受风力造成的电缆线抖动和振动影响，螺栓和螺母会松动，造成间隔棒与电缆线的磨损。

图 2-1　间隔棒

日本旭电机株式会社发明了一种带压力弹簧的间隔棒，不用螺栓和螺母，通过弹簧压力，可以使间隔棒与电缆线的固定永不松动，从而避免了电缆线使用中的磨损和维修。经谈判,中日合资成立湖北旭通送变电设备有限公司,生产该产品。该公司成立后的最重要一件事就是编写产品标准,结合从日本引进的技术,参考 IEC 标准编写出了企业标准《间隔棒标准》。该标准规定了产品的技术要求,特别是各性能试验方面达到了国际先进水平。该标准经发布、批准,并经当地政府主管部门备案后,企业才能够正式生产、销售该产品。经过多年发展,国内同行业逐渐对该产品有了认识,于是该产品的竞争力逐渐显现出来。

2002 年,该企业参加了国家标准 GB/T 2338—2002《架空电力线路间隔棒技术条件和试验方法》的起草,该企业产品标准的相关要求正式被吸收到国家标准中来。从此,该企业在产品销售和项目投标中有了权威性科学依据,为企业发展开辟了广阔的前景。

2. ISO 标准的发展

1979 年国际标准化组织成立了第 176 技术委员会(TC176),负责制定和建立质量管理和质量保证标准。其目标为:"要让全世界都接受和使用 ISO 9000 族标准,为提高组织的运作能力提供有效的方法,增进国际贸易,促进全球的繁荣和发展,使任何机构和个人可以有信心从世界各地获得任何期望的产品,以及将自己的产品顺利地销到世界各地。"

1980 年 TC176 成立质量管理和质量保证技术委员会,组织 15 个国家,历时五年,吸取了英国国家标准 BS5750T 和美国军标 ANSL/ASCIL15 和加拿大国家标准 OASZ299 等一些国家标准的精华,于 1986 年发布了 ISO 8402:1986 标准,随后于 1987 年颁布了 ISO 9001:1987 标准等 5 项国际标准,这六项国际标准通称为 ISO 9000 系列国际标准,也由此宣告 ISO 9000 族标准的产生。"ISO 9000" 不是指一个标准,而是一族标准的统称。根据 ISO 9000 – 1:1994 的定义:"ISO 9000 族是由 ISO/TC176 制定的所有国际标准"。

ISO 制定出来的国际标准除了有规范的名称之外,还有编号,编号的格式是:ISO + 标准号 + 冒号 + 发布年号,例如:ISO 8402:1987。

ISO 与国际电工委员会(IEC)在电工技术标准化方面保持密切合作的关系,IEC 主要负责电工、电子领域的标准化活动,ISO 还负责除此之外的所有其他领域的标准化活动。ISO 现已制定出 10 250 多个国际标准,主要涉及基础与方法标准,也有很多各行各业各种产品的技术规范。

二、ISO 9000 族标准的构成

2000 版 ISO 9000 族标准由以下标准和支持性文件组成:
第一部分 核心标准
ISO 9000:2000《质量管理体系—基础和术语》
ISO 9001:2000《质量管理体系—要求》
ISO 9004:2000《质量管理体系—业绩改进指南》
ISO 19011:2000《质量和环境审核指南》
第二部分 其他标准 ISO 10012《测量控制系统》
第三部分 技术报告若干份
ISO/TR 10005《质量计划编制指南》
ISO/TR 10006《项目管理指南》
ISO/TR 10007《技术状态管理指南》

ISO/TR 10013《质量管理体系文件指南》
ISO/TR 10014《质量经济性管理指南》
ISO/TR 10015《教育和培训指南》
ISO/TR 10017《统计技术在 ISO 9001 中的应用指南》
编号中"TR",表示该文件是技术报告。
第四部分 小册子
《质量管理原则和使用指南》
《小型企业的应用》

三、ISO 9000 族标准的基本思想及推行步骤

ISO 9000 国际标准的基本思想可以用五句话简单地表达:一、把你做事情的方式说出来;二、按照你所说的去做事情;三、记录你所做的;四、证明你做事情的结果;五、更改你所做的。

"把你做事情的方式说出来",就是要用文件的方式,把你做事情的方式或者方法即生产合格产品的过程规定下来,事实上也就是对企业过程的标准化。

"按照你所说的去做事情"就是要求你必须踏踏实实地按照规定的方法去做。

"记录你所做的"就是要有质量记录,要保留质量记录与档案(证据)。

"证明你做事情的结果"就是说,你做了,必须有证据让人相信,必须要检查核实,同时找出不符合(问题)。

"更改你所做的"就是强调持续改进。

以上五句话结合起来,实际上就是对 ISO 9000 的作用机制的简单描述。

案例 ISO 标准的执行

在企业的 ISO 管理中,有一个要求是企业与客户的合同必须经过评审,审核时,审核员发现合同上客户已经签名了,却没有本公司销售经理的签名,按照程序文件的要求,合同必须要有销售经理签名,所以认定这是一个不合格项。

如果这是一家中资企业,审核员发现问题后,然后会在"纠正措施"上填写:没有签名的地方补上签名。接下来的程序是销售经理补上签名,再由审核员去验证,这件事情就算完了。但如果是德国企业就不同,发现没有签名,不是简单地让责任人补上签名,而是去查找没有签名的原因是什么,并进行分析。通过分析发现:程序文件上写的是要求销售经理签名,而销售经理经常要出差,但合同又不能不签,说明程序文件不具备可操作性,应该修改程序文件为:当销售经理不在的时候,要授权给代理人。然后填写纠正措施:更改编号为多少的程序文件。同样一件事情,由于对待的态度不同,结果却截然相反。前者的责任人是销售经理,后者的责任人是程序文件编写者。前者只是就事论事地做整改,后者却在修改完程序文件之后还要检查另外有没有类似情况的程序文件,如果没有,这个事件才可以"关闭"。

对于一个刚刚接触 ISO 9000:2000 版的企业来讲,推行该标准的过程如下:

分级培训—文件制定—全员参与—贯彻标准—内部评价—外部审核—监督、改进。

详细推行可采用如下步骤：
（1）识别、诊断企业原有的质量管理体系。
（2）任命管理者代表、组建 ISO 9000 推行组织。
（3）制订质量方针和目标。
（4）各级人员接受 ISO 9001 标准知识培训。
（5）质量体系文件编写。
（6）质量体系文件发布、试运行。
（7）内部质量体系审核。
（8）在内审基础上进行管理评审。
（9）质量管理体系完善和改进。
（10）向认证机构提出认证申请。

【自检】
利用 ISO 9000 族标准的基本思想，针对班级学生存在的某一问题，实施改进管理。

_____
_____
_____
_____
_____
_____

四、实施 ISO 9000 族标准的意义

1. 有利于提高产品质量

按 ISO 9000 族标准建立质量管理体系，通过体系的有效应用，促进组织持续地改进产品和过程，实现产品质量的稳定和提高。从而最有效地保护消费者利益，增加消费者（采购商）选购合格供应商的产品的可信程度。

2. 有利于提高组织的运作能力

ISO 9000 族标准鼓励组织在建立、实施质量管理体系时采用过程方法，通过识别和管理相互关联的过程和活动，以及对这些过程和活动进行系统的管理和连续的监视和控制，实现符合要求、顾客能接受的产品，为有效提高组织的运作能力和增强市场竞争能力提供有效的方法。

3. 有利于增进国际贸易，消除技术壁垒

在国际贸易和国际经济技术合作中，ISO 9000 族标准被作为相互认可的技术基础，ISO 9001 的质量管理体系认证制度在国际范围内得到互认，并纳入合格评定的程序中。贯彻 ISO 9000 族标准为国际贸易和国际经济技术合作提供国际通用的共同语言和准则。取得质量管理体系认证，已成为产品进入国际市场，参与国际贸易，增强竞争能力的有力武器。

4. 有利于持续改进和持续满足顾客要求

ISO 9000 族标准鼓励组织建立一种改进机制，将持续改进总体业绩作为组织的永恒目

标，使组织能适应内外部环境的变化，增强适应能力并提高竞争力，持续满足顾客需求。

【自检】

你认为学校引入 ISO 9000 族标准管理有哪些好处？

_____
_____
_____
_____
_____

五、质量管理八大原则

在 2000 年版的标准中，进一步明确了过去几十年中所达成的对于现代质量管理的一些基本原理的认识，这也就是人们所熟知的质量管理的八大原则。这些原则已体现在 ISO 9000 族 2000 版标准中，是贯穿标准的一条主线。也是 ISO/TC176 在总结质量管理实践经验的基础上，所表达的质量管理最基本、最通用的一般性规律。理解质量管理八项原则，是理解 ISO 9000 族标准主要思想的基础。

我们知道，任何活动、行为都是杂乱的，但是，任何活动和行为又都是有一定规律可循的，质量管理活动也不例外，它也遵循一定的规律和原则。1995 年 TC176 策划 2000 版时提出编制质量管理原则的文件，为此 TC176/SC2 专门成立工作组 WG15，承担征集世界上最受尊敬的质量管理专家的意见，并编写文件。1996 年 TC176 在特拉维夫年会上征求意见，得到赞同。1997 年在哥本哈根年会上，举行投票，36 票中有 32 票赞成，因此成为 TC176/SC2 编写 2000 版的理论基础。

TC176/SC2 在八项原则的基础上制定了 ISO 9000：2000 标准，反过来来指导组织的质量管理活动，从而为质量管理活动搭起一个平台，让所有组织的管理者通过这个平台有目的、有意识地进行质量管理活动，以实现其组织目标。

原则 1——以顾客为中心

顾客是接收产品的组织或个人。例如：消费者、委托人、最终使用者、零售商、受益者和采购方。顾客不仅存在于组织外部，也存在于组织内部。对顾客的理解应是广义的，不能仅仅理解为产品的"买主"。例如按全面质量管理的观点，"下一道工序"就是"上一道工序"的顾客。企业依存于他们的顾客，因此企业必须理解顾客当前和未来的需求，满足顾客需求并争取超过顾客的期望。不管做什么事情，顾客的需求是企业的最终出发点，企业如果不能满足顾客的需求，那质量管理工作就毫无意义。

"以顾客为中心"，本质是以顾客的需求为关注焦点。人的需求包括多种层次、多个方面，丰富多彩，难以罗列。正因为如此，产品才如此丰富，品种也才如此繁多。不同的组织对顾客需求的满足是不同的，某一个组织往往只能满足顾客某一层次、某一方面的需求。组织要明白自己的产品针对的是顾客的哪一层次、哪一方面的需求，是当前的需求还是将来的需求。理解顾客当前的需求，是为了当前直接满足这种需求；理解顾客将来的需求，一是为了激发这种潜在的需求,使其变为未来现实的需求,二是为了进行技术储备、产品开发,以便在将来满足这种需求。

案例　松下幸之助的顾客之道

一般的商人对挑剔的顾客都很厌烦,而且对抱怨的顾客视同瘟神,避之唯恐不及。可是,松下电器的松下幸之助对这两类的顾客反倒非常感谢。

松下说:"人人都喜欢听赞美的话,可是顾客光说好听的话,一味地纵容,会使我们懈怠;没有挑剔的顾客,哪有更精良的产品。所以,面对挑剔的顾客,要虚心求教,这样才不会丧失进步的机会。"

他又说:"顾客的抱怨,经常是我们反败为胜的良机。我们常常在诚恳地处理顾客的抱怨中,与顾客建立了更深一层的关系,因而意外地获得了新的生意。所以,对于抱怨的顾客,我实在非常地感谢。"

【自检】
谁是学校的顾客?

_____
_____
_____
_____
_____
_____

参考答案:学校的顾客是以学生为直接消费者的一个群体。学校的顾客不仅仅是学生,而是一个群体,包括学生、家长、用人单位、社会、国家、合作办学者以及其他需要服务的组织等。

原则2—领导作用

领导是具有一定权力、负责指挥和控制组织或下属的一个人或一组人。领导是一个企业良好运行的前提条件。领导者具有决策的关键作用,领导重视程度与否,将直接影响活动的质量。"领导者确立组织统一的宗旨及方向。他们应当创造并保持使员工能充分参与实现组织目标的内部环境。"

领导的作用即最高管理者具有决策和领导一个组织的关键作用。为了全体员工实现组织的目标创造良好的工作环境,最高管理者应建立质量方针和质量目标,以体现组织总的质量宗旨和方向,以及在质量方面所追求的目的。应时刻关注组织经营的国内外环境,制定组织的发展战略,规划组织的蓝图。质量方针应随着环境的变化而变化,并与组织的宗旨相一致。最高管理者应将质量方针、目标传达落实到组织的各职能部门和相关层次,让全体员工理解和执行。

为了实施质量方针和目标,组织的最高管理者应身体力行,建立、实施和保持一个有效的质量管理体系,确保提供充分的资源,识别影响质量的所有过程,并管理这些过程,使顾客和相关方满意。

案例 鲦鱼效应

鲦鱼因个体弱小而常常群居,并以强健者为自然首领。若将那只稍强的鲦鱼首领脑后控制行为的部分割除后,此鱼便失去自制力,行动也发生紊乱,但其他鲦鱼却仍像从前一样盲目追随。德国动物学家霍斯特据此点评:①下属的悲剧总是领导一手造成的。②下属觉得最没劲的事,是他们跟着一位最差劲的领导。

案例 领导的影响力

美国管理专家麦考梅克在其《经营诀窍》中讲了这样一个故事:他的一位朋友在担任通用汽车雪佛莱车工厂的总经理后不久,有一次他去达拉斯出席一项业务会议,当他抵达旅馆之后,便发现公司的人已经送来了一大篮水果到他的房间。他看后幽默地说:"咦,怎么没有香蕉呢?"从此以后,整个通用汽车公司都流传着"狄罗伦喜欢香蕉"的说法,尽管他向人解释那只不过是随便说的,但在他的汽车里、包机中、旅馆里,甚至会议桌上,总是摆着香蕉!可见,企业领导的一个行为会产生多大的作用。

【自检】
你认为领导者应具备哪些素质?

_____
_____
_____
_____
_____

原则3——全员参与

"各级人员都是企业的根本,只有他们的充分参与才能使他们的才干为企业带来受益"。员工是每个企业的动力源泉,是生产力中最活跃的因素。企业的成功不仅取决于正确的领导,还有赖于全体员工的积极参与。企业应赋予各部门、各岗位人员应有的职责和权限,为员工制造一个良好的工作环境,开展形式多样的质量管理活动。例如:质量自检、互检活动、QC小组活动等,激励他们的创造性和积极性,为企业带来最大的收益。

案例 企业激励

人的需要是行为的动力,企业主管人员要激发员工的积极性,就要使他们能适当地满足一些内在的需要。某企业根据一线生产工人年轻人居多,没有集中休假时间,却又很想看看祖国大好河山的心理,规定凡能按厂定计划完成生产任务量,且连续12个月无次品的机台人员,每人给10天"光荣"假,可携带家属及其一名子女实地去登泰山,爬长城,逛上海,游西湖,来往路费及住宿费由厂里报销。此规定受到了广大职工的普遍欢迎,连续4年平均每年有48人次擂鼓报捷。

案例 全员参与的重要性

在自然界中,为了生存,生物间有很多团队合作的故事。

蚂蚁是世界上最古老的生物之一,当蚂蚁们集结在一起时,能够自我组织,不需要任何领导人监督，就能形成一支良好的团队。它们能够根据环境变动，迅速调整并找出解决问题的方案。科学家将这种能力称为"中文键盘群智慧"。现代管理理念很需要这样的管理模式，现在的企业需要的也是这样的一种团队。例如当蚁巢被水淹了，在湍急的水流中，蚂蚁们会迅速抱在一起，形成一个蚁球，借助水的力量在水中滚动，在滚动过程中，外层有些蚂蚁会掉进水中。虽然部分蚂蚁被淹死，但更多的蚂蚁得救了，它们可以安全到达岸边。在野火烧起的时候，为了逃生，众多蚂蚁迅速聚拢，抱成一团，然后像滚雪球一样飞速滚动，逃离火海，那噼里啪啦的烧焦声，是最外层的蚂蚁用自己的躯体开拓求生之路时的呐喊，是奋不顾身、无怨无悔的团队合作精神。英国科学家曾做了一个实验，他把一盘点燃的蚊香放进一个蚁巢里，巢中的蚂蚁惊恐万状，约20秒钟后，许多蚂蚁见难而上，纷纷向火冲去，并喷射出蚁酸，虽有一些"勇士"葬身火海，但蚁群前仆后继，不到一分钟，终于将火扑灭。

乌鸦富有空间观察的经验，当它发现一个受伤或死掉的猎物时，通常会像报信者一样，把狼和其他乌鸦叫到现场。狼便撕开猎物的尸体，于是乌鸦和狼就有了足够享用几天的美食。狼有时会闹着玩地扑向狡猾的乌鸦，乌鸦则会在狼进食的时候啄它的屁股。两种动物不仅能和睦相处，而且具有良好的合作关系。

同样，人与人之间的合作是最重要的，管理必须是一个全员参与的过程。在一个企业的质量管理过程中，必然存在着许多相关的环节，质量管理是全体员工的事，任何一个环节的不到位，都可能给企业带来严重的损失。只有全员都来参与质量的提高，才是企业质量保证的根本。

【自检】

在班级活动中，如何做到全员参与？

_____
_____
_____
_____
_____

原则4——过程方法

1）过程的概念

过程是"一组将输入转化为输出的相互关联或相互作用的活动"。任何将接收的输入转化为输出的活动都可视为过程。例如，产品是"过程的结果"，程序是"为进行某项活动或构成所规定的途径"。

2）过程实施方法

（1）识别过程。例如：流水线上的作业过程，可以分解到每个员工所干的工作为止。对现有的过程的定义和分辨也是这样。

（2）强调主要过程。例如：对检验过程就应加强，对关键过程就应奖励质量管理点等。

（3）简化过程。所谓简化，一是将过于复杂的过程分解为较为简单的子过程；二是将不必要的过程取消或合并。

（4）按优先次序排列过程。由于过程的重要程度不同，管理中应按其重要程度进行排列，将资源尽量用于重要过程。

（5）制定执行过程的程序。没有程序，过程就会混乱，不是使过程未能完成（例如漏装），就是使过程输出出现问题（例如错装）。

（6）严格职责。任何过程都需要人去控制才能完成。因此，应有严格的职责，确保人力资源投入。

（7）关注接口。过程和过程之间的接口是最重要的。如果上一个过程的输出和下一个过程的输入在接口处不相容或不协调，就会出问题。

（8）进行控制。过程一旦正常运转，就应对其进行控制，防止出现异常。控制时要注意过程的信息，当信息反映有异常倾向时应立即采取措施，使其回复正常。

（9）改进过程。通过对过程的测量和分析，发现过程存在的不足或缺陷以及可以改进的机会时，应对过程进行改进，提高其效益或效率。

（10）领导要不断改进工作的过程。

事物是在不断发展的，都会经历一个由不完善到完善直至更新的过程，顾客的要求也在不断地变化，为了适宜变化的环境，企业需要进行一种持续的改进活动，以增强满足要求的能力，其目的在于增加顾客和其他相关方满意的机会，实现企业所设定的质量方针和质量目标。

案例　过程的重要性

陈先生与黄女士是管理顾问，从日本回国，应邀到某公司进行培训。陈先生抽着烟想：这种培训进行了1 000多次，应该不成问题。三天后，陈先生来到了某公司，找到主管培训人，开始对员工培训。他取出U盘，但计算机却读出乱码。原来，陈先生在日本用的计算机系统与国内不一样，陈先生的培训也就不了了之。而黄女士早在三天前与公司主管培训的人联系好了培训地点、人员安排、培训时间等，预先调试了投影仪，且针对培训中可能遇到的问题做了应急准备。黄女士由于对供方到顾客、输入到输出过程进行了详细的质量检查，三天后培训计划得以顺利完成。

任何一个过程都可能有缺陷，对过程不予以重视，必将伴随新问题的出现。

【自检】
教育也是个服务的过程，你认为学校教育服务过程包括哪些？

_____
_____
_____
_____
_____

参考答案：教育过程、教学过程、管理过程、服务过程。

原则5—系统管理

针对制定的目标，识别、理解并管理一个由相互联系的过程所组成的体系，有助于提高企业的有效性和效率。着眼于整个系统的实现总目标，相互协调兼容，必须采用系统战略。系统战略是一个复杂的系统工程，主要是通过系统战略思维方法来推进战略信息系统和战略运作系统，从而赢得企业持久的竞争优势。

案例　不同公司的系统战略

战略是企业赖以生存与发展的重要条件，20 世纪 70 年代前期，第一次石油能源危机爆发，美国三大汽车业巨子中的福特公司与通用公司敏锐地感受到环境的变化，并迅速作出反应，主动给汽车"减肥"，研制开发了新一代的低油耗车辆。而克莱斯勒公司却对环境变化熟视无睹，继续生产其高油耗车辆。在 20 世纪 70 年代后期，第二次石油能源危机爆发，对汽车制造业形成了前所未有的猛烈冲击。福特公司和通用公司由于有新车保驾，不仅渡过了难关，而且争得了更大的市场份额。克莱斯勒公司的产品却积压如山、无人问津，短短几个月亏损了 7 亿美元之多，公司一度濒临倒闭。

如果企业的经营者不重视战略的研究与分析，企业的生产经营活动就无法适应环境的变化，进而遭受致命的威胁，当然也就更抓不住难得的大好机会。

案例　爱华公司的系统战略

1986 年，正是爱华公司最不景气的时候，铃木从索尼公司派到了爱华公司（索尼拥有爱华公开上市股份的 50.7%）出任总经理，他上任后采取的第一个措施就是关闭了爱华在日本三家工厂中的一个，并把剩余两家中的一家作为独立的子公司分离出来，将其生产从日本转移到爱华设在新加坡的生产基地，同时在马来西亚开设了一家新工厂。当时新加坡和马来西亚的工资水平分别是日本的 65% 和 10% 左右。这一战略的实施大大降低了爱华产品的成本，增强了与同类产品的竞争力，公司因此获得了巨大效益。而此时，爱华公司的大多数竞争对手对此甚至连想都没想过。爱华的成功并不在于强调目标，而是因为制定并实施了正确的战略，所以制定符合企业自身的战略是企业执行系统战略重要的第一步。

【自检】

了解班委会成员，并明确各人所负的职责。

班委成员	职责
班长	
团支部书记	
学习委员	
劳动委员	
纪律委员	
宣传委员	
文艺委员	
体育委员	

原则 6—持续改进

持续改进是一个企业永恒的目标，只有不断改进，企业才能充满生机，否则企业就有可能在激烈的市场竞争中被逐渐淘汰。日本正是通过质量小组活动，不断进行质量改进，才使其跻身世界经济强国之列。

组织所处的环境是在不断变化的，科学技术在进步，生产力在发展。人们对物质和精神的需求在不断提高，市场竞争日趋激烈，顾客的要求越来越高。因此组织应不断调整自己的经营战略和策略，制定适应形势变化的策略和目标，提高组织的管理水平，才能适应这样的竞争和生存环境。所以持续改进是组织自身生存和发展的需要。

持续改进是一种管理的理念，是组织的价值观和行为准则，是一种持续满足顾客要求、增加效益、追求持续提高过程有效性和效率的活动。

持续改进应包括：了解现状，建立目标，寻找、实施和评价解决办法，测量、验证和分析结果，把它纳入文件等活动，其实质也是一种 PDCA 循环，从策划、计划开始，执行和检查效果，直至采取纠正和预防措施，将它纳入改进成果加以巩固。

案例　英特尔公司的持续改进

1968 年，英特尔公司开始创业，在 70 年代末，英特尔公司的先导技术不可逆转地引起了电子计算机和通信产业的革命。1985 年，英特尔宣布开始供应新的 32 位 80386，80386 对已有软件的强大促进能力使其成为英特尔历史上产量最大的微处理器。

英特尔 80 年代早期的质量促进工作，已经促进了生产线稳定性的提高，产品整体质量上升。但作为 80386 的唯一货源，英特尔努力满足市场对 80386 的新需求。英特尔开始开发 1 微米的 80386，尝试将原来的 1.5 微米芯片大大缩小。更高的芯片功能与集成度，使缩小了的微处理器有更多空间去包含新的特性。缩小尺寸不仅提高了芯片性能，也大大增加了芯片产量。同时，英特尔公司与福特公司紧密合作，力求降低 8061 的生产成本。

1989 年 4 月，80486 诞生。80486 微处理器有 100 多万个晶体管，包含的电路元件是 80386 的 4 倍。80486 开发的总投资在 2 亿美元以上。为了保证其兼容策略，英特尔设计了新的技术以运行旧版本软件。

1997 年，英特尔宣布推出 P6 系列的微处理器芯片。

英特尔公司能发展成为跨国的知名公司，成功的秘诀之一就是能不断适应市场的变化，对产品不断更新改进。可以说英特尔的历史就是一个抓住机遇、不断创新的历史。

原则 7——以事实为决策依据

有效的决策是建立在对数据和信息进行合乎逻辑和直观的分析基础上的，即用事实和数据说话。

1) 加强信息管理

组织要对信息进行有效管理，首先要识别对信息的需求，其次要确定信息（包括内部和外部）来源，然后获得足够的信息，并充分利用，以满足组织管理和决策的需要。

2) 灵活运用统计技术

统计技术可以帮助测量、表述、分析和说明组织管理的业绩和产品质量发生的偏差，能够使我们更好地理解偏差的性质、程度和产生原因，从而有助于解决，甚至防止由偏差引起的问题，并促进持续改进。

3）加强质量记录的管理

质量记录，不仅仅是为了提供证据。其实，质量记录最主要的作用还是为了给领导决策提供信息和数据。加强质量记录的管理，既包含设立质量记录、准确及时记录等要求，也包含充分利用质量记录的要求。

4）加强计量工作

对产品进行测量，离不开测量器具及计量规定。如果计量工作跟不上，计量单位和量值不统一，就会发生混乱，数据也就不真实了。

作为策划者的领导，在选择方案时，不要迷信自己的感受、经验和能力，要根据信息和数据的来源，持正确的态度，对收集的数据和信息多运用数理统计方法进行分析，适时地对决策进行评价并进行必要的修正。

案例　事实说明一切

一位留学生在美国某大学攻读博士学位。他的宿舍有一个投币电话，硬币往里一投，拿起电话就可以打通。但他打电话从来不交钱，因为他非常"聪明"，在硬币上钻了一个眼，绑上一根绳，投进去就可以打电话，通话到快没钱时，就把硬币拿出来再往里投，这样又可以继续通话了。他给这枚硬币起名叫"万世硬币"。

他在美国租了一间房子，一年下来也没有交水费。为什么呢？他把水龙头拧开一点点，让它往下滴水，弄了几个水缸来接水。由于水的流量小，冲不动水表，结果用了两年水，水表竟然没动。

这位同学博士毕业后在美国找工作，结果处处碰壁，没有企业愿意接受他。有一次他接到某企业没被录用的通知后，疑惑不解地问对方："死，你也要让我死个明白吧！你到底为什么不聘用我？"结果对方回答说："对不起，我们国家有信用制度。"

美国有三证：信用证、驾驶证、身份证。他的信用证显示出他有多次打电话不交钱的记录，有长期用水没交水费的记录。以事实作为决策依据，谁还敢用这种小偷似的人物呢？

案例　杰宁的经营哲学

哈罗德·杰宁是美国联合大企业领导人的巨头、世界著名跨国公司ITT公司缔造者、国际电话电信公司（ITT）前首席执行官、美国企业界的管理天才。他强调，管理应以事实为决策依据，他曾以使用传统的木柴炉子烹饪来解说他的经营哲学。

当你用传统的木柴炉子来烹饪时，因为你知道无法去控制火势、木柴与空气，所以你会随时留意各种事情。你大致会照着菜谱去做，但你会加上自己的意见，多一点醋与盐巴，少放上点酱油，然后紧盯着锅子，观察烹煮的情形。你会用鼻子闻闻，用嘴尝尝，最后可能放点味精，以符合自己的口味。

你的眼睛一定不会离开锅子，因为你不愿由于去做别的事，而把这锅红烧牛肉烧坏了。当你烹煮完时，你就有一锅可口的红烧牛肉，其味道之鲜美，绝非完全依照食谱或用微波炉烹饪所可比拟的。

杰宁认为经营企业就好比用木柴炉子烧牛肉，从头到尾要盯着做，只要敏于行，一面做、一面改，最后就能成功。

对企业质量管理来说，也要能随实际变化而变化，决策的变化应遵循事实的变化。

原则8——互利的供方关系

企业和供方之间保持互利关系，互利关系可增强双方创造价值的能力。一种高质量的产品，除了自己的努力之外，很大程度上还依赖于它的原料供应商，如果企业的原料质量得不到保证，企业再努力也是无济于事的。另外，企业的产品质量还依赖于顾客，只有了解顾客的需求，才能形成高质量的产品。所以，企业的质量管理应建立在一种互利的原则基础上。

供方提供的产品对组织向顾客提供满意的产品会产生重要的影响。因此把供方、协作方、合作方都看作是组织经营战略同盟中的合作伙伴，形成共同的竞争优势，可以优化成本和资源，有利于组织和供方共同得到利益。

组织在形成经营和质量目标时，应及早让供方参与合作，帮助供方提高技术和管理水平，形成彼此休戚相关的利益共同体。

因此，需要组织识别、评价和选择供方，处理好与供方或合作伙伴的关系，与供方共享技术和资源，加强与供方的联系和沟通，采取联合改进活动，并对其改进成果进行肯定和鼓励，以增强供需双方创造价值的能力和对变化的市场做出灵活和迅速反应的能力，从而达到优化成本和资源。

案例　哈药二厂假药案

齐齐哈尔第二制药有限公司采购人员为图便宜，在一化工总厂购入丙二醇时，既没有索取资质证明，也没有到厂查看，致使购入假冒丙二醇共计2吨之多，并最终作为辅料用于"亮菌甲素注射液"的生产，从而酿成多人死伤的惨剧。

事情似乎水落石出，但一些问题仍值得我们反思。齐齐哈尔第二制药有限公司是一家相当正规的药品生产企业，其前身是一家国有企业。作为黑龙江省西部地区最大的水针剂生产厂，它早就通过了有关质量认证，但它对供方的质量体系没有进行考察和确认，过于依赖供方企业的原料质量，对供方提供的"采购产品"放任而没有进行监视、监督，从而给自己的企业带来了重大损失，名副其实的"城门失火，殃及池鱼"啊。

第二节　质量体系

在当今快节奏的生产下，只有建立一个行之有效的质量管理体系规范，不断改进质量管理技术，在内部形成一个质量持续改进的良性循环，才能实现产品高质量的目标。

质量管理专家克劳士比极富艺术性地提出：质量是芭蕾舞，而不是曲棍球。曲棍球是一种体育运动项目，曲棍球比赛时球员必须根据球场上瞬息万变的情况，判断如何进攻和防守，人们欣赏的是球员的激情"表演"，是一种力量与速度的展示。在曲棍球比赛中，如果球员因失误被对方进一个球，他可以努力多进对方几个球，最终也许还会获胜。而芭蕾舞在演出前都经过设计、讨论、规划、检查以及详细节目安排。每一个布景道具的放置、每一段乐章的时间、每一段剧情的展开及每一个音乐的节拍，都经过周密的考虑和精心的策划。芭

第二章 质量管理体系与质量认证

蕾舞演员追求的是一种完美的境界，因为任何一个细小环节的疏忽，都会影响最终的演出质量和观众（顾客）的美感。

审视我们的日常管理工作，我们有的干部可能更像曲棍球型：到处不停地巡逻、查找、解决问题；争论、罚款、加班以及在现场马不停蹄地跑来跑去，似乎都已习以为常。而找出和解决的问题的多少，似乎已成为其成就的标志。如果我们仔细统计分析，将会发现其中大部分问题是惊人地相似，却日复一日地重复发生着。而芭蕾舞型的管理人员则比较专注地向着既定的目标迈进，很少受到意外的干扰。解决问题常常需要斩草除根，不留后患。

采用人盯人的现场管理办法，在当今快节奏的生产下，是不可能保证不存在问题的。只有建立一个行之有效的质量管理体系规范，不断改进质量管理技术，在内部形成一个质量持续改进的良性循环，才能实现产品高质量的目标。

一、质量体系的概念

质量体系是指"为了实施质量管理的组织机构、职责、程序、过程和资源"（引自 ISO 8402：1994）。一个组织的质量体系主要是为满足该组织内部管理需要而设计的，所以质量体系所包含的内容仅需满足实现质量目标的要求。

实践经验证明，局部的质量问题容易解决，但要把个别工序、个别环节成功的经验推广到企业整体，对产品整机实行质量保证时，取得成效却非常艰难。这是因为，产品质量是企业各方面工作的综合反映，产品质量的综合性、全面性、复杂性，决定了必须运用系统的观念和方法去研究质量问题，解决质量问题。

质量体系不仅包括组织机构、职责等组织体制、程序等"软件"方面的内容，还包括资源，即体系的"硬件"。也就是说，质量体系建立、健全的基础在于人和物。所谓程序，是指为完成某项活动而规定的方法、实施步骤，即规定某项活动的目的、范围、做法、时间进度、执行人员、控制方式、记录等。它们通常由管理标准、工作标准、规章制度、规程等方式体现。所谓资源，是指人力资源和物质资源，例如人才资源及其专业技能、设计和研究设备、生产工艺设备、检验和试验设备、仪器仪表和计算机软件等。

在系列标准中，将上述软、硬件概括为构成要素。质量体系一般包括市场调研、设计和规范、采购、工艺准备、生产过程控制、产品验证、测量和试验设备的控制、不合格控制、纠正措施、搬运和生产后的职能、质量文件和记录、人员、产品安全与责任、质量管理方法的运用等构成要素。

质量体系作为组织管理系统，不能直观地展现在我们眼前。因此，建立质量体系时，要形成必要的体系文件。质量体系文件通常包括质量手册、管理性程序文件、技术性程序文件、质量计划及质量记录等。

质量体系是深入细致的质量文件的基础，它代表了现代企业如何真正发挥质量的作用和如何最优地作出质量决策的一种观点，它是使公司内的质量活动得以切实管理的基础，是把公司质量活动按重要性顺序进行改善的基础，也是履行合同、贯彻法规和进行评价时的参考依据。所以建立并完善质量体系，保持有效运行，是一个组织质量管理的核心。

案例　西昌卫星发射中心的质量体系控制

西昌卫星发射中心将发射各项工作纳入质量管理体系的控制范围，明确每个具体工作环节的责任主体，对每项工作"做什么""谁来做""做到什么程度""谁来检查"都做了详细的规定，从而使每一项工作都有体系文件为依据，用制度保证全过程的质量受控，避免了人为因素的影响。真正地将以往经验的、零散的、约定俗成的做法形成文件，使质量管理要求贯彻到试验任务方方面面，将质量管理责任细化到每个部位、每个环节、每个人员。

如今，走近中心的每一台设备，火箭测试的每一个工作间，都可以看到一张醒目的责任牌，上面清楚地写着设备名称、责任人以及填写时间，处处体现了质量体系的贯彻执行。

二、质量体系的作用

质量体系确立了质量方针，提出了具体的质量目标，并对影响产品质量目标的因素（技术、管理、人员）进行有效的控制，以预防、减少和消除质量缺陷，确保产品质量，用最为经济的手段为用户提供满意的产品。

许多工业产品和工程建设往往涉及几十个、几百个甚至上千个企业，有些还涉及几个国家。如一辆上海牌小汽车，有上万个零件，需上百家企业协作。而日本的本田汽车，80%左右的零部件是其他中小生产商提供的；一架波音747飞机，共有450万个零部件，涉及的企业单位更多。这都需要通过制定和贯彻执行各类技术标准和管理标准，从技术和组织管理上把各方面的工作有机地协调联系起来，形成一个统一的质量管理体系，保证其生产和工作有条不紊地进行。

1. 建立质量管理体系是企业成功的保证

任何一个组织，无论处在哪种环境，都会十分关注产品的质量。为了取得成功，必须使其产品质量好，成本低。只有实现这样的目的，企业才能在激烈的竞争中立于不败之地，并求得生存和发展。而要做到这一点，必须建立企业的质量管理体系。所以，建立健全质量管理体系是组织必须采取的一项战略决策。

2. 建立质量管理体系既是顾客的需要，也是组织的需要

质量管理体系的建立和有效动作是组织质量保证的重要依据。一个组织的质量管理体系有两个相互关联方面的作用，一是组织的需要和利益，二是顾客的需要和期望。就组织而言，需要通过质量管理体系的建立和运行，以适宜的成本来达到和保证顾客所期望的质量。就顾客而言，需要供方（组织）具备交付所期望产品质量的能力并能够证明这一点。为此，组织需要建立健全质量管理体系，并通过第三方的认证，来向顾客展示组织具备这种质量保证的能力。

3. 完善的质量管理体系是在考虑组织和顾客双方利益、成本和风险的基础上建立的

从利益角度出发，顾客考虑的是减少费用、改进适用性、提高满意程度和增加信任，而供方所考虑的是提高利润和市场占有率；在成本方面，顾客要考虑安全性、购置费、运行费、保养费、停机损失和修理费以及可能的处置费用等，而供方则要考虑由于各种原因造成的返工、返修、更换、重新加工、生产损失、担保和现场修理等发生的费用；对于风险问题，顾客要考虑人身健康和安全，对产品不满意、可用性、市场索赔和丧失信任等风险，而供方必须考虑有缺陷的产品可能导致的形象或信誉损失、丧失市场、意见、索赔、产品责任、人力和财力资源的浪费等风险。

上述问题不仅是建立健全质量管理体系应考虑的问题，而且也只有通过建立健全质量管理体系并使之有效运行,才能最佳化解决,使组织和顾客双方均得到最大的好处。

案例　质量体系的作用

质量体系作用到底有多大?以行人横穿马路的变迁,来打个比方。最初的时候,在公路中间画一条线,把公路分成双行线,这种情况下人们横穿马路时很随意,经常引起交通事故,特别是十字路口。这就相当于没有建立质量体系的状态,只要你小心,产品质量仍然可以做得很好;但是万一不小心,产品质量就会出问题。

后来政府制定了交通法规,在十字路口画了斑马线、装了红绿灯,这样,行人再要穿过马路时必须在规定的时间和规定的地方穿越才行,否则出了事故自己负责。这就相当于建立了质量体系,使所做的各项工作有了规矩,必须按章办事,否则责任自负。

某些行人为"追求效率",躲着警察和汽车乱穿马路,死的制度在活的人面前是那么的软弱无力。于是,交通部门在一些特别繁忙的马路中间竖起一些铁栅栏,行人再也无法随意地穿过去了,并且再配备一些协管员,拿着旗子,吹着哨子,时刻盯着那些准备乱来的人,这样乱穿马路现象基本解决。对应到质量体系,意义在于,对某些特殊性问题,必须采用特殊的质量文件予以保证。

但是随着人越来越多了、车也越来越多了,交通拥堵现象越来越严重了。于是,聪明的人们发明了过街天桥、地下通道等设施,人车分流,各行其道,行人想什么时候过马路就什么时候过。对应到质量体系则是强调持续改进的思想,需要不断完善质量体系文件。

三、质量体系文件

1. 质量体系文件的定义

质量体系文件是描述一个企业质量体系结构、职责和工作程序的一整套文件。

一个企业的质量管理就是通过对企业内各种过程进行管理来实现的,因而就需明确过程管理的要求、管理的人员、管理人员的职责、实施管理的方法以及实施管理所需要的资源,把这些用文件形式表述出来,就形成了该企业的质量体系文件。

许多企业在实施 ISO 9000 标准中,直接将标准的质量体系要求转化为本企业的质量管理要求,那么按标准要求所形成的文件也是质量体系文件。质量体系的文件化方法、思路,只要覆盖所选标准要求,又结合企业实际,运行起来有效,就是一个成功的文件化体系。一个成功的质量体系,可以作为提高产品质量的保障和依据,作为企业质量审核的依据,作为企业质量培训的依据。

案例　麦当劳的质量体系文件

麦当劳是一家很注重质量体系管理的公司,公司的作业手册有560页,其中对如何烤一个牛肉饼就写了20多页。他们规定,一个牛肉饼烤出20分钟内没有卖掉,就要被丢到垃圾筒里;麦当劳的油用了一定时间就必须倒掉,作业手册中还规定要在残油中倒入蓝色的试剂,以保证这些油不再流入市场。试想,制作汉堡、薯条、炸鸡都要写560页,那么生产一部汽车该写多少页呢?

世界上所有强大的企业都在细节处非常注意,每一个动作、姿势、流程、制作过程等方面都细节量化,这样做出来的东西就必然非常标准了。

2. 质量体系文件的类型

编制的质量体系文件是建立质量体系的重要标志，是质量体系文字化和具体化的过程。由于质量体系文件是质量体系运行的规范化依据，所以它们必须建立在科学、先进、紧密结合实际的基础之上，而且应该具有极强的可操作性。

质量体系文件主要有五种类型：质量方针和目标、质量手册、程序文件、工作文件和质量记录。质量体系五个文件的性质、使用对象、作用是不同的。

质量体系文件的层次结构如图2-2所示。

第一层次为质量方针和目标。质量方针是由公司的最高管理者正式发布的该组织总的质量宗旨和方向，质量目标是指在质量方面所追求的目的。

图2-2 质量体系文件的层次结构图

案例　质量方针示例

经最高管理层讨论研究，最高管理者确定了公司的质量方针为："质量第一、科学公正、诚信服务、用户满意"。

为使全体员工理解、执行质量方针，将采取会议形式、声像宣传、宣传栏、公司网页等方式向管理层和员工宣传质量方针，统一认识，达到沟通和理解。相关岗位人员的工作应严格按照质量管理体系要求履行各自职责，具体工作行为不能与质量方针相抵触，当发现偏离质量方针现象和行为时，除采取措施纠正外，应分析偏离原因，对有关人员进行包括质量方针在内的质量意识再教育，以确保质量方针得到有效贯彻实施。

案例　某电气企业质量目标

该电气企业的质量目标：

（1）产品符合国家标准，成品合格率99.9%以上。

（2）价廉物美，行业领先。

【自检】

为自己所在班级制定一份质量管理目标和方针。

_____
_____
_____
_____
_____

第二层次为质量手册，是阐明一个公司的质量方针，并描述其质量管理体系的纲领性文件。

第三层是程序文件，是针对各个职能部门的，是质量手册的支持性文件，同时又受到工作文件的支持，起到承上启下的作用。同时，各部门间的横向联系和接口，主要也是在程序文件中予以规定。所以，程序文件又具有横向协调的作用。在质量管理体系文件中，程序文件编制的工作量较大，也较容易出问题，编得好对提高企业管理水平作用显著。

案例　质检科职责

（1）制定本部门落实质量目标的具体措施和工作计划。

（2）落实产品检验制度，编制检验文件，做好进货检验、过程检验和产品检验（包括例行检验和确认检验）工作，确保产品质量。

（3）培训检验人员，提高他们的素质，做好产品检验工作。

案例　某电气企业工段负责人职责

（1）严格贯彻公司的质量方针，认真执行质量体系文件。对本工段、班组的质量过程进行有效控制。

（2）组织本工段班组学习工艺流程、质量标准和操作规程。

（3）有权拒绝不合格原材料、半成品投入生产。对不合格的半成品有权停止转序。

（4）对因管理失误及违反工艺规程所造成的质量波动或产品质量不合格负责。

（5）负责工段，班组现场管理（标识文明生产等）。

第四层次为工作文件，是针对个人或岗位编制的最具体的操作性文件，包括作业指导书、岗位责任书、检验指导书等。这类文件数目最多，是最基础的文件。

案例　工作文件书写示例

以下为质量体系中工作文件示例，每部分内容只列出几个条目。

电气维修工作业指导书

一、岗位职责

（1）在本科科长、主管工程师的领导下，保障本部门所有设备的正常运行。

（2）负责责任区域电气设备的巡视、检查，及时了解设备运行状态，为修理计划安排提供基础资料；及时处理电气设备问题，保证责任区域电气设备的正常运行。

（其他略）

二、工作程序

（1）按时到岗。

（2）在完成与上一班维修人员的工作交接后，立即对责任区域设备进行巡视。

（3）查看责任区域设备运行交接班记录。

（4）对责任区设备的巡视次数每班不得低于四次。

（5）发现问题应及时处理，对于处理不了的问题，如缺件、更改电路程序等情况，应立即向主管工程师反映，并做好详细记录。

（其他略）

三、安全规程

（1）做好安全用电的普及与宣传工作。

（2）上岗时必须穿绝缘鞋。

（3）设备维修应在设备停机后进行，严禁在设备运转时进行维修作业。

（其他略）

案例　标准质量程序文件正文部分示例

机器设备保养程序

1. 目的

确保机器及设备功能符合要求，保持正常状态，确保生产力的持续。

2. 适用范围

本公司所有生产设备及搬运设备的维护与保养均适用。

3. 职责

工务课及相关单位。

4. 定义

无

5. 程序

(1) 零件或设备的购买（具体内容略）。

(2) 日常检点（具体内容略）。

(3) 现场操作人员的职责（具体内容略）。

(4) 定期保养（具体内容略）。

(5) 设备保养异常情况的处理（具体内容略）。

6. 相关文件

(1)《物料科采购管理程序》。

(2)《品质记录管理程序》。

(3)《不合格品管理程序》。

(4)《生产作业管理程序》。

(5)《各部门的机器操作说明书》。

7. 表单/附件

(1)《机器设备一览表》。

(2)《机器设备履历表》。

(3)《报废申请表》。

(4)《机器保养检查记录表》。

第五层次为质量记录，是全公司各项质量活动的结果形成的记录。质量记录记载了质量管理体系运行过程，便于查找问题的出处及责任者，分析出现问题的原因，为质量改进提供基础数据。

【自检】

制定一份每日班级情况记载表，通过记载找出出现问题的原因。

第三节　质量体系认证

案例　六类玩具强制认证

CCC认证（又称3C认证）是国家强制认证。2006年3月1日，国家质检总局、国家认监委根据我国儿童玩具生产及贸易的实际，开始对质量水平直接影响儿童健康与安全的童车、电玩具、弹射玩具、娃娃玩具、塑胶玩具、金属玩具等实施强制性认证制度。2007年5月24日，国家质检总局、国家认监委召开新闻发布会，宣布从2007年6月1日起，凡列入强制性产品认证目录内的玩具产品，未获得强制性产品认证证书和未实施中国强制性认证标志的，不得出厂、销售、进口或在其他经营活动中使用。对不遵守CCC认证制度规定、6月1日后仍生产达不到强制标准要求的产品生产企业，各级质检部门将针对伪造和假冒3C认证标志等违法违规行为，坚决进行严厉查处。

CCC认证对保障儿童健康安全，规范市场行为，提升玩具产品质量水平等方面必将产生重大作用。

一、质量体系认证的概念

质量认证是指第三方（注：第一方指企业，第二方指顾客）依据程序对产品、过程或服务符合规定的要求给予书面保证（如合格证书），是当今各国用于评价产品质量和企业质量管理水平的通行做法。质量认证按认证的对象不同可分为质量体系认证和产品质量认证。

1. 质量体系认证

质量体系认证是指通过质量体系审核来鉴定质量体系是否符合标准要求的一种质量认证方法。

质量体系认证，起源于产品质量认证中的"企业质量保证能力评定"。这种评定着重对保证质量条件进行检查，以确认该企业能否保证其申请产品长期稳定地符合规定的产品标准。质量体系认证对质量体系符合某一质量保证标准的企业颁发相应的体系认证证书。

质量体系认证又称质量体系评价与注册。这种认证通常是由国家或国际认可并授权、具有第三方法人资格的权威认证机构来进行。它们根据企业的申请，派出由合格的审核员组成的审核组，依据三种质量保证模式标准中被选定的某种模式，对申请企业的质量体系的质量保证能力进行客观、公正的评价，对符合标准要求的企业授予合格证书，并予以注册。通常与企业为获得向顾客证明自己确实具有生产合格产品能力的证据而主动申请接受质量审核有密切的关系。企业只有建立了有效的质量体系才能保证稳定地生产合格产品，因而产品质量认证与质量体系认证往往是结合在一起的。1985年5月，国际标准化组织合格评定委员会第一次会议强调，在进行产品质量认证的同时，必须搞好质量体系的认证。

2. 产品质量认证

1991年5月7日发布的《中华人民共和国产品质量认证条例》中明确指出：产品质量认证是依据产品标准和相应的技术要求，经认证机构确认并通过颁发认证证书和认证标志来证明某一产品符合相应标准和相应技术要求的活动。其认证的对象是产品，鉴定的方法包括对产品质量的抽样检验和对企业质量体系的审核。

产品质量认证分为安全认证和合格认证。实行安全认证的产品，必须符合《中华人民共和国标准法》中有关强制性标准的要求；实行合格认证的产品，必须符合《中华人民共和国标准化法》规定的国家标准或者行业标准要求。

一般情况下，合格认证是自愿认证，而安全认证是强制性认证。

安全认证是政府部门为有效地保护消费者的人身健康和安全，保护生态环境，对产品的安全性进行强制性的监督管理。世界大多数国家和地区都执行安全认证制度，其中比较著名的有英国 BEAB 安全认证、德国 GS 认证、美国保险商试验室的 UL 安全认证等。

按认证性质分，认证可分为强制性认证和自愿性认证。国家对涉及人类健康和安全、动植物生命和健康以及环境保护和公共安全的产品实行强制性认证，对一般工业产品实行自愿性认证。强制性产品认证制度是各国主管部门，为保护广大消费者人身安全，保护动植物生命安全，保护环境，保护国家安全，依照有关法律法规实施的一种对产品是否符合国家强制标准、技术规则的合格评定的制度。目前我国最有影响的强制性产品认证是3C认证。

案例　生活中的质量认证

在生活中可经常运用质量认证，例如家庭中离不开电线，电线虽小"责任"重大，许多火灾是由于电线线路老化，或者电线质量低劣造成的。学会用质量认证鉴别电线质量，是很有必要的。鉴别电线时首先看成卷的电线包装牌上，有无中国电工产品认证委员会的"长城标志"和生产许可证号；看有无质量体系认证书；看合格证是否规范；看有无厂名、厂址、检验章、生产日期；看电线上是否印有商标、规格、电压等。再看电线铜芯的横断面，优等品紫铜颜色光亮、色泽柔和，铜芯黄中偏红，表明所用的铜材质量较好，而黄中发白则是低质铜材的反映。最后再看其电线长度与线芯，在相关质量标准中规定，电线长度的误差不能超过5%，截面线径的误差不能超过0.02%，因为市场上伪劣电线在长度上存在着短斤少两、在截面上存在弄虚作假的现象（如标明截面为2.5平方毫米的线，实则仅有2平方毫米粗）。

二、质量体系认证的目的

企业申请质量体系认证的目的，概括起来有以下四个方面。

1. 争取取得合同或项目工程的需要

某些需方为了保证重大设备制造质量或重要工程建设质量，往往采用投标的办法来选择供应厂商，并且要求只有取得质量体系认证的厂商才可以投标。企业为了具有投标资格，需要申请并取得质量体系认证。某些需方为了能保证其所采购商品的质量，往往会在取得质量体系认证企业中选择供应厂商，企业为了适应需方的需要得到更多的订货合同，而申请并取得质量体系认证。

2. 提高企业声誉，取得市场竞争力的需要

企业取得质量认证后，认证机构要给予注册和发给证书，同时印发体系认证企业名录，扩大影响，从而提高认证企业的质量信誉，增加顾客对企业的信任，提高合同履约率。同时能减少顾客对企业重复的检查评定，为企业取得市场竞争打下基础，创造条件。

3. 产品打入国际市场的需要

某些国家或地区，利用是否取得质量体系认证作为贸易壁垒，保护本国（本地区）的利益，规定某些商品未经质量体系认证不能进入本国（本地区）市场。企业为了打入这些国家或地区的市场，因而申请并取得质量体系认证。

4. 促进改善管理，提高体系运行有效性

企业取得质量认证后，能优化资源配置，降低质量成本，提高生产效率和经济效益。企业领导为了推动企业质量管理的改进和提高体系运行有效性，可以以体系认证为纽带和动力，发动员工深化质量管理，提高管理水平和体系运行有效性，增强企业适应市场（顾客）要求和变化的应变能力。

案例　上汽集团的质量管理体系认证

上汽集团是全国知名汽车集团之一。上汽集团股份有限公司副总裁陈因达说："采用国际认证标准，是建设具有国际竞争力汽车企业集团的基础。"

1995 年上海大众汽车有限公司在国内汽车行业首家正式通过 ISO 9001 认证，至 2006 年年底上汽集团所属企业共获得各类体系认证证书 253 张，整车企业共计获得 3C 证书 158 张，涉及整车和发动机产品共 525 种，所属零部件企业共获得 3C 认证证书 386 张。

汽车行业由于产品的复杂性，其供应链系统也十分复杂，工艺种类五花八门，技术、管理要求千差万别，管理能力更是参差不齐。在这种情势下，需贯彻国际化认证体系标准为行业提供实施管理的共同标准。上汽集团的认证把横跨全球 14 个国家和地区的合作伙伴、上百家下属企业、上千个零部件供应商构架在一个国际标准的平台上，使得行业的基本质量管理理念得以统一，基本要求得以贯彻，强化了集团的一体化管理能力，保证了高品质产品的持续生产。认证给上汽集团带来了可以与全球汽车行业畅通交流的统一的质量语言和管理模式，更带来了最直接的经济效益。上海大众标准化工作，带动了一大批配套企业的技术进步，为形成符合国际水准的零部件生产打下扎实的基础。目前为上海大众配套的 400 多家零部件企业，更广泛地被其他汽车生产企业选作供应商，有的还被列入国际采购的行列。

三、产品常见认证标志

对于一款正规渠道上市的产品，铭牌上往往有很多认证标志，它代表该产品已经通过了相关认证机构的检验，这些认证标志往往是一个产品质量、安全、设计等方面的保证。产品质量认证标志是由认证机构设计并发布的一种专用质量标志，它由认证机构代表国家认证授权机构来颁发。产品质量认证标志经认证机构批准，可以使用在认证产品、产品铭牌、包装物、产品使用说明书或出厂合格证上，用来证明该产品符合特定标准或技术规范。

产品质量认证始于英国。1903 年英国创立了世界上第一个认证标志，即使用 BS 字母组成的"风筝标志"，标示在钢轨上，表明钢轨符合质量标准。1922 年，该标志按英国商标法

注册，成为受法律保护的认证标志，至今仍在使用。1920年起，德国、奥地利、捷克等国纷纷仿效英国，建立起以本国标准为依据的认证制度。到了20世纪50年代，认证制度基本上在所有工业发达国家得到普及。发展中国家，除印度较早实行质量认证外，其他大多数国家是从20世纪70年代起推行质量认证制度的。

1. 国内商品质量认证标志

1）方圆标志

方圆标志包括合格认证标志（见图2-3）和安全认证标志（见图2-4）。在获得合格认证的产品上使用产品合格认证标志，表明产品质量符合认证用标准的全部要求。在获得安全认证的产品上使用产品安全认证标志，表明产品的安全性能符合认证用标准中的安全要求，不是产品质量符合性声明。

图2-3　合格认证标志

图2-4　安全认证标志

2）长城标志

长城标志（见图2-5）又称CCEE安全认证标志，为电工产品专用认证标志。中国电工产品认证委员会（CCEE）是国家技术监督局授权，代表中国参加国际电工委员会电工产品安全认证组织（IECEE）的唯一合法机构，代表国家组织对电工产品实施安全认证。

3）PRC标志

PRC标志（见图2-6）为电子元器件专用认证标志，其颜色及其印制必须遵守国务院标准化行政主管部门，以及中国电子元器件质量认证委员会有关认证标志管理办法的规定。

图2-5　长城标志

图2-6　PRC标志

4）其他产品标志

（1）国家免检产品。

免检标志（见图2-7）属于质量标志。获得免检证书的企业在免检有效期内，可以将免检标志标示在获准免检的产品或者其铭牌、包装物、使用说明书、质量合格证上。

国家质量技术监督局统一规定的免检标志呈圆形，正中位置为"免"字汉语拼音声母"M"的正、倒连接图形，上实下虚，意指免检产品的外在及内在质量都符合有关质量法律法规

图2-7　国家免检产品标志

的要求。

（2）中国节能产品认证。

节能产品认证（其标志见图 2 – 8）是依据相关的标准和技术要求，经中国节能产品认证中心确认并通过颁发节能产品认证证书和节能标志，证明某一产品为节能产品的活动。

（3）中国名牌产品。

中国名牌产品（其标志见图 2 – 9）是指经中国名牌战略推进工作委员会认定、实物质量达到国际同类产品先进水平、在国内同类产品中处于领先地位、市场占有率和知名度居行业前列、顾客满意程度高、具有较强市场竞争力的中国制造的产品。

图 2 – 8　节能产品认证标志

图 2 – 9　中国名牌产品认证标志

（4）进口商品安全质量许可证。

进口商品安全质量许可证（见图 2 – 10）是中国进出口商品检验局检验标志。进口家电产品必须有此标志才能在中国市场上销售，有此标志说明该产品是经正规途径进口的商品，质量可靠。

（5）中国强制认证。

中国强制认证（China Compulsory Certification）的英文缩写为"CCC 认证"，也就是通常所说的 3C 认证（见图 2 – 11），是中华人民共和国强制规定各类产品进出口、出厂、销售和使用必须取得的认证，只有通过认证的产品才能被认为在安全、EMC、环保等方面符合强制要求。中国强制认证标志实施以后，将逐步取代原实行的"长城"标志和"CCIB"标志。

图 2 – 10　进口商品安全质量许可证标志

图 2 – 11　CCC 认证标志

2. 国外主要商品质量认证标志

1）CE 标志

CE 标志（见图 2 – 12）是欧洲共同市场安全标志，是一种宣称产品符合欧盟相关指令的标识。使用 CE 标志是欧盟成员对销售产品的强制性要求。CE 标志是一种安全认证标志，被视为制造商打开并进入欧洲市场的护照。凡是贴有 CE 标志的产品就可在欧盟各成员国内销售，无须符合每个成员国的要求，从而实现了商品在欧盟成员国范围内的自由流通。在欧盟，市场 CE 标志属强制性认证标志，不论是欧盟内部企业生产的产品，还是其他国家生产的产品，要想在欧盟市场上自由流通，就必须加贴 CE 标志，以表明产品符合欧盟《技术协调与标准化新方法》指令的基本要求。这是欧盟法律对产品提出的一种强制性要求。

2）北美安全标志（UL 标志）

UL 标志（见图 2-13）是美国保险商实验室对机电包括民用电器类产品颁发的安全保证标志。不论是从美国出口或进入美国市场的产品都必须有该标志。

图 2-12　CE 标志

图 2-13　北美安全标志

UL 是美国保险商实验室的简写（Underwrites Laboratories Inc.），它是世界上最大的从事安全试验和鉴定的民间机构之一。在 100 多年的发展过程中，其自身形成了一套严密的组织管理体制、标准开发和产品认证程序，是一个独立的、非营利的、为公共安全做试验的专业机构。它采用科学的方法来研究确定各种材料、装置、产品、设备、建筑等对生命、财产有无危害；确定和编写、发行相应的标准以及有助于减少及防止造成生命财产受到损失的资料。同时开展调研业务、对产品的安全认证和经营安全证明业务，它最终的目的是为市场提供具有相当安全水准的商品。

3）CB 标志

CB 标志（见图 2-14）是国际电工委员会电工产品安全认证组织（IECEE）制定的一种认证体系，它主要针对电线电缆、电器开关、家用电器等 14 类产品。拥有 CB 标志意味着制造商的电子产品已经通过了 NCB（国际认证机构）的检测，按试验结果相互承认的原则，在 IECEE/CB 体系的成员国内，取得 CB 测试书后可以申请其他会员国的合格证书，并使用该国相应的认证合格标志。

图 2-14　CB 标志

4）国际电磁兼容认证标志

EMC（电磁兼容性）的全称是 Electro Magnetic Compatibility，其定义为"设备和系统在其电磁环境中能正常工作且不对环境中任何事物构成不能承受的电磁干扰的能力"。该定义包含两个方面的意思：首先，该设备应能在一定的电磁环境下正常工作，即该设备应具备一定的电磁抗扰度（EMS）；其次，该设备自身产生的电磁干扰不能对其他电子产品产生过大的影响，即电磁干扰（EMI）。

随着电气电子技术的发展，家用电器产品日益普及和电子化，广播电视、邮电通信和计算机网络的日益发达，电磁环境日益复杂和恶化，使得电气电子产品的电磁兼容性（电磁干扰 EMI 与电磁抗扰度 EMS）问题也受到各国政府和生产企业的日益重视。电子、电器产品的电磁兼容性是一项非常重要的质量指标，它不仅关系到产品本身的工作可靠性和使用安全性，而且还可能影响到其他设备和系统的正常工作，关系到电磁环境的保护问题。为了规范电子产品的电磁兼容性,所有的发达国家和部分发展中国家都制定了电磁兼容标准。电磁兼容标准是使产品在实际电磁环境中能够正常工作的基本要求。之所以称为基本要求,也就是说,产品即使满足了电磁兼容标准,在实际使用中也可能会发生干扰问题。大部分国家的标准都是基于国际电工委员会(IEC)所制定的标准。

欧共体政府规定,从 1996 年 1 月 1 日起,所有电气电子产品必须通过 EMC 认证(认证标志见图 2-15),加贴 CE 标志后才能在欧共体市场上销售。此举在世界上引起广泛影响,各国政府纷纷采取措施,对电气电子产品的 RMC 性能实行强制性管理。国际上比较有影响的,例如欧盟 89/336/EEC 指令(即 EMC 指令)、美国联邦法典 CFR 47/FCC Rules 等都对电磁兼容认证提出了明确的要求。

所有电气电子产品必须通过 EMC 认证,才能进入欧盟。

5)国际质量管理体系认证标志

国际质量管理体系认证标志如图 2-16 所示。ISO 9000 族标准是国际标准化组织(简称 ISO)汇集西方发达国家质量管理专家,在总结发达国家质量管理科学经验的基础上起草并正式颁布的一套质量管理与质量保证的国际标准,并以此作为质量体系认证的依据。

图 2-15 国际电磁兼容认证标志

图 2-16 ISO 标志

6)ISO 14000 认证标志

ISO 14000 系列标准是国际标准化组织 ISO/TC207 负责起草的一份国际标准,主要针对所有组织的、强调管理一体化、污染预防与持续改进的标准。ISO 14000 认证标志如图 2-17 所示。

ISO 14000 认证标准是在当今人类社会面临严重的环境问题(如温室效应、臭氧层破坏、生物多样性的破坏、生态环境恶化、海洋污染等)的背景下产生的,是工业发达国家环境管理经验的结晶,其基本思想是引导组织按照 PDCA 的模式建立环境管理的自我约束机制,从最高领导到每个职工都以主动、自觉的精神处理好自身发展与环境保护的关系,不断改善环境绩效,进行有效的污染预防,最终实现组织的良性发展。该标准适用于任何类型与规模的组织,并适用于各种地理、文化和社会环境。

图 2-17 ISO 14000 认证标志

案例 冰淇淋的质量认证

在生活中,很多同学都喜欢冰淇淋,可是冰淇淋质量有好有坏,市场中有很多低劣产品。如何选择质量好的冰淇淋产品呢?根据国家有关部门颁布的决定,2005 年 6 月 30 日前,冰淇淋厂家必须拿到市场准入证,拿到市场准入证的冰淇淋外包装上将印有"QS"(合格认证和安全认证)标志。否则 2005 年 7 月 1 日起,该厂家生产的冰淇淋将不能在市场上销售。在购买冰淇淋时一定要看看有无 QS 标志！这是评判该产品是否合格的依据。

案例　CB 认证——简化国际认证手续

CB 证书是各国用于衡量进口产品是否达到国际社会公认标准的凭证。通过真正多次重复的验证，CB 证书使一国的产品安全检测结果在其他国家也适用，从而扫清了国际商品交流的障碍。已获得 CB 证书的生产厂家在申请其他认证时可以大大降低成本、精力和时间。

国际电工委员会设立 CB 证书的目的是为了减少在国际贸易中对某些电气电子设备的限制。此前，生产厂家在出口时，产品必须经过许多国家不同检测实验室、认证机构的测试和认证，这是一个麻烦、费时而且昂贵的过程。一张全球 30 多个国家公认的 CB 认证报告和证书，能让企业省时省钱，使企业的出口变得非常简单。一般客户只需一张 CB 认证报告和证书，产品就可以在全球 30 多个国家自由流通，包括澳大利亚、加拿大、中国、法国、德国、意大利、日本、俄罗斯、英国、美国等。

【自检】
查看你身边的物品，看看上面有哪些质量标记，并说出这些标记的作用。

本章小结

本章简单介绍了 ISO 9000 族标准的由来、质量管理体系和质量认证等基本知识。通过学习，进一步强化学生质量意识，激发学生对质量管理知识的兴趣，使学生认识质量管理体系的作用和意义。

思考题与习题

1. 什么是 ISO 9000 族标准？它由哪几部分构成？它有什么作用？
2. 质量管理的八项原则是指哪八项？
3. 什么是质量体系？它有什么作用？
4. 什么是质量体系文件？它有哪些类型？
5. 什么是质量认证？什么是质量体系认证？
6. 为什么要开展质量体系认证？
7. 试说出五种质量认证标志的名称和作用。

第三章
质量控制基础知识

第一节 质量监督

少了一个蹄钉,损了一匹战马;
损了一匹战马,伤了一名信使;
伤了一名信使,输了一场战争;
输了一场战争,亡了一个帝国。

1485年的波斯沃斯战役前夕,英国国王理查三世让马夫给他心爱的骏马更换新的蹄掌。当马夫钉到第四个马掌时,发现工具箱偏偏少了一枚钉子。马夫没有跟国王说明,因为他急着要去与他的情人告别。战争很惨烈,双方旗鼓相当。突然一瞬间,那块少了一枚蹄钉的马掌脱落,国王的骏马像大树般倒下,他于是摔下马底,被对手当场生擒,帝国轰然灭亡!把这一枚蹄钉放在你面前,即使你想象力再丰富,恐怕也很难将它与一个帝国的命运联系在一起。

这个故事告诉我们,错误的开始也许很小,但是总会在各种驱动因子的作用下演变为一场灾难。在生活中,质量一直与人类同存,任何细微的质量疏忽,都可能演变成一场灾难,加强质量监督是保证人的生命及财产安全的保障。

一、质量监督的概念、作用及其发展

1. 质量监督的概念

1)质量监督的基本知识

质量监督是指有关机构通过对产品、服务、质量体系等进行连续的监视、验证和分析,

以判断和督促其满足规定要求的活动或制度。质量监督包括企业对产品质量的自我监督、社会的质量监督、国家的监督等。

企业内部的质量检验部门、质量保证部门就是起监督作用的。内部和外部的质量监督同时并存，才有充分、足够而有效的监督效力。由此可见，质量监督包括了很广泛的概念，既有宏观的监督，又有微观的监督；既有企业外部的监督，又有企业内部的监督；既有生产过程的监督，又有销售过程的监督；既有对产品、服务或过程的监督，也有对质量体系的监督。例如，质量体系的审核等。只有进行这样全面的监督，才能创造一个生产、营销优质产品的客观环境和条件。

企业对产品质量最基础的自我监督方式是日常的自检和互检，即在日常运行过程中对每项活动或产品进行确定性的检查。检查标准是预先制定的，检查结果有详尽的记录，并进入统计程序，然后将这些信息及时送达管理者手中，促进过程质量的改进。企业质量监督还包括定期的内部审核，其目的是检验上述运行过程中的检查体系是否正常。

人们对质量监督概念的认识是随着对质量概念的认识不断深化和发展的。在全面质量管理中，质量已经不仅仅是指产品、工程和服务的质量，而且还包括工作的质量等，质量监督的内涵也必然随其发展变化。但在质量技术监督工作中，产品质量监督主要是指国家对产品质量进行的监督。

案例　我国的监督机构

众所周知，国家为了对行政部门实行监督，设立了监察部；对财务制度实行监督，设立了审计局；对商业市场进行监督，设立了工商行政管理局等行政的经济的监督部门。同样，为了对全国的标准化、计量和质量工作进行客观的公正的科学而有权威的监督，设立了独立于其他政府部门之外的国家技术监督部门，即国家技术监督局。

2）产品质量监督

产品质量监督检查制度的法律依据是国家现行的有效法律、法规，包括《中华人民共和国产品质量法》（简称《产品质量法》）《工业产品质量责任条例》《国家监督检查产品质量若干规定》和《产品质量国家监督抽查补充规定》，以及有关部门、地方颁布的管理本行业、本地区的质量监督规定。

《中华人民共和国产品质量法》由中华人民共和国第七届全国人民代表大会常务委员会第三十次会议于1993年2月22日通过，自1993年9月1日起施行。中华人民共和国第九届全国人民代表大会常务委员会第十六次会议于2000年7月8日通过了《全国人民代表大会常务委员会关于修改〈中华人民共和国产品质量法〉的决定》，自2000年9月1日起施行新的《中华人民共和国产品质量法》。

《产品质量法》是一部比较系统和完整的法律，主要包括产品质量监督管理和产品质量责任两个方面的基本内容。在产品质量监督管理方面，该法律主要规定了国家关于产品质量监督管理的体制，明确了县级以上人民政府技术监督部门的职能，系统地规定了生产者、经销者的产品质量义务。该法律的另一方面是产品质量责任，主要包括行政责任（限期改正、没收产品、没收违法所得、罚款、吊销营业执照等）、民事责任（对产品实行"三包"、造成人身伤亡和财产损失要赔偿）、刑事责任（依据刑法和补充规定，对犯罪者处以有期徒刑、无期徒刑直至死刑)。

为了给产品质量长期有保障的企业创造良好、宽松的外部环境，减轻企业负担，一些地区对检验周期采用放宽的做法，延长质量稳定企业的检验周期，对连续监督抽查合格的产品在一定时期内免于监督检查。为此，国家质检总局发布了《产品免于质量监督检查管理办法》(简称《免检办法》)，并2000年7月发布了《免检实施细则》。

3) 质量监督不合格产品的处理

对产品进行质量监督检验，是一项强制性的规定。生产者、销售者必须主动、自觉地接受产品质量监督机构的监督、检测，"对依法进行的产品质量监督检查，生产者、销售者不得拒绝"。对拒绝产品质量监督的生产者、销售者，应依产品质量法"拒绝接受依法进行的产品质量监督检查的，给予警告，责令改正；拒不改正，责令停业整顿；情节特别严重的，吊销营业执照"的规定进行处罚。

依照产品质量法规定进行监督抽查的产品质量不合格的，由实施监督抽查的市场监督管理部门责令其生产者、销售者限期改正。逾期不改正的，由省级以上人民政府市场监督管理部门予以公告；公告后经复查仍不合格的，责令停业，限期整顿；整顿期满后经复查产品质量仍不合格的，吊销营业执照。

对国家监督抽查中涉及安全卫生等强制性标准规定的项目不合格的产品，责令企业停止生产、销售，并按照《产品质量法》《标准化法》等有关法律、法规的规定予以处罚。对直接危及人体健康、人身财产安全的产品和存在致命缺陷的产品，由国家质检总局通知被抽查的生产企业限期收回已经出厂、销售的该产品，并责令经销企业将该产品全部撤下柜台。

对取得生产许可证、安全认证的不合格产品生产企业，责令立即限期整改；整改到期复查仍不合格的，由发证机构依法撤销其生产许可证、安全认证证书。

监督抽查的产品有严重质量问题的，依照产品质量法有关规定处罚。

案例　质量监督处罚

2018年下半年，岱山县局经办执法人员在对舟山市某一公司进行检查时，发现该公司正在生产内燃机气缸盖垫片。车间内有生产包装完毕的6种不同型号的内燃机气缸盖垫片成品共计11 520片，且部分已包装完毕的气缸盖垫片包装袋上粘贴有印有"TOYOTA""MADE IN JAPAN"标识字样的贴纸，但该公司现场无法提供合法有效的全国工业产品生产许可证，也无相关商标注册证和相关授权许可文件。

经调查，该公司在未取得全国工业产品生产许可证的情况下生产内燃机气缸盖垫片，且在包装袋上粘贴有丰田商标的贴纸行为未经丰田汽车公司许可。该公司无生产许可证生产且侵犯他人注册商标专用权，综合《工业产品生产许可证管理条例》第四十五条和《商标法》第六十条第二款的规定，该局没收了查封的11 520片内燃机气缸盖垫片，并对当事人做了罚款80 000元的处罚。

2. 质量监督的作用

在国民经济和社会发展中，质量监督工作有着十分重要的作用。

(1) 规范市场。

通过质量监督检查和对质量违法行为的处罚可实现对市场行为的规范。在我国市场经济的发展过程中，由于目前市场机制尚不完善，相当一部分企业质量意识不强，所以加强质量监督尤为必要。从现今社会看，我国一部分企业职工的质量意识不高，加上社会上的一些不正之风，今后在一个相当长的时间内还会存在企业行为短期化和严重的地方保护主义。一些单位的人员损公肥私，唯"回扣是图"，盲目大量采购，导致市场上还有不少假冒伪劣产品出现。上述现象，在全国一些地区还相当严重，甚至累"打"不止，屡禁不绝。例如，假酒、假烟、假药、假化肥等各种生产资料和生活用品充斥市场，严重损害用户和消费者利益。如果不实行严格的行政监督，任其发展下去，后果不堪设想。

案例　2018年长春长生疫苗事件

2017年11月3日，国家食品药品监管总局发布了百白破疫苗效价指标不合格产品处置情况介绍，在药品抽样检验中检出长春长生生物科技有限公司生产的批号为201605014-01的百白破疫苗效价指标不符合标准规定。

2017年11月5日，中国疾病预防控制中心网站发布《效价指标不合格的百白破疫苗相关问题解答》称，该两批次百白破疫苗效价指标不合格，可能影响免疫保护效果。国家食品药品监管总局介绍，长春长生生物科技有限公司生产的该批次疫苗共计25.26万支，全部销往山东省疾病预防控制中心。

2018年7月15日，长春长生生物科技有限公司违法违规生产狂犬病疫苗被立案调查。国家药品监督管理局通过官方网站发布通告称，国家药品监督管理局发现长春长生冻干人用狂犬病疫苗生产存在记录造假等严重违反《药品生产质量管理规范》行为。吉林省食品药品监管局已收回长春长生"药品GMP证书"，同时已按要求停止狂犬疫苗的生产。长春长生科技有限公司正对有效期内所有批次的冻干人用狂犬病疫苗（vero细胞）全部实施召回。

通告称，国家药品监督管理局始终把人民群众用药安全放在首位，对发现的违法违规问题绝不姑息，坚决依法依规严肃查处，涉嫌构成犯罪的，一律移送公安机关予以严惩。

2018年7月23日，习近平总书记作出重要指示，要求立即调查事实真相，依法从严处理。中共中央政治局常委会听取关于长春长生科技有限公司问题疫苗案件调查及有关问责情况的汇报。一批与疫苗案件相关的人员被严厉问责，长春长生科技有限公司被罚没款共计91亿元，深圳证券交易所启动对长生生物上市公司重大违法强制退市机制。

(2) 提高产品质量。

邓小平同志讲："提高产品质量是最大的节约，在一定意义上说，质量好，就等于数量多。"质量监督工作可以使企业的产品经常处于监控之下，促使其采取必要的措施，保证和提高产品质量，从而使企业在竞争中处于有利地位。

(3) 保护消费者利益。

质量监督工作可以促使产品的生产者、经销者重视产（商）品质量。特别是有关人身安全健康的产品，一些关系国计民生的重要产品，国家实行生产许可证制度进行管理的产品，企业都必须执行国家的有关规定。质量技术监督部门还负责处理产品质量的申诉工作，调解质量纠纷，受理产品质量仲裁检验和质量鉴定，保护广大消费者的权益，保护人民生命健康和财产安全。

案例　电视机爆炸，十龄童丧生

一天晚上，宁波江东宁穿路128弄一居民家中电视机突然发生爆炸，一名十龄学童被夺去了花季般的生命。事故发生后，死者父母丁氏夫妇向宁波工商局"12315"投诉中心投诉，要求"12315"主持公道，支持他们向这台电视机的生产厂家索赔。在当地工商局"12315"中心调解下，几经周折，双方终于签署赔偿协议，受害者家属丁氏夫妇获得高额赔偿。

没有好的产品质量，就没有好的保障，只会给人们的日常生活带来更大的伤害，也直接伤害了企业本身。对产品进行质量监督，是保证人民生命安全的一道防护线。

（4）促使企业强化内部管理，健全质量体系，提高企业素质。

质量监督工作必然会促使企业建立必要的规章制度，培训生产和检验人员，提高人员素质并建立内部的监控制度，以提高企业的管理水平和整体素质。

（5）引导消费。

质量监督工作中的各种质量信息，通过不同形式的产品质量新闻发布会、质量公报、通报等向社会、消费者和企业公布，使消费者可以通过这些信息了解不同企业、不同产品的质量状况，便于选购。这样既规范了市场，引导了消费，也为企业创造了一个优胜劣汰、公平竞争的市场环境。

（6）促进质量技术标准的贯彻实施。

技术标准是质量监督的技术依据，通过质量监督工作，可以及时发现标准中存在的问题和不足，为标准的制定提供可靠的技术数据。对无标准生产的产品，还可以促使有关企业制定标准。

案例　国家市场监管总局对产品的质量监督抽查

2018年年底，国家市场监管总局组织开展了对笔、玩具等30种产品进行质量国家监督抽查。对2 476家企业生产的2 786批次产品进行了检验，检出349批次不合格，不合格发现率为12.5%。本次共抽查2 478家企业生产的2 788批次产品（不涉及出口产品）。其中，1批次无规共聚聚丙烯（PP-R）管材产品涉嫌假冒，已移送企业所在地市场监管部门处理；1批次毛绒布制玩具产品目前在异议处理过程中，待完成后通报。

其中，微波炉、食品加工机械（榨汁机、原汁机）、打印机未发现不合格产品；笔、毛绒布制玩具、毛针织品、吸尘器、电热暖手器、投影机、纸面石膏板、铝合金建筑型材、合成树脂乳液内墙涂料、铜及铜合金管材等10种产品的不合格发现率低于10%；被子枕头、摩托车乘员头盔、燃气采暖热水炉、电火锅、电饼铛、除湿机、电吹风、采暖散热器、隔离开关、电力变压器等10种产品的不合格发现率在10%至20%之间；电动跑步机、豆浆机、碎纸机、新型墙体材料（砖和砌块）、无规共聚聚丙烯（PP-R）管材等5种产品的不合格发现率在20%至40%之间；燃气用不锈钢波纹软管、冷轧带肋钢筋的不合格发现率均为46.7%。

3. 我国质量监督的发展

质量监督是随着我国经济的发展而逐步开展的。早在中华人民共和国成立初期，我国在一部分重点城市建立了工业产品质量检验所，对国外采购商品的质量进行监督检验。随着国民经济的恢复和发展，特别是由于大规模的工业建设和保护人民生命安全和健康的需要，国家相继建立了一些专业性的检验机构，如进出口商品检验所、船舶检验所、药品检验所、锅炉压力容器安全检验所，开展了部分专业性的质量监督和产品质量监督检验工作。

目前，我国已形成了由国家质量技术监督局统一管理、组织协调的全国质量技术监督系统的质量监督，国务院有关行业主管部门的行业监督和食品卫生、药品、船舶和船用产品、出入境商品和动植物、核安全、环境质量、民用航空器等专业性监督及有关社会团体、新闻媒介、消费者的社会监督的全国质量监督体系，在我国的经济建设中发挥着重要的作用。

近年来，我国先后制定了一批有关质量监督的法律和行政法规，将我国的质量监督工作纳入了法制化管理的轨道，进一步促进了质量监督工作的发展。

通过多年来在全国范围内开展的有组织、有计划的质量监督工作，特别是产品质量国家监督抽查、市场商品质量检查和打击生产、经销假冒伪劣产（商）品的违法活动，对净化市场、营造公平竞争的市场环境，保护广大消费者利益，保护企业的合法权益发挥了重要的作用。

质量监督是技术监督的重要组成部分，技术监督就是"以质量为中心，以标准化、计量为基础"的监督。质量监督可以分为企业内部的微观质量监督和企业外部的宏观质量监督。而企业外部的质量监督又可以分为国家监督、行业监督、社会监督三类，其中最主要的就是由政府部门进行的行政监督。这种监督主要是对质量进行统一管理、组织协调，对质量工作实行宏观指导，并按行政区域分级负责地进行宏观监督，形成一个多层次的各司其职的有权威的质量监督管理体系。

国家监督、行业监督、社会监督三者的共同目标都是为了保证和促进产品质量的提高，保护用户和消费者的合法权益，它们当然有其内在的联系，但在性质、范围及对违法行为的适用法律、法规方面又有很大的差异。

【自检】
当前，很多班级教室内安装了监控，对这种监督方式，试讨论其利弊。

_____
_____
_____
_____
_____
_____

二、质量评价

质量评价是指对产品、服务、过程、企业或个人能够满足规定要求的程度所做出的系统性考察。根据特定的环境，质量评价的结果可用于鉴定、批准、注册、认证或认可的目的。

"没有最好，只有更好"，质量评价的意义在于实现"更好"的高质产品和服务体系。

中国《国务院关于进一步加强产品质量工作若干问题的决定》中提出，"要研究和探索产品质量用户满意度指数评价方法，向消费者提供真实可靠的产品质量信息"。

实施用户满意度指数评价是衡量产品质量和服务质量的一个重要标准，是检验企业满足用户需求，达到用户满意的重要尺度。用它来评价质量，微观上可以指导企业改进质量，宏观上通过行业之间的比对，能够为宏观决策提供依据。因此，建立用户满意度评价制度是必要的，是与国民经济的发展和政府进一步推进质量工作相适应的。

美国顾客满意度指数 ACSI 是一种衡量经济产出质量的宏观指标，是以产品和服务消费的过程为基础，对顾客满意度水平的综合评价指数，由国家整体满意度指数、部门满意度指数、行业满意度指数和企业满意度指数四个层次构成，是目前体系最完整、应用效果最好的一个国家顾客满意度理论模型。

案例 顾客满意度指数的实际应用

自 2005 年以来，中国标准化研究院顾客满意度测评中心每年都面向全国开展顾客满意度调查并公开出版手册。目前已连续发布 13 年，收录了众多知名品牌的满意度测评结果，为引领百姓生活消费发挥了重要作用。

根据 2018 年调查结果，顾客满意度高于 80 分的产品（服务）品牌共 26 个，耐用消费品占 19 个，生活服务业 7 个，分别是：海尔净水机（83）、海尔冰箱（81）、格力空调（81）、方太燃气灶（81）、海尔燃气灶（81）、老板燃气灶（81）、飞利浦净水机（81）、松下净水机（81）、美的冰箱（80）、西门子冰箱（80）、新飞冰箱（80）、海尔洗衣机（80）、A.O.史密斯电热水器（80）、海尔电热水器（80）、方太抽油烟机（80）、老板抽油烟机（80）、美的净水机（80）、沁园净水机（80）、华为手机（80）、招商银行（81）、中移铁通宽带（81）、顺丰快递（81）、交通银行（80）、中国联通如意通（80）、长城宽带（80）、宽带通（80）。

研究表明，顾客满意度、知名度、美誉度较高的品牌，一般会增加消费者购买或向他人推荐的可能性，激发消费潜能，促进消费者生活质量的提高。

三、质量纠正与预防

俗话说："预防重于治疗。"能防患于未然之前，更胜于治乱于已成之后。检查、分类、评估都只是事后弥补，因而"提升质量的良方是预防，而不是检验"，预防是质量管理最为需要的。所谓预防，是指我们事先了解行事程序而且知道如何去做，它来自我们对整个工作过程的深切了解，知道哪些是必须事先防范的，并应尽可能找出每个可能发生错误的机会。

依据"ISO 9001：2000 质量管理体系—基础和术语"的定义，**"预防措施"是指"为消除潜在不合格或其他潜在不期望情况的原因所采取的措施"**，采取预防措施是为了防止发生。

纠正是针对不合格所采取的措施，比如返工返修等就是纠正；**纠正措施是"为消除已发现的不合格或其他不期望情况的原因所采取的措施"。**

合理制定纠正及预防措施需要完善的基础资料、适宜的统计技术，更需要科学的思维方法，即从问题的表面现象逐步深入，追究问题产生的根本原因，然后逐步解决。

案例 曲突徙薪的故事

有位客人到某人家里做客，看见主人家的灶上烟囱是直的，灶边又堆了不少柴薪，觉得这样很危险。客人告诉主人说，烟囱要改曲，木材需移去，否则将来可能会有火灾，主人不以为然，没有作声。不久主人家里果然失火，四周的邻居赶紧跑来救火，最后火被扑灭了。事后，主人杀牛摆酒，酬谢前来救火的邻居，他特地请那些被火烧得焦头烂额的人坐在上首，有人对主人说："如果当初听了那位先生的话，也就不必杀牛摆酒了。"主人听了这番话，顿时省悟过来，马上把那客人请来，并奉他为上宾。

案例　纠正措施与预防措施

在某生产线组装某产品时产生不合格品，对不合格品返工或者返修，这是纠正。

分析产生此不合格的原因是作业人员操作方法不正确造成，因此对作业人员进行技能培训，这是纠正措施。

对新员工进行岗前培训或者聘用有专业特长的人员，并定期考核，持证上岗，这是预防措施。

四、安全预防

安全是人类生存和发展的第一需要。生产、科研需要安全，人们的工作、生活和一切活动都需要安全。没有安全作保障，一切活动不仅不能达到预期目的，而且还会造成不应有的人员伤亡和财物损失。

安全寓于预防、安全在于预防。企业中贯彻"安全第一，预防为主"的方针，其实质就是预防。只有在预防上狠下功夫，安全才有保障，"安全第一"才能真正体现。获得安全的最重要、最可靠的办法就是处处、事事搞好预防。

有些基层员工总认为抓安全是领导们的事，跟自己无关。这样的认识是错误的，这种思想的存在是一个危险的信号，最终会导致出现错误和事故。领导干部对此应该予以重视，如果员工没有安全意识，对安全工作漠然视之，那么再好的制度，再科学的安全规程都可能流于形式，得不到落实。企业在抓安全硬件建设的同时，更重要的是抓好全员的安全意识教育。要经常在全体员工中普及各种安全知识，强化安全操作规程，使全体员工对安全知识、操作规程耳熟能详，牢记于心，付诸行动，收到实效，才能避免事故的发生和生产中的悲剧。

案例　无线电厂的火灾

某市无线电厂收录机总装车间的维修工小宋年方22岁，正在热恋之中。一天，小宋约女朋友晚上到他家中与父母见面，准备正式确定关系，可领导偏偏通知他晚上加班。小宋真有些不知所措，他虽然没有请假，但一边操作，一边想着"补救办法"……17点40分左右，吃饭时间到了，小宋急急忙忙把工作服一脱，扔在操作台架上，又毫不思索地随手把电烙铁也丢在工作台上，最先跑了出去。

小宋丢在工作台上的电烙铁是50瓦的，已连续用了10几个小时，温度已达400~500℃。工作台离地0.8米，台面是木板，上面铺有橡胶板。台面上放有手套、套袖，并放着熔蜡电热杯、橡胶水、酒精和松香等。18点零8分，工人离车间后不久，车间里开始有火光，而且很快引起了明火，烧毁了3个车间和1个材料仓库，烧掉收录机部件2万多套和从香港引进的收录机装配自动生产线，损失607万元。

小宋疏忽大意，不按操作规程办事，没有放置好电烙铁，下班时就离去，其行为给国家带来了重大损失，触犯了《刑法》，因一时的疏忽未进洞房，却先进了牢房。

党和政府历来高度重视安全生产工作,党的十六届五中全会明确提出,要坚持节约发展、清洁发展、安全发展,把安全发展作为一个重要理念纳入我国社会主义现代化建设的总体战略。安全生产关系人民群众生命财产安全,关系改革发展稳定的大局。管理者应牢固树立以人为本的观念,关注安全,关爱生命,进一步认识做好安全生产工作的重要性,坚持不懈地把安全生产工作抓细抓实抓好。

人的生命是最宝贵的。加强安全生产工作,关键是要全面落实安全第一、预防为主、综合治理的方针,做到思想认识上警钟长鸣、制度保证上严密有效、技术支撑上坚强有力、监督检查上严格细致、事故处理上严肃认真。一是要坚决落实安全生产责任制,完善安全生产管理的体制机制,严格执行安全生产的各项规章制度,确保政府承担起安全生产监管主体的职责,确保企业承担起安全生产责任主体的职责,确保安全生产监管部门承担起安全生产监管的职责,把安全生产的各项要求落到实处。二是要加强安全生产法制建设,加紧完善安全生产法律法规体系,加快建立安全生产法治秩序,加大安全监管监察执法力度,增强政府、企业和全社会的安全生产法治观念,认真查处安全事故,严肃追究有关责任人员的责任。三是要抓好重点行业安全生产专项整治,坚决纠正违反安全生产的行为,切实消除安全隐患。四是要加大安全生产的治本力度,加大政府和企业对安全生产的投入,建立重特大安全事故监测预警系统,加快安全生产科技进步,加强安全生产培训教育,大力建设安全文化,形成有利于安全发展的经济增长方式,为安全发展打下坚实基础。

案例　滴滴公司的安全教育及安全整治

2018年以来,公众围绕网约车的乘车安全问题产生了激烈的争论,而滴滴公司作为行业领军者自然成了争论的中心。为进一步提高全员安全服务意识,全面落实企业安全服务主体责任,构建企业安全文化,做好出行安全服务工作,滴滴公司组织开展工作人员安全教育培训,对公司服务工作的安全隐患进行了整治。

安全整治期间,公司加强对司机的安全审核工作,要求司机无犯罪记录;通过三证验真、人脸识别等手段确保出行司机认证的准确性和真实性;加强司机出行安全知识宣导,提醒司机开车避免急躁、超速、超载和疲劳驾驶。

公司安全培训围绕法律法规介绍、安全服务责任划分和安全文化建设三部分展开,涉及企业安全服务方针制度、安全服务管理技术及专业知识、事故调查方法和责任认定等内容,并对公司主要负责人开展安全领导力培训。2019年10月,公司累计有1 326名安全工作人员参加培训通过考核取得了合格证书。

【自检】

与同学讨论一下,如何预防个人交通事故?

第二节 不合格产品的控制

案例 降落伞的故事

有一家生产跳伞的军工企业，换了多个厂长，并与多家专业跳伞队合作，但生产出的跳伞质量始终存在问题，并多次出现伤亡事故。后来一位退伍军人上任厂长一职，在他上任的第一天便召开全体员工会议，决定解除与所有跳伞队的试验合同，改由公司每一位员工轮流试跳。后来这家工厂生产的产品再也没有存在质量问题，再也没有因为产品质量而发生过一次事故。

为什么会有如此大的改变呢？

因为谁也不想事故出现在自己的身上！

一、不合格品产生的原因

1. 基本术语

1）不合格品

GB/T 19000—2000 对不合格的定义为："未满足要求"。不合格包括产品、过程和体系没有满足要求，所以不合格包括不合格品和不合格项。其中，凡成品、半成品、原材料、外购件和协作件对照产品图样、工艺文件、技术标准进行检验和试验后，被判定为一个或多个质量特性不符合（未满足）规定要求的，统称为不合格品。

不合格品是指不符合现行质量标准的产品，包括废品、返修品和等外品三种产品。对不合格品，应按其程度分情况做出返修、返工、原样使用、降级或报废处置。

等外品，又称次品，即质量差、不能列入等级的产品。等外品的行话为超差利用品，即指虽不符合现有产品质量标准，但仍可使用的产品，这种产品投放市场的前提是它不会造成安全问题。

等外品不是处理品。处理品是指厂方、商家由于特殊原因需降价处理的产品，处理品既包括有"瑕疵"的产品，还包括积压、落后、过时的产品等。

【自检】

教育服务中，有哪些可以称为不合格？

参考答案： 不具备场所、设备、骨干教师等基本办学条件而招生或虽然具备基本办学条件，但忽视教育服务质量管理，导致许多部门存在不符合质量管理标准的情况，都属于严重不合格。再如教师备课不充分、教学内容贫乏或比较陈旧，导致学生不满意，则属于一般不合格，但如未及时改进，长期处于学生不满意状态，甚至多次投诉，也会导致严重不合格。

2）返工

返工是为使不合格品符合要求而对其采取的措施。返工的目的是为了获得合格品，如零件加工的尺寸偏大，可重新返工达到标准要求。但返工之后产品可能是合格品，也可能是不合格品，所以要求重新检验。

返工是一个程序，它可以完全消除不合格，并使质量特性完全符合要求，通常返工决定是相当简单的，检验人员就可以决定，而不必提交"不合格品审理委员会"审查。

例如，一个轴的直径工艺要求为 100 mm ± 1 mm，实际加工出来为 102 mm，显然不合格，这时可采用返工措施。车削了 2 mm 后，使轴径为 100 mm，这时轴就合格了，这就是返工。但如果车削了 4 mm，轴径变成了 98 mm，则该轴成了不合格品。所以返工后的产品必须要重新提交检验，防止返工带来的不合格品。

案例 软件返工开发

某小企业是计算机游戏软件开发公司，公司在软件开发上注重完美。该公司曾经开发了一套游戏软件，在软件完成使用时，发现仍有些小问题，于是重新设计规划，最终开发出符合要求的游戏软件，在获得市场的同时，获得了更多大型游戏开发公司的认可，取得了更多的软件设计开发合同。

该公司在开发软件时，不怕返工，力求完美的精神值得敬佩。

3）返修

返修是为使不合格品满足预期用途而对其所采取的措施。返修与返工的区别在于返修不能完全消除不合格品，而只能减轻不合格品的程度，使不合格品尚能达到基本满足使用要求而被接收的目的。也就是说，经返修后无论如何也达不到原标准的要求，但是不影响用户的使用要求，对返修后的产品可降级使用。

例如，一个零件的孔径工艺要求为 100 mm ± 1 mm，实际加工出来为 98 mm，显然不合格，那么在孔内边缘贴一些材料上去，使孔径变为 100 mm，保证尺寸的同时，保证了使用性能，满足了用户的使用要求。但该轴由于在内孔中添加了材料，并没有采用原有的标准，所以只是返修。

4）让步（原样使用）

让步，也叫原样使用，指不合格品没有经过返工和返修，直接交给用户。这种情况必须有严格的申请和审批制度，特别是要把情况告诉用户，得到用户的认可。例如：等外品就是一种让步处置方式。

人们可能有过这样的经验，一个完全合格的产品，用起来不一定好用，甚至完全不适用；反之，有的产品，检验指标虽不完全合格，但用起来却能使人满意。这种情况的产生，可能是由于用户的需求不同，也可能是制定的技术标准本身就不合理，或者质量要求过高。

所以不合格品不一定等同于废品,它可以判为返修后再用,或者直接回用,这类判别称为适用性判别。由于这类判别是一件技术性很强的工作,涉及多方面的知识和要求,因此检验部门难于胜任处置,而应由不合格品审理委员会来审理决定。

5）降级

降级是为使不合格品符合不同于原有要求而对其等级的改变。降级的关键是要降低其等级,而让步则不包含有"等级的改变",直接予以使用或放行,这两者是不同的概念。

目前我国国家标准推荐,将不合格分为3个等级,分别表示为A级、B级、C级。

（1）A类不合格。单位产品的极重要质量特性不符合规定,或单位产品的质量特性极严重不符合规定,称为A类不合格。

（2）B类不合格。单位产品的重要质量特性不符合规定,或单位产品的质量特性严重不符合规定,称为B类不合格。

（3）C类不合格。单位产品的一般质量特性不符合规定,或单位产品的质量特性轻微不符合规定,称为C类不合格。

从以上分级可以看出,不合格分级级别既与质量特性的重要程度有关,又与不合格的严重程度有关。

6）报废

报废是指为避免不合格品原有的预期用途而对其所采取的措施。对于不能使用如影响人身财产安全或经济上产生严重损失的不合格品,应予以报废处理。

不合格品经确认无法返工、返修和让步接收,或虽可返工、返修但导致费用过大、不经济的均按废品处置。对有形产品而言,不合格品报废时可以回收、销毁。

2. 不合格品产生的原因

有产品就不可避免地存在不合格品,零缺陷只是组织追求的极限目标。不合格品产生的主要原因有下面几种情况。

（1）企业自身在生产时产生不合格品。

（2）采购的原材料包含不合格材料。

第一种原因只能通过企业内部加强质量管理来减少不合格品的产出。对于第二个原因就必须与原材料供应商建立互信、互利、互助、风险共担的合作伙伴关系,把团队精神拓展到企业外部,而不能单独为了降低企业的采购成本去牺牲产品的质量。

不合格品的产生往往是管理上出现问题,我们在处理问题的时候不能简单地人为地认定,需要对生产的整个过程进行分析,重点分析产生不合格品的关键因素。

案例 丰田的纺织机

丰田汽车集团的创始人丰田佐吉是自动纺织机的发明者。1902年,他发明了一种纺织机,这台纺织机不仅是日本有史以来第一台不依靠人力的自动纺织机,而且这种纺织机只要有一根断线,纺织机就会自动停下来。直到100年后的今天,这种装置仍然被大型纺织机所沿用,足以看出佐吉这项发明的影响及深远程度。而正是这种"一旦发生次品,机器立即停止运转,以确保百分之百的品质"的思考方式,形成了今天丰田的生产思想的根基。

案例 不合格率下降的原因

一个日本工厂生产盘尼西林（药名），虽然生产技术是引进的，使用的设备与材料都是外国公司认可的，但产品的成品率却出人意料的低！外国工厂派来的技术员认为这是由于日本工人技术水平太低造成的。但是生产日报表上的数据却显示出巨大的波动，有段时间合格率高，有段时间合格率低。工厂里没有人可以指出问题是什么，因为他们没有改变设备的参数或者材料的质量，最后，他们都想集中到厂外去看看有什么情况发生了变化。

这些波动数据提供了线索，在成品率高的日子与成品率低的周期之间应该有什么东西改变了质量。一位部门主管提出，隔壁的葡萄糖厂对于生产的波动可能有影响。但一些人怀疑这种可能性，因为葡萄糖厂的厂房与盘尼西林厂是完全分开的，其所使用的材料与员工工作的地点也是完全分开的。为了探讨问题，他们把盘尼西林生产的数据与葡萄糖厂开工时的数据做了比较，结果得到了一个惊奇的发现：这两者有如此密切的关系——当葡萄糖厂产量上升时，盘尼西林的成品率便跌落下来！为什么？

通过调查后发现，原来葡萄糖厂所使用的蒸汽与盘尼西林厂使用的蒸汽是由同一个锅炉供给的。当葡萄糖厂接到大订单，夜以继日地生产时，消耗了大量的蒸汽，这样，进入盘尼西林厂的蒸汽压力下降了，因而改变了制造盘尼西林的条件！于是，这家工厂后来建造了一个独立的锅炉，并严格地控制其蒸汽压力。以后的生产结果令人非常惊愕：成品率上升到比外国工厂还要高的水平！

3. 不合格品的处置

1）识别不合格品

判断产品合格与否，必须要有一个判定产品质量合格与否的标准。符合这个标准，就是合格品，不符合这个标准，便是不合格品。《产品质量法》第十四条规定了判定产品质量合格与否的标准，主要包括三个方面：一是产品不存在危及人身、财产安全的不合理的危险，有保障人身、财产安全的国家标准、行业标准的，应当符合该标准；二是产品须具备应当具备的使用性能；三是产品质量应当符合在产品或其包装上注明采用的产品标准，符合以产品说明、实物样品等方式表明的质量状况。也就是说，只要产品质量不符合安全、卫生标准，存在着不合理的危险性，或者产品不具备基本使用性能，或者不符合生产者、销售者对产品质量做出的明示承诺，具备上述三种条件之一者，就可判定质量不合格，其产品就是不合格品。

生产现场中的不合格品，一般是指性能达不到要求的产品。一旦发现不合格品，应及时做出标识以示与合格品的区别。可能时，对不合格品进行隔离。

2）记录不合格品的状况

应做好不合格品状况记录，状况记录涉及时间、地点、批次、产品编号、缺陷描述、所用设备等。做好记录后，应及时向职能部门通报。

3）评审不合格品

评审不合格品，决定应做哪种处置，做出记录。

凡经检验为不合格品的产品、半成品或零部件，应当根据不合格品的类别，分别涂以不同的颜色或做出特殊的标志。例如，有的企业在废品的致废部位涂上红漆，在返修品上涂以黄漆，在回用品上打上"回用"的印章等办法，以示区别。

不合格品评审的方式视组织的具体情况而定,有的组织只需品管部做出评审结论即可,而有的组织则由多个部门(技术、品管、生产、物控等部门)组成评审组进行。

进行不合格品评审的人员应有能力判别不合格品的处置决定,诸如互换性、进一步加工、性能、可信性、安全性及外观质量的影响。

4)实施处置方式

对不合格品的处置一般采用返修、返工、让步、报废等措施。

产品进行报废等处理时,应按规定办理评审、批准手续,处置的情况应予以记录。

对纠正后的产品,如返工、返修后的产品,应进行再次验证,以证实符合规定的要求或满足预期的使用。

对各种不合格品在涂上(或打上)标记后应立即分区进行隔离存放,避免在生产中发生混乱。废品在填写废品单后,应及时放于废品箱或废品库,严加保管和监视,任何人不准乱拿和错用。一旦发现动用废品,以假充真,检验人员有权制止、追查或上报。隔离区的废品应及时清除和处理,在检验人员参与下及时送废品库,由专人负责保管,定期处理销毁。

案例　某公司不合格品处置规定

(1)凡不符合图样、标准要求的半成品、成品均为不合格品。

(2)通过检验对不符合标准要求的不合格品可分为废品、返修品、等外品等,但都不准流入下道工序。

(3)不合格品应按废品、返修品、等外品分别堆放,进行隔离,隔离区应有明显的标识。

(4)按批次和时间对不合格品进行登记,以便实现可追溯性。

(5)质量检验科组织有关人员对不合格品进行分析,查找原因,采取有效的措施。

二、防止不合格品产生的方法

企业在所有的管理过程中都要以产品质量为中心,防止不合格品的产生。防止不合格品,主要从以下几个方面着手。

(1)控制设计过程的质量。重视设计过程的质量就是要把产品的质量保证环节提前到产品开发阶段,从而保证客户的需求和期望,节省生产流程的成本,同时保证产品质量的稳定,防止因设计质量问题,造成产品质量先天性的不合格和缺陷,或者给以后的过程造成损失。在控制设计过程的质量时,可以将 PDCA 循环引入设计过程,以达到即时改进、持续改进的效应。

(2)控制进货的质量。控制进货质量,确保生产产品所需的原材料等符合规定的质量要求,防止因使用不合格原料造成不合格产品。

(3)控制生产过程的质量。这是产品质量得以保证最重要的环节,在生产过程中,保持设备正常工作能力和所需的工作环境,控制影响质量的参数和人员技能,防止不合格品的产生。严格检验和试验,防止将不合格的工序产品转入下道工序。控制检验、测量和试验设备的质量,确保使用合格的检测手段进行检验和试验,确保检验和试验结果的有效性,防止因检测手段不合格造成产品不合格。加大全员培训,对所有从事对质量有影响的工作人员都进行培训,确保他们能胜任本岗位的工作,防止因知识或技能的不足,造成产品不合格。

(4) 控制搬运、贮存、包装、防护和交付。对这些环节采取有效措施保护产品,防止损坏和变质,产生不合格品。

当发生不合格品或顾客投诉时,应查明原因,针对原因采取纠正措施以防止问题再发生。还应通过各种质量信息的分析,主动地发现潜在的问题,防止不合格品的出现,从而改进产品的质量。

总之,对不合格品要严加管理和控制,关键在于:

(1) 对已完工的产品,严格检查,严格把关,防止漏检和错检。

(2) 对查出的不合格品,严加管理,及时处理,以防乱用和错用。

(3) 对不合格的原因,应及时分析和查清,防止重复发生。

案例 大野耐一五问法

"为什么—为什么"分析,也被称作5个为什么(5W)分析,这个方法有4个主要部分:把握现状,调查原因,纠正问题,通过"差错防止"过程进行预防。

有一次,大野耐一发现生产线上的机器总是停转,虽然修过多次但仍不见好转。于是,大野耐一与工人进行了以下的问答:

一问:"为什么机器停了?"

答:"因为超过了负荷,保险丝就断了。"

二问:"为什么超负荷呢?"

答:"因为轴承的润滑不够。"

三问:"为什么润滑不够?"

答:"因为润滑泵吸不上油。"

四问:"为什么吸不上油来?"

答:"因为油泵轴磨损、松动了。"

五问:"为什么磨损了呢?"

再答:"因为没有安装过滤器,混进了铁屑等杂质。"

经过连续五次不停地问"为什么",才找到问题的真正原因和解决的方法,就是应在油泵轴上安装过滤器。如果我们没有这种追根究底的精神来挖掘问题,我们很可能只是换根保险丝草草了事,真正的问题还是没有解决。

在生产过程,当产品出现不合格质量问题时,要多问几个为什么,也可以找到解决问题的途径和方法。

【自检】

请用5W方法,寻找零件加工精度较差的原因。

_____

_____

_____

_____

_____

三、质量改进

1. 质量改进的定义

质量改进是质量管理的一部分,质量改进是指致力于增强满足质量要求的一种能力。质量改进通过改进过程来实现,以追求更高的过程效益和效率为目标。

一个企业提供的产品、服务质量的好坏,取决于顾客的满意程度,而顾客的满意程度则取决于质量形成过程的有效性和效率。因此,质量改进是通过过程的改进来实现的。为了实现持续的改进,企业应不断主动进行改进,而不是被动地等待问题出现了才去进行改进。这就是进行质量改进应遵循的基本原则。

现代质量定义不仅仅是以产品为中心,而是以顾客的满意程度为标准,这样的质量标准是企业永远不能轻易完成的目标。争取使顾客满意和实现持续的质量改进应是组织各级管理者永恒的追求目标。通过持续的质量改进,可减少不合格品的产生,没有质量改进的质量体系只能维持原有质量状况,持续的质量改进将成为企业成功的关键。

质量改进也是减少不合格品的措施之一,质量改进的基本方法是运用 PDCA 循环。

案例 某公司的质量改进实施方案

某公司为提高产品质量,制定了以下实施方案。
(1) 成立改善提案委员会,规定委员的职责,委员长由副总经理担任。
(2) 在公司各处设置提案箱,收集各种建议。
(3) 定期召开改善提案会议,对各种建议进行评审,分级。
(4) 对可行的建议制定方案并实施。
(5) 对产生效益的建议进行奖赏。

2. 质量改进的分类

质量改进活动可以分为维持性的质量改进活动与突破性的质量改进活动。

维持的重点在于充分发挥现有的能力,保持现有质量水平,因而要运用质量控制手段防止类似的质量问题再次发生;突破的重点在于提高现有能力,以期更好地满足顾客需求,使顾客满意。维持与突破虽是不同的概念,但它们又是密不可分、互相联系的质量管理活动。质量改进活动是在过程稳定基础上,即维持的基础上进行的。如果过程尚未进入稳定状态,质量波动的规律尚未明确,则改进难以见到效果。

1) 维持性的质量改进活动

指维持现状水平的质量改进活动。纠正措施、预防措施属于维持性的质量改进活动。

2) 突破性的质量改进活动

指突破现有水平的改进活动,诸如质量目标的调整、生产工艺的优化、产品的技术革新、提高材料的利用率、提高顾客满意度等。

3. 质量改进具体实施过程

1) 全组织参与

组织的全体成员都应参与质量改进项目或活动。当组织在质量改进上进行了很好的发动和管理时,该组织的全体人员及各管理层就会持续地承担并实施不同的质量改进项目或活动。质量改进项目和活动会成为每个人员工作的一项正式内容，这些项目和活动的规模有大有小，有些需要组织跨部门的小组甚至要由管理者参与实施，有些则由个人或小组承担。

2）把握问题所在，确定改进项目

一般而言，把握住问题所在就能找到改进的机会。显在问题自不待言，从主动改进的角度看，挖掘潜在的问题更加重要。一些先进国家企业的经验表明，通过以下方式可使潜在的问题显在化。一是将现状与应具有的良好状态做比较，从两者的差距来找问题；二是从安全生产、产品质量、成本、交货期、员工士气及质量意识、生产环境等方面"不在状态"的10种表现为线索来找问题。所谓"不在状态"的10种表现包括不合理、不满意、未充分评价、不足、状态不佳、不经济、情绪不安定、不完备、不明朗、不方便等。对于一些确定的日常工作，通过仔细观察，也可发现一些改进的线索。此时，可以采用多问几个为什么来厘清思路。通过"6W2H"找出问题，即责任者是谁（Who）、服务对象（Whom）是谁、做什么（What）、为什么做（Why）、在何地做（Where）、怎么做（How）、何时做及期限（When）、费用多少（How Much）。问题明确了，改进的目标也就明确了。"把握住问题，到解决问题的路就走了一半"，因此对于做好这阶段的工作要有足够的重视。

【自检】

用6W2H方法，对班级某一存在问题进行改进。

_____

_____

_____

_____

_____

3）调查可能的原因

这一步骤的目的是通过搜集资料，确认和分析，提高对待改进过程性质的认识。应按照认真制订的计划采集数据。要尽可能客观地对原因进行调查，而不能去假设可能是什么原因并采取预防措施，决策应以事实为依据，而不能从主观臆测出发。

4）确定因果关系

通过对数据进行分析，掌握待改进过程的性质，并确定可能的因果关系。区分巧合与因果关系是重要的，对那些所确定的似乎与数据保持高度一致性的因果关系，需要根据制订计划所采集的新数据加以验证和确认。

5）采取预防或纠正措施

在确定因果关系后，应针对相应的原因制定不同的预防或纠正措施的方案并加以评价。组织中参与该措施的成员应研究各方案的优缺点。能否成功地实施预防或纠正措施，取决于全体有关人员的合作。对过程采取预防或纠正措施进行质量改进，可以产生更满意的输出，减少出现不满意输出的频次。那种完全依赖对过程的输出进行纠正的做法，如返修、返工或分级不能从根本上解决质量损失问题。

6）确认改进

采取预防或纠正措施后，必须收集适当的数据并加以分析，以确认改进取得的结果。收集数据的环境应与以前为调查和确定因果关系而收集数据的环境相同。对伴随产生的其他结果，不管是希望的还是不希望的，也需要进行调查。如果在采取预防或纠正措施之后，那些不希望的结果仍继续发生，且发生的频次与以前几乎相同，则需要重新确立质量改进项目或活动。

7）保持成果

保持成果最主要的方式为标准化。质量改进结果经确认后，需保持下来。通常包括对规范、作业或管理程序及方法进行更改，并确保更改成为所有有关人员工作内容的一个组成部分。对改进后的过程则需要在新的水平上加以控制。

8）持续改进

如果所期望的改进已经实现，则应再选择和实施新的质量改进项目或活动。进一步改进质量的可能性总是存在的，可以根据新的目标实施质量改进项目活动。

案例　波音飞机的质量改进

波音公司是世界上主要的民用和军用飞机生产厂家之一，也是世界上最大的航空制造公司。20世纪60年代，由于公司的经营者思想松懈，认为自己的飞机质量一流，缺少竞争对手，所以对市场研究也少，于是质量问题随后出现，一些大客户甚至取消订单，导致公司的喷气客机大量积压，资金周转不灵，亏损惨重。面对困境，公司从质量出发要求员工牢固树立质量第一的观念，同时提高了质量验收标准，要求每个工厂，每个部门都要切实保证每个零部件以第一流的质量出厂。另外加大产品质量改进力度，不断开发新机型。1969年起，连续几年，波音公司累计投入69亿美元用于超巨型747喷气客机的研制开发，这种飞机时速每小时1 000千米，可载客490人，载货量达1 000吨，新产品一上市，便为波音夺得了航空客运市场的大部分份额。此后，波音公司再接再厉，针对20世纪70年代末石油危机引发的问题，投入30亿研究资金研制开发出了世界航空史上最经济、最省油、最安全、最易驾驶的波音757、波音767新型机，从而奠定了自己顶尖运输机生产者的地位。

第三节　质量目标管理

有一个工头与一个工人，工头叫工人拿一把圆锹，挖了一个深洞后，工头要工人爬出来，到其他地方挖一个洞。当工人挖到某深度后，工头进洞检视一番，摇摇头，要工人再到他处挖一个洞。

如此，周而复始，挖到第五个洞时，工人实在忍不住了，他生气地丢下圆锹说："挖！挖！挖！到底挖什么呀！我不干了。"

工头讶异地说："你急什么呢！我一直在找水管的破裂处啊。"

第三章 质量控制基础知识

工人脸色缓和下来说:"原来如此,你何不早说呢!"他拿起圆锹,继续地工作。

对啊!工头何不在一开始,就把挖洞的目标告诉工人呢?做任何事,首要之事就是目标要明确。同样,给予员工确定的工作目标,是现代企业质量控制必须考虑的重要因素。

一、质量目标管理的作用及意义

1. 质量目标管理的定义

ISO 9000:2000 标准 3.2.5 条款将"质量目标"定义为"在质量方面所追求的目的"。

ISO 9001:2000 标准 5.4.1 "质量目标"指出,"最高管理者应确保在组织的相关职能和层次上建立质量目标,质量目标包括满足产品要求所需的内容。质量目标应是可测量的,并与质量方针保持一致"。

质量目标管理是企业为实现以质量为核心的中长期和年度经营方针目标,充分调动职工积极性,通过个体与群体的自我控制与协调,以实现个人目标,从而保证实现共同成就的一种科学管理方法。

质量管理目标如果得到充分实施,那么下属甚至会采取主动,提出他们自己认为合适的目标,争取上级的批准。这样每个人,从管理层到一线员工,都将清楚需要去实现何种目标。这样的质量管理目标才是我们需要的目标。

公司的经营者必须十分关注突破性目标,这是带领公司向前发展的动力源。通常,这类目标需要投入相当量的资源,其可期望的效益也是诱人的,因而根据本公司的实际,选择好适当的年度突破目标,正是上层经理的天职。可惜的是,目前一些通过 ISO 9001 认证的组织约有 70%,忽略了突破性目标的选择。例如一个采用一般浇铸的企业,其铸件合格率长期只有 80%,如果他不采取过程改进(如真空离心浇铸等),也许他永远只能停留在这个水平,并不是想想提高 1 个百分点就能一蹴而就的。

> **案例 爱立信的浮动工资制度**
>
> 人最基本的需要是对生存和安全的需要,因此对人最基本的激励和鞭策措施是物质上的奖励或处罚。在爱立信,工资围绕着市场转,奖金与业务目标"接轨"。公司业绩与员工的奖金有很大关系。爱立信的浮动工资制首先是从物质上激起了员工的干劲。爱立信员工的奖金与公司的业绩成一定比例,但并非成正比例。奖金一般可达到员工工资的 60%,对于成绩显著的员工,还有其他的补偿办法。以瑞典一名普通工人为例,他的月工资即标准工资为 2 万克朗,可变动情况如下:如果他的工作成绩属正常,就拿标准工资 2 万克朗;如果他的工作成绩比正常情况差,工资就减少 10%,拿 1.8 克朗;如果他的工作成绩优异,达到很高目标,工资就增长 20%,拿 2.4 万克朗;如果达到最高目标,工资就增长 60%,拿 3.2 万克朗。

2. 质量目标管理的作用

质量目标管理既有利于企业产品质量的形成,又利于员工的全面发展。

演说家泽格尔说:"确定了合理的目标就实现了目标的一半。"没有明确的目标,生产的产品就不可能有统一规范的要求,也不可能形成统一协作的团体。

1) 质量目标管理对激励员工的作用

传统管理依赖外部控制和指引，依靠施加惩罚性的方法来鞭策员工，在这种环境下，员工机械地工作，逃避责任，没有主动性。在目标管理中人们因有目标而有动力，可以按照自己的意愿愉快地工作，他们自我约束，并注重自我发展，在目标管理之下他们的潜力会得到更充分地发挥。

案例　松下幸之助的人才培养观

培养人才最重要的是确立"企业目标和经营方针"，这是日本松下公司创始人松下幸之助的人才培养观。

他认为经营者培养人才最重要的是确立"企业的目标和经营方针"这一基本原则，也就是必须使员工具有正确的经营理念和使命感。公司的经营理念如果明确，经营者和管理者就能基于这种理念和方针达成有效率的领导，员工也会遵照这种理念和方针来判断是非，人才自然容易培养。如果没有经营理念和方针，领导者的政策缺乏一贯性，易于被热情和感情左右，当然不容易培养出真正的人才。另外一件更为重要的事情是，经营者应该充分授权给员工，使其能够在自己的责任和权限内，主动进取、勇于负责。培养人才的目的，不外乎造就经营人才，所以不要只是发号施令，这样只能培养一些只会听从吩咐而工作的庸才，无法激发员工和部属的管理能力。经营者还应该经常向他的员工解释他的经营理念和目标，使他们能够彻底了解。如果经营理念只是纸上文章，那就毫无价值，必须使它存在于每位员工心中，与他们融为一体，才会产生效果。因此，利用各种机会向他们反复说明是十分必要的。同时，还要让员工有实际了解经营的机会，也就是说，经营者必须以身作则，借助日常作业逐渐启发员工对经营理念的认识。

2) 质量目标管理对提高产品质量的作用

（1）质量目标管理的本质是产品质量达到一个新水平的预期标准。实现了质量目标，产品质量也就达到了一个新的水平。

（2）为了实现质量目标管理，就要分析现存的质量问题，并针对质量问题的原因，采取纠正措施和预防措施，以消除不合格或潜在的不合格。实现质量目标的过程，实质上是质量改进的过程。层次不同的目标，会产生持续改进，对产品质量的提高是必不可少的。

（3）即使不存在改进问题，质量目标也是保证产品质量符合规定要求的重要措施。

案例　不值得定律

不值得定律最直观的表述是：不值得做的事情，就不值得做好。这个定律似乎再简单不过了，但它的重要性却时时被人们疏忽。不值得定律反映出人们的一种心理，一个人如果从事的是一份自认为不值得做的事情，往往会保持冷嘲热讽、敷衍了事的态度。不仅成功率小，而且即使成功，也不会觉得有多大的成就感。

对一个企业或组织来说，则要很好地分析员工的性格特性，制定合理的工作目标，加强员工对企业目标的认同感，合理分配工作，让员工感觉到自己所做的工作是值得的，这样才能激发职工的热情。

3) 质量目标管理对作业有效性的作用

（1）作业者（员工）有了质量目标管理的激励、示范和导向，通过加强控制或进行改进，可以减少作业的无效性，降低过程的资源消耗和损失。

（2）质量目标管理又可以提高过程作业的质量和效率，增强产出的数量，提高产品的质量。

4）质量目标管理对财务业绩的作用

（1）通过质量控制和质量改进，降低了损失，这就是节约支出。

（2）提高了产出效率，扩大了市场占有率，这是增收。根据质量成本管理的理论和实践，适当增加预防成本，可以大大降低故障成本（内、外部故障）。

5）质量目标管理对相关方的满意和信任的作用

质量目标管理是一种全面质量管理思想，也是一套管理办法。质量目标管理不是简单下达一个任务要谁去完成，而是上级与下级互相协商、一起研究，最后取得一致意见，再把这个目标作为质量管理中执行的指标，同时也作为考核的基础。这是质量目标管理的一个特征。

（1）顾客是直接受益者，因而可以提高其满意程度，并且使他们更加信任组织，更加放心。

（2）对于员工来说，实现质量目标管理的过程，是发挥自己积极性和创造力的过程，从而提高了他们在组织管理中的地位，因而会增加满意程度。

（3）所有者可以从财务结果的改善中获益，并对组织更加具有信心；质量目标管理也是员工绩效考核的基础，不设定质量目标就没有办法进行考核。

（4）组织实现质量目标管理，纳入供货方和合作者，会增强他们合作的信心。

（5）社会从组织业绩中也可以获益，如税收、就业、环保等。

二、质量目标管理的设定

企业质量目标的设定主要从以下几个方面考虑。

1. 质量目标设定应与企业目标一致

企业目标的内容较多，可以归结为质量品种、利润效益、成本消耗、产量产值、技术进步、安全环保、职工福利、管理改善等项目，但每一年度企业目标不会把所有项目全部列入，而是根据实际情况选择重点、关键项目作为目标。在制定质量目标时，要确保质量目标与企业目标保持一致。

<u>案例　手表定理</u>

手表定理是指一个人有一只表时，可以知道现在是几点钟，而当他同时拥有两只表时却无法确定。两只表并不能告诉一个人更准确的时间，反而会让看表的人失去对准确时间的信心。你要做的就是选择其中较信赖的一只，尽力校准它，并以此作为你的标准，听从它的指引行事。

手表定理在企业经营管理方面给我们一种非常直观的启发，就是对同一个人或同一个组织的管理不能同时采用两种不同的方法，不能同时设置两个不同的目标。甚至每一个人不能由两个人来同时指挥，否则将使这个企业或这个人无所适从。手表定理所指的另一层含义在于每个人都不能同时挑选两种不同的价值观，否则，你的行为将陷于混乱。

2. 质量目标设定应循序渐进

质量目标和目标值应有挑战性，即应略高于现有水平，至少不低于现有水平，同时应考虑企业现状及未来的需求。目标适中，可以不断激励员工的积极性和创造性，实现其增值效果。好高骛远的目标不能实现，过于轻松实现的目标没有激励作用。

3. 质量目标设定应考虑顾客需求

现代质量管理学认为"质量就是满足顾客的期望的程度"。所谓好，就是充分满足顾客的期望。一般来说，顾客的期望就是快速、物美、价廉、方便（服务）。制定质量目标的原则应是持续改进、提高质量、使顾客满意，也就是应考虑市场当前和未来的需要，还应考虑当前的产品及顾客满意的状况。

4. 质量目标设定应考虑企业实际状况

在制定质量目标时，要符合企业实际状况，符合企业需求。首先要找出企业目前的弱项和存在的问题。其次，对这些问题进行分析，确定问题的范围。最后，由所存在的问题引导出质量目标。

案例　某电能表生产车间的质量目标

产品综合一次合格率：电能表≥95%，水表≥97%；

功能测试一次合格率：电能表≥90%，水表≥92%；

产品初检一次合格率：电能表≥95%；

产品终检一次合格率：电能表≥97%，水表≥98%；

产品包装一次合格率：100%。

生产车间的质量目标应符合企业总体质量目标，主要突出产品质量的要求。

总之，设定质量目标时，在指导思想上要体现这些原则：长远目标和当前目标并重、社会效益和企业效益并重、发展生产和提高职工福利并重。

【自检】

根据班级实际情况，设定班级卫生管理质量目标。

三、质量目标管理的实施

1. 质量目标的分解

质量目标要层层分解，落实到每一个部门及员工，这是实现质量目标最根本的一条措施。所谓分解，就是将上一级的质量目标分解成若干个较小的目标，由下一级来完成。相关的员工应把质量目标转换为各自的工作任务，即每一个部门、每一个员工都应承担完成质量目标的任务。

案例　质量目标的分解

总目标：(1) 建立、实施并持续贯彻符合 ISO 9001：2000 国际质量管理体系并持续改进；(2) 常规产品一次检验合格率达 98%，三年内达 99%；(3) 顾客满意度持续达 95% 以上，三年内每年递增 1%。

代号	部门	目标	目标实现控制点	考核
01	总经理	持续改进，顾客满意度持续达95%以上	组织管理评审，确保质量管理体系的适宜性、充分性和有效性	一般一年组织一次管理评审
02	技术部	保证技术水平能满足产品生产的需要	搜集最先进的技术资料，确保现场使用有效技术文件	经常进行现场监督
03	质检部	检测设备送检率达100%，产品漏检率0%	保证检测器具的准确性，严格按检验规程检验，质量记录控制应符合要求	计量、检测器具一般一年检测一次；每季度检查一次外购件入库情况及质量记录控制情况
04	生产部	每道工序产品一次交验合格率达98%以上	严格按工艺卡操作，依照过程检验标准进行检验	每个月统计一次
其他部门（略）				

这个企业的质量目标还可以进一步细化展开，将部门目标落实到岗位。

2. 质量目标管理的实施

质量目标管理的实施可按 PDCA 循环实施。即先制定，再实施，再检验，再评价改进。在实施的过程中，应时时关注质量目标的分解是否横向到边、纵向到底；关键工序、岗位及操作人员是否设置了质量目标；各部门之间的质量目标是否相互协调；是否定期对顾客满意情况进行调查；目标的实施是否进行定期考核；是否有相应的奖惩制度与之配套实施；目标的实施程度如何；有哪些差距；针对差距是否分析并采取了相应措施；是否包括对目标改进或对质量管理体系的改进措施；质量目标在持续适宜性方面是否得到必要的评审。

1）制定目标和计划（Plan）

首先要确定质量目标和具体的执行计划。质量目标制定必须是明确的、可行的、有挑战性的、具体的、可以验证的；计划必须是有依据的，切合实际的，便于展开的。

2）开始行动，执行计划（Do）

按照初定的计划，有目的、有步骤地开展工作，时时把质量目标作为工作和行动的中心，积极探讨最优的实施方案和实施步骤，落实对每一个计划步骤的责任鉴定，以便进一步地改进。

3）行动结果检查（Check）

对质量目标的完成情况要分阶段予以检查，了解质量目标完成情况。对检查中发现的问题，认真记载，做出适宜的评估结论。主要检查工作情况是否出现偶然、质量行动计划是否可行等。管理者和员工一起讨论是否能完成相应质量目标，并研究不能完成的原因。

4）纠正错误，调整方向（Action）

将检查中出现的问题予以讨论，确定需要改进的部分，对错误的做法与员工交流后解决，对必须改进的计划部分，重新以 PDCA 执行。

案例　海尔的质量目标及管理

1984 年，海尔前身——青岛市东风电机厂是一个濒临倒闭的集体小厂，主要生产电动葫芦等小的机电产品。1984 年时已亏空 147 万元，企业已陷入发不出当月工资的困境。而现在它已成为世界第四大白色家电制造商、中国最具价值品牌，旗下拥有 240 多家法人单位，在全球 30 多个国家建立本土化的设计中心、制造基地和贸易公司，全球员工总数超过五万人。

海尔的质量战略是：质量是企业永恒的主题。海尔集团总经理张瑞敏先生有句名言："优秀的产品是优秀的人干出来的，而不是检查出来的！"这是海尔为实现"质量是企业永恒的主题"这一战略目标而提出的口号。1985 年，一名用户反映海尔冰箱有质量问题，张瑞敏通过企业实地调查，发现有 76 台冰箱不合格，在召开干部会议时，有人提出对不合格品内部处理，张经理则是带头砸了第一台，然后命令直接责任者一起用铁锤当众砸毁这 76 台冰箱。会后从自己到相关责任人按企业规定全部进行了处罚。这一举措，使在场的千余名职工目瞪口呆。当时员工工资每人每月 40 元，一台冰箱 800 元，76 台冰箱的砸毁，在员工中引起了强烈的震撼，彻底砸毁了海尔员工低劣的质量意识，使海尔从此走上了质量管理的路子。

"要在国际市场竞争中取胜，第一是质量、第二是质量、第三还是质量！"，"宁可损失上万元，也不给用户添麻烦。"青岛海尔以质量为根本，制定了"向质量要效益""靠质量起家，靠优质名牌发展"的质量管理目标，处处体现"质量至上，用户是我们的衣食父母""假如我是用户""下道工序就是用户"，实行了严格的"三检制"，成立了质检处，定员人数占全公司人数的 7.8%。

在此基础上，青岛海尔重视职工素质的提高。制定了 5 年教育计划和年度计划，实行全员培训，组织了 36 次近千人的培训班。鼓励员工参加全国质量管理统考，有 913 人获得合格证书。公司共成立了 32 个学习小组，取得了 38 项成果，其中 6 项获青岛优秀成果奖，3 项获省优质成果奖，3 项获国家优秀成果奖。

强烈的质量意识和优秀的质量管理取得了巨大的效果。在中国，海尔每年有 1 000 万台各种家用电器进入人们的家庭；在海外，海尔产品已出口到世界 160 多个国家和地区，销售了 400 多万台海尔家电。海尔正向"中国的松下"目标奋进，一位欧洲客户说："海尔品牌改变了中国产品在世界的影响。"

【自检】

简单阐述如何实现班级设定的卫生目标。

第四节　我国《产品质量法》的建立与实施

一、建立《产品质量法》的必要性

改革开放以来，我国产品质量有了很大的提高，这是主流，不少产品进入国际市场，并受到欢迎。20 世纪 80 年代，我国国家监督抽查样品产品质量合格率一直在 75% 左右徘徊，国内市场商品监督抽查样品合格率比产品抽查样品合格率还低 20 个百分点，大致保持在 55%~60% 的水平，不合格品中，有 5% 是劣质产品。部分机械产品普遍存在质量不稳，可靠性差，寿命偏低，以及漏油、漏气、漏水等问题。其他如钢材实物质量不高，煤炭质量等级不符，元器件、基础件的稳定性、一致性、可靠性差，长期未能得到解决。产品质量差对我国产品进入国际市场影响极大。

为了加强对产品质量的监督管理，提高产品质量水平，明确产品质量责任，保护消费者的合法权益，维护社会经济秩序，我国制定了《中华人民共和国产品质量法》（简称《产品质量法》）。《产品质量法》是 1993 年 2 月 22 日在第七届全国人民代表大会常务委员会第三十会议审议通过的，于 1993 年 9 月 1 日起正式实施。

《产品质量法》的颁布是我国经济生活中的一件大事，标志着我国产品质量工作发展到法制管理的轨道。它对于保证和提高我国产品质量，保护用户和消费者的合法权益，维护市场经济秩序，建立产品质量公平的竞争机制，适应社会主义市场经济的形成和发展，打击假冒伪劣产品的斗争，都具有十分重要的意义。

社会主义市场经济是法制经济，应该用法律手段规范市场行为。无论产品的生产和销售都要确保消费者的利益，必须从法律上改变过去消费者受到损害后，投诉无门，得不到及时的合理的赔偿或处理的现象。此外，部分企业在发展成长中，重经济轻质量，职工质量意识淡薄，责任心不强，导致质量低劣的产品不断产生。因此，迫切要求有一个法律加以约束和激励，明确生产者和销售者的质量责任和义务，并使广大消费者懂得如何利用法律来保护自己的合法权益。基于以上理由，我国设立的《中华人民共和国产品质量法》，对保证我国经济建设的健康发展，完全是必要的、及时的，同时也是十分迫切的。

随着改革的深化、开放的扩大和社会主义市场经济的发展，这部法律有些规定已经难以适应新情况、新变化、新要求。一是有些地方的地方保护主义比较严重，产品质量意识淡薄，在经济工作中存在着"重数量、轻质量"的倾向，有的地方甚至把提高产品质量和发展经济对立起来；二是许多企业内部质量管理滑坡，企业质量管理工作弱化，产品质量得不到保证。一些中小企业产品质量低劣的问题相当普遍；三是伪劣产品的生产和销售屡禁不止，还没有从根本上得到有效控制。有的地方生产、销售伪劣产品活动已经成为区域性的问题，以暴力阻挠、抗拒打假执法的问题时有发生；四是对生产、销售伪劣产品的行为，法律规定的处罚力度不够，行政执法机关缺乏必要的执法手段。上述问题已经引起人民群众的普遍关注。因此，对《产品质量法》进行修改、完善，是迫切需要的。《中华人民共和国产品质量法》1993年颁布实施，2000年、2009年、2018年又先后三次修订，在促进国民经济发展、加强产品质量监督、提升产品质量水平方面发挥了巨大作用。

二、《产品质量法》的基本思想和内容

1.《产品质量法》的基本指导思想

我国《产品质量法》是一部比较系统、完整和适合我国国情的法律。在起草《产品质量法》时，首先明确了立法的基本指导思想，这就是：质量立法要从我国的客观实际情况出发，体现我国建立和发展社会主义市场的方向，实行国家宏观调控与市场引导相结合的方针，要为企业提高质量创造良好的外部环境，有利于激励企业提高产品的内在动力。既要加强国家对产品质量的监督管理，又要坚持运用市场竞争机制，优胜劣汰，同时防止干涉企业自主经营的权利；既要明确政府有关主管部门依法实施执法监督的职能，又要发挥国家监督、行业监督、社会监督的综合治理作用。质量立法的另一条指导思想，就是要有效地保护用户、消费者的合法权益。同时在立法中还要借鉴外国的有效经验，做好与国际惯例的接轨。

2.《产品质量法》的主要内容

《产品质量法》共分六章，包括五十一条条款。

第一章，总则，共六条。主要规定了立法宗旨和法律调整范围，明确了产品质量的主体，即在中华人民共和国境内（包括领土和领海）从事生产销售活动的生产者和销售者，必须遵守此法，国家有关部门利用此法调整其活动的权利、义务和责任关系。本法所称的"产品"是指经过加工、制作、用于销售的产品，建设工程和初级农产品不适用本法规定，但建设工程所用的钢筋、砖、瓦等产品仍适用本法规定。本法同时也不包括服务、劳务、非实物产品的质量问题；同样不包括仓储、运输环节，仓储、运输环节由经济合同法调整。总则中还规定，严禁生产、销售假冒伪劣产品，确定了我国产品质量监督管理体制。

第二章，产品质量的监督管理，共七条。主要规定了两项宏观管理制度：一项是企业质量体系认证和产品质量认证制度；另一项是对产品质量的检查监督制度。同时还规定了用户、消费者关于产品质量问题的查询和申诉的权利。

第三章，共十四条。规定了生产者和销售者的产品质量责任和义务。

第四章，损害赔偿，共九条。主要规定了因产品存在一般质量问题和产品存在缺陷造成损害引起的民事纠纷的处理及渠道。

第五章，罚则，共十三条。规定了生产者、销售者因产品质量的违法行为而应承担的行政责任、刑事责任。

第六章，附则，共两条。规定了军工产品的质量管理由中央军委及有关部门另行制定办法，以及本法的正式开始实施日期。

三、我国《产品质量法》的主要特点

1. 我国《产品质量法》的主要特点

（1）我国《产品质量法》具有较广的包容性。

总的说来，我国《产品质量法》包括产品质量监督管理和产品质量责任两个方面。从

法的范畴来说；前者从属行政法，后者从属民法，应分别加以制定。

国外的质量法律主要是严格的产品质量责任法律，我国根据自己的国情和实际需要，把两者融合成一体，使《产品质量法》具有中国特色。我们不仅要明确产品质量责任，保护用户、消费者利益，还要对生产者、销售者规定必要的行政管理监督措施，实行宏观调控。

（2）吸收国内外质量管理经验，具有良好的运用性。

我国的《产品质量法》既总结了我国自己的长期质量管理工作经验，又借鉴了国外的成功经验，因此该法具有良好的适用性。例如，在《产品质量法》中总结吸收了我国特别是改革开放以来质量工作的经验。如1985年开始实行的产品质量监督抽查的经验；为了保护用户和消费者的利益，从1986年开始对产品质量实行"三包"（包修、包退、包换）的经验。此外，我们又借鉴了国外通行的产品质量认证、企业质量体系认证、产品质量的诉讼时效等一系列有效方法和经验。这样，既能使《产品质量法》有良好的继承性，又能保持与国际惯例接轨，有利于改革开放和发展对外贸易。

（3）确定了统一立法、区别对待的原则。

其基本设想是依靠市场竞争、优胜劣汰各类产品。对少数产品，即那些危及人体健康和人身、财产安全或对国民经济具有重要意义的产品，要严格管住、管好，实行强制性管理。同时要求必须建立符合保障人体健康、人身、财产安全的国家标准和行业标准。对强制管理类的产品和人民群众反映有质量问题的产品，实行监督检查制度。此外，《产品质量法》中还规定了激励引导措施，对达到国际先进水平的产品或管理先进、成绩显著的单位和个人，给予奖励，并实行自愿申请认证的制度。

（4）有较强的可行性。

本法不仅很好地研究了国外有关质量法律，而且在国内进行了深入的调查，广泛征求了地方和基层部门的意见，经过反复讨论、修改、认证后形成的。社会各个方面，工业、商业企业、司法部门、技术监督部门、市场监督管理部门及其他有关政府部门、地方人大、高等院校的专家教授，以及各级各地用户和消费者组织，都参加了讨论或审议，提出了修改意见。全国七届人大常委会在第二十八次、第三十次会议上有一半以上委员就本法发了言，认真进行了审议。因此，我国《产品质量法》的出台，有广泛全面的社会和群众基础，有科学的理论依据和丰富的实践经验，它的贯彻和实施将是充分可行的。

（5）对用户和消费者合法利益有充分的保护作用

本法为了切实保护用户和消费者的合法权益，严格而具体地规定了生产和销售者的民事责任。特别是为了避免使生产者和销售者互相推诿责任，造成用户和消费者投诉无门，找不到责任者，致使质量责任长期扯皮而难于解决，本法规定："因产品缺陷造成人身、其他财产（以下简称他人财产）损害的，受害人可以向产品的生产者要求赔偿，也可以向产品的销售者要求赔偿，这就大大方便了用户和消费者。然后经过调查确认，如属于生产者的责任，产品的销售者赔偿了，销售者可以向生产者追偿；反之，如确属产品销售者的责任，产品的生产者赔偿了，则产品的生产者可向销售者追偿"。这条规定对用户和消费者是非常有利的，也是合理的。《产品质量法》是一部产品质量行政管理和产品质量责任合一的法律，可以说，由于产品质量缺陷而产生的产品责任问题，是《产品质量法》的核心内容，也是我国目前存在的一个突出的社会问题，它直接关系着生产者、销售者和广大用户和消费者的切身利益，并影响社会主义市场经济的形成和发展。

2. 我国产品质量的归责原则

《产品质量法》第三章就规定了生产者、销售者的产品质量责任和义务，第四章是损害赔偿，第五章是罚则，这些当然都涉及如何确定产品的归责问题。从国外的产品责任（如美国）情况来看，大致经历了合同责任、疏忽责任、担保责任和严格责任四个阶段。

1）合同责任原则

根据这一原则，合同双方当事人的权利与义务，完全由合同关系来调整。对于无合同关系的第三方，因使用缺陷产品而遭受损失时，不负任何责任关系，这与我国《产品质量法》的宗旨是不符合的。对于有合同关系者，仍可根据《经济合同法》进行调整，但按《产品质量法》第28条规定，尽管用户、消费者与销售者无任何合同关系，如售出的产品不符合产品应具备的性能而事先又未做任何说明者，或不符合在产品包装上注明的产品标准，或不符合产品说明书、实物样品表明的质量状况者，销售者应当负责"三包"，给用户、消费者造成损失时，销售者应当赔偿损失。所以这种交易关系实质上仍视为有合同关系一样对待。

案例　谁该负责

宋某在商场购买一台彩色电视机，并附有产品合格证。宋某使用两个多月后，电视机出现图像不清的现象，后来音像全无。宋某去找商场要求更换，商场言称电视机不是他们生产的，让宋某找电视机厂进行交涉。

宋某购买的电视机出现严重质量问题，销售者与生产者或供货者在订立买卖合同时又未明确地约定事后处理纠纷的方式，此种情况则销售者依法负有产品瑕疵担保责任，应根据消费者宋某的要求予以修理、更换或者退货。因为本案例中宋某所购电视机已经达不到使用的要求，商场应予以更换；如宋某要求退货，商场也不得拒绝。

2）疏忽责任原则

疏忽责任原则是指由于生产者、销售者的疏忽而造成的质量缺陷，从而导致用户、消费者的人身或财产损害，生产者或销售者（可统称为供货者）应承担的质量责任。它不受是否有合同的约束，只要以疏忽责任起诉，就可成为侵权行为。

这一点在我国《产品质量法》的立法指导思想中便得到反映。在《中华人民共和国民法通则》中，对民事责任一般采用过错责任的原则。即对有过错的行为承担民事责任。

在《产品质量法》第30条中，也是根据过错原则，确定了供货者按疏忽责任进行赔偿的制度。并进一步规定，当销售者不能指明缺陷产品的生产者也不能指明缺陷产品的供货者时，销售者应承担赔偿责任。

案例　美国经典"疏忽原则"案件

1852年，美国，原告托马斯从批发商处购买一瓶贴错标签的药物，该药实际有毒性，其妻服后中毒，于是起诉药品生产商。

法院认为：尽管原被告之间没有合同关系，但可以预见，误贴标签的毒药可能会致人死亡，由于所出售商品对生命健康具有危险性，故该制药商应对最终消费者负赔偿责任。

该案首次采用"具有危险性"对合同责任加以严格限制，确立了如果产品具有危险性，无论原被告之间是否存在合同，受害的原告均应获得赔偿的认识。该判例首创"疏忽原则",但该原则之后长期并未被重视和引用。

1916 年,美国,原告麦克弗森从零售商处购买一辆别克汽车,在驾驶时车轮破裂,汽车倾覆,原告受伤。

法院判决原告胜诉,并认为并非毒物、爆炸物等危险品适用"托马斯诉温彻斯特"案例,如果产品因制作中的疏忽而使人的生命处于危险之中,该物即为危险之物。

该案首次将侵权法中的疏忽责任理论引入产品责任案件中,正式确立了"疏忽责任原则"。

3) 担保责任原则

担保分为两种:一种称为明示责任,即生产者、销售者对产品质量通过陈述、广告、声明、合同、产品说明书或展示实样等形式的保证和承诺;另一种称为默示责任,即不取决于口头或书面表示,而是基于法律的规定（如《产品质量法》第 7、8、14 条等所示的规定）。所谓担保责任是指供货人违犯了担保,使消费者因产品缺陷造成损害时而承担的法律责任。由于担保责任具有双重性,既构成契约责任,又构成侵权责任,中外产品质量法中均包含和采用。

4) 严格责任原则

严格责任原则即不以过错为归责事由,只要有损害发生,生产者或销售者就应当承担质量责任。原告无须以举证控告生产者或销售者的疏忽与担保,只要证明使用被告者所提供的缺陷产品受到伤害的事实即可。为了与国际惯例接轨,我国应该采用严格责任的原则。但考虑到我国具体的国情,又为了减轻消费者举证责任,可采用"举证倒置原则",即当生产者或销售者在抗辩中不能反证时,则推定由其负责,故也称为"过错推定原则"。也就是说,我国是采用"严格责任原则",但又不是绝对的严格责任,允许生产者和销售者抗辩,以便更加公正和准确。由"过错推定原则"所决定的质量责任,必须同时具备下面三个条件才能成立。

(1) 损害事实。

损害事实是指造成人身或他人财产损害的客观事实,它是产品质量责任成立的首要条件,没有损害事实,就不可能产生产品责任。

(2) 存在过错。

存在过错主要是指产品责任中构成的过错,即产品本身存在的缺陷,不包括用户使用的过错。具体地说,产品缺陷可能是设计缺陷,即产品本身在设计观念或设计构思上欠佳所造成的错误;也可能是制造缺陷,即因产品生产过程没有得到有效控制,使产品未达到设计时规定标准的缺陷;也可能是表示缺陷,即对产品的使用方法、性能、用途、原料、产地、生产日期、安全使用日期或失效日期、储运方法等说明不清或表示不当而造成的缺陷;此外还可能是警告缺陷,即对其具有一定危险性、使用不当时容易造成产品本身损坏或可能危及人身、财产安全的产品,没有提出适当的警告而存在的缺陷。

(3) 因果关系。

因果关系是指生产、销售不合格产品的过错行为与损害事实之间的关系,如果两者没有因果关系,那么生产者、销售者就不承担产品质量责任。《产品质量法》第 29 条第 2 款规定,生产者能证明下列情形之一的,不承担赔偿责任:

第一,未将产品投入流通;

第二,产品投入流通时,引起损害的责任尚不存在;

第三,将产品投入流通时的科学技术水平尚不能发现缺陷存在。

案例　公共设施的严格责任

2014年，马某到体育局设立的全民健身设施上进行体育运动，在形体训练器上锻炼时，马某没有坐在通常的位置上，而是坐在旁边的一个小凳子上，当马某离开时，形体训练器的上部翻转下来，将马某的右手拇指砸断，造成粉碎性骨折，被迫截指。经查，形体训练器下面用以防止设施翻转的铁链已经损坏。事故发生后，马某诉至法院，要求公共设施的维护人体育局承担赔偿责任。

公共设施的安全责任是一种严格责任，由于公共设施面对的是不特定的大众，使用者没有义务对公共设施是否安全进行审查，或要求使用者必须具备使用公共场所设置的健身器材的专业知识。由于体育局提供了有安全缺陷的设施，它应对使用者的人身损害后果承担民事责任，并应承担赔偿责任。

3. 产品责任的主体、客体与赔偿特点

产品责任的主体是指产品责任的双方当事人。这一点在不同国家的质量法律中有不同的规定，但其基本性质是一致的，就是它不属于违约责任，而是属于侵权责任。

产品责任的受害客体是指受害的民事权利和合法利益。它既包括受害者的人身安全，又包括财产损失，但是否包括身体健康之外的人身权利，如产品质量责任所引起的疼痛和精神苦恼，则各个国家有不同规定。我国《产品质量法》中，除规定应该赔偿医疗费、因误工减少的收入、残废者的生活补助费用外，对造成死亡者，还要支付丧葬费、抚恤费，以及死者生前抚养的人必要的生活费等。但对造成精神痛苦或苦恼的现象未列入受害客体，这主要是为了避免一些复杂而难于处理的纠葛。

4. 产品责任的请求权和诉讼时效

所谓请求权，即请求他人为一定行为或不为一定行为的权利。我国《产品质量法》中规定，因产品存在缺陷造成损害要求赔偿的请求权，在造成损害的缺陷产品交付最初用户、消费者起，满10年丧失，但未超过明示的安全使用期者除外。

所谓诉讼时效，即是法律制度规定的权利人在其合法权益受到损害时，请求人民法院保护而提起诉讼的有效时间。诉讼时效的特点在于：诉讼时效期间届满，丧失的是实际意义上的胜诉权，即丧失请求人民法院用强制方法使义务人履行其义务的权利，而不是程序上的起诉权，也不是权益人所请求保护的权益本身。因此，权利人在诉讼时效期间届满后才提出请求的，人民法院对这种请求不再予以保护。这就自然使权利人丧失了请求人民法院依法强制义务人履行义务的权利。但如果义务人自愿履行义务，法律也不禁止，事后义务人也不能以不知时效已过为理由，向权利人索回已经支付的财物。我国《产品质量法》规定，因产品存在缺陷造成损失要求赔偿的诉讼时效期间为2年，自当事人知道或应当知道受到损害时算起。国外以前无论对请求权期间或诉讼时效期间都定得较长，如法国的诉讼时效曾定为30年，美国对偷工减料、粗制滥造的产品，其诉讼时效期间定为25年。但是近年来，为平衡和兼顾各方的利益，减轻供货人的压力，一般都在缩短诉讼时效的时间。如美国的诉讼时效期间定为2年，日本与许多其他国家定为3年。而对于请求期间，欧美大多定为10年，日本定为20年。我国民法对诉讼时效期间与请求权期，分别规定为1年与20年。考虑到产品责任的特殊性，为了保护用户和消费者利益，同时也不致造成供货者的过重负担，我国《产品质量法》做出了诉讼时效为2年和请求权期间为10年的最后规定，这同国际惯例也基本保持一致。

案例　产品的时效性

丁某于 2015 年 6 月从市场买回一只高压锅,一开始高压锅能正常使用,未有异常。2016 年 9 月 6 日,丁某做饭时,高压锅发生爆炸,锅盖飞起,煤气灶被损坏,天花板被冲裂,玻璃震碎。发生事故后,丁某找高压锅的生产厂家某日用品厂要求赔偿。日用品厂提出,丁某是于 2015 年买的锅,已经过去一年多了,早已过了规定的保修期,因此对发生的损害不负责任。丁某与日用品厂进行多次交涉未果。

《产品质量法》规定产品质量诉讼时效期间为 2 年,产品责任的 2 年诉讼时效从当事人知道或应当知道其权利受到损害时起计算,即因产品存在缺陷,造成人身伤害和财产损失后,受害人必须在 2 年的期限内向人民法院提起诉讼,否则就丧失了损害赔偿的胜诉权。《产品质量法》规定的诉讼时效期间为 2 年,《民法通则》规定的产品致人伤害的诉讼时效为 1 年。《产品质量法》是特别法,根据特别法优于普通法的原则,产品责任的诉讼时效应依《产品质量法》的规定。因产品存在缺陷造成损害赔偿的请求权,在造成伤害的缺陷产品交付最初用户、消费者满 10 年丧失。

本案例中,丁某购买的高压锅虽然超过了保修期,但并不影响产品的诉讼时效,丁某购买的高压锅仍然在诉讼时效期内,丁某有权就高压锅出现的产品质量问题要求日用品厂赔偿损失,日用品厂应当赔偿丁某的全部经济损失。

四、产品质量的检验机构

实际上,实行产品质量的监督管理,贯彻执行产品责任,实行产品质量的认证、仲裁或评价,都离不开产品质量的检验。只有通过正确的检验结果,才能做出正确的结论。所以质量检验和质量检验机构,对实行质量监督和《产品质量法》十分重要。

产品质量检验机构是指专门承担产品质量检验工作的法定机构。《标准化法》规定,县级以上政府部门可以根据需要设立检验机构,或者授权其他单位的检验机构,对产品质量是否合乎标准进行检验。

1. 质量监督检验应具有的性质

无论是依法设置的产品质量机构,还是依法授权的产品质量检验机构,都必须具备以下的性质。

1）公正性

监督检验是一项具有法律意义的工作,它最重要、最根本的一个性质就是公正性;尽管检验工作的对象是产品,但造成产品质量问题的责任直接涉及单位和个人。如果检验结果不真实,则将做出错误的判断,给国家、单位和个人造成重大损失和危害,而且检验本身也失去意义。为此,应规定监督检验不能收取被检单位的检验费,它的检验费用应从国家行政事业费中支出。

2）科学性

产品质量监督检验,应使用科学而精确的检测手段,取得真实而准确的质量数据,以便正确而客观地对产品质量水平做出评价和得出结论。为此,作为评价依据的检测数据必须可靠，检验工作也必须保证按上级的管理条例、办法、法律、法规、技术标准和程序办事。比如，在抽样检验中，抽查必须是随机的，并按国家标准或国际标准进行处理和判断。为了保证检验工作的科学性，还必须对监督检验人员进行培训，提高他们的技术水平和思想业务素质，并经过认真的考核认证合格后，才能担任正式的监督检验工作。

3）权威性

监督检验人员必须具有权威性，这是不言而喻的，否则，就谈不上有监督作用。权威性一方面靠上级赋予，但还须有公正性和科学性作为基础，因为只有公正而科学的监督检验，才能以理服人，说话才能算数。为此，检验机构应有相对的独立性，它只受单位法人的领导，受上级质量监督部门的指导和监督，而不受其他任何人员和势力的干扰，质检人员在工作中，要不讲情面，做到六亲不认，唯真理是从。对打击报复质检人员的事和人，要严肃处理，并保持质检人员的相对稳定性。

2. 质量监督检验机构应具备的条件

《产品质量法》第 11 条规定，产品质量检验机构必须具备相应的检测条件和能力。所谓具备相应的检测条件和能力，是指机构人员、仪器设备、环境条件、管理制度等要符合规定和要求。

（1）机构应是具有相对独立性的专职检验机构。机构中的人员应具有较高技术和素质，在业务上要熟悉产品技术标准、抽样检验的理论和方法，懂得一定的工艺知识，熟悉和掌握检测设备的性能、使用方法、维修和管理的要求；在思想上要能坚持原则，不讲情面，秉公办事，不怕打击报复，责任心强；在身体上要身体健康，精力充沛，视力正常，有较强的判断能力。为此，必须组织培训，对其资格和能力进行考核和审查，并根据其能力分配其可以胜任的工作。

（2）检测仪器和设备应与检验要求相适应，其性能、精密度与准确度应能满足相应的国际标准、国家标准或行业标准对检验的技术要求，保证检测数据准确可靠。

（3）有良好的实验室内外条件。如光线、照度、粉尘、振动、噪声、温度、湿度、电磁辐射等均应符合规定要求，不得影响检测精度。

（4）建立健全的管理制度。如检测仪器的维护、保养、修理和使用制度；有工作计划、检查和报告、总结制度；有严密的原始数据、技术资料的档案保管制度等。

为达到上述四方面的要求，产品质量监督检测中心或实验室，应由国家有关主管部门按一定程序和要求联合组织审查和认可，以取得正式资格。

【自检】

各行各业都有相关的质量监督检验机构，试列举三种质量监督检验机构。

本章小结

本章介绍了质量监督、不合格产品的控制、质量目标管理和我国《产品质量法》相关知识。通过学习,提高学生质量中的法律意识,使学生认识质量控制的作用和意义。

思考题与习题

1. 什么是质量监督?质量监督有什么作用和意义?
2. 什么是质量预防措施?什么是纠正措施?什么是安全预防?
3. 什么是不合格品?不合格品产生的原因有哪些?
4. 什么是质量目标管理?质量目标管理有什么作用?
5. 质量目标管理是如何制定的?质量目标管理应当如何实施?
6. 为什么我国要制定《产品质量法》?
7. 我国《产品质量法》有何特点?
8. 产品质量检验机构必须具备哪些性质?

第四章
现场质量管理技术

第一节 全员参与管理

案例 双头鸟的故事

从前,某个国家的森林内,住着一只两头鸟,名叫"共命"。这鸟的两个头"相依为命",遇事向来两个"头"都会讨论一番,才会采取一致的行动,比如到哪里去找食物,在哪儿筑巢栖息等。有一天,一个"头"不知为何对另一个"头"产生了很大误会,造成谁也不理谁的仇视局面。其中有一个"头",想尽办法和好,希望还和从前一样快乐地相处。另一个"头"则睬也不睬,根本没有要和好的意思。后来,这两个"头"为了食物开始争执,那个善良的"头"建议多吃健康的食物,以增进体力;但另一个"头"则坚持吃"毒草",以便毒死对方才可消除心中怒气!和谈无法继续,于是只有各吃各的。最后,那只两头鸟终因吃了过多的有毒的食物而死去了。

在企业中,质量管理的好坏取决于全体成员,任何一个人的疏忽马虎,都可能导致产品出现问题或产生重大的事故。

一、现场管理与全员参与管理

"现场"即"市场",这一定则,已得到众多企业的认可。中国也由"世界的工厂"向"世界的市场"转变。现场,就是指企业为顾客设计、生产和销售产品和服务以及与顾客交流的地方。现场能为企业创造出附加值,是企业活动最活跃的地方。如果广义一点来给现场

第四章 现场质量管理技术

下定义,那么现场应指人们所有工作的活动场所。例如制造业,开发部门设计产品,生产部门制造产品,销售部门将产品销售给顾客。

企业的每一个部门都与顾客的需求有着密切的联系。从产品设计到生产及销售的整个过程都是现场,也就都有现场管理。**现场管理主要是对生产现场环境全局进行综合考虑,并制订切实可行的计划与措施付诸实施。**现场管理可以称为企业管理的通道口,企业管理的"万根线"必须落于现场管理"一根针"上,所有的管理必须从此开始,最终也将具体地在此体现出来。现场管理是企业素质和管理水平最直观、最经常的综合反映,一个现场管理杂乱无章的企业是不可能生产出优质的产品和产生巨大效益的。

现场管理其实只有一招,那就是全员参与质量管理。

产品质量是企业活动的各个环节、各个部门全部工作的综合反映。企业中任何一个环节、任何一个人的工作质量都会不同程度地、直接或间接地影响产品质量。因此必须把企业所有人员的积极性和创造性充分调动起来,不断提高人员的素质,上自厂长、下至员工人人关心质量问题,人人做好本职工作,才能生产出用户满意的产品,这就是全员参与质量管理的含义。

全员参与是质量管理八大原则之一,ISO 对全员参与质量管理的解释为:各级人员都是组织的根本,只有他们的充分参与才能使他们的才干为组织带来收益。

全体员工是每个组织的根本,人是生产力中最活跃的因素,组织的成功不仅取决于正确的领导,还有赖于全体人员的积极参与。所以应赋予各部门、各岗位人员应有的职责和权限,为全体员工制造一个良好的工作环境,激励他们的创造性和积极性。通过教育和培训,增长他们的才干和能力,发挥员工的革新和创新精神,让他们共享知识和经验,积极寻求增长知识和经验的机遇,这样才会给组织带来最大的收益。

全员参与不是一项制度,它是一种文化,是最优秀的企业文化,全员参与更不是一项活动,它是一种健康的管理观念,尤其是领导的观念。应用全员参与原则时,需要使员工了解他们贡献的重要性和在组织中的作用,激励员工为实现目标而努力,使员工充分发挥创造力,启发员工积极寻找机会来提高自己的能力、知识和经验。提倡自由分享知识和经验,使先进的知识和经验成为共同的财富。

案例 华盛顿合作规律

华盛顿合作规律说的是:一个人敷衍了事,两个人互相推诿,三个人则永无成事之日。这个规律类似于中国"三个和尚没水喝"的故事。

人与人的合作不是人力的简单相加,而且复杂和微妙得多。在人与人的合作中,假定每一个人的能力都为1,那么10个人的合作结果有时比10大得多,有时甚至比1还要小。因为人不是静止的物,而更像方向不同的能量,相互推动时自然事半功倍,相互抵触时则一事无成。

人是管理活动的主体,也是管理活动的客体。人的积极性、主观能动性、创造性的充分发挥,人的素质的全面发展和提高,既是有效管理的基本前提,也是有效管理应达到的效果之一。管理过程的有效性取决于各级人员的意识、能力和主动精神。随着市场竞争的加剧,全员的主动参与将更为重要。

二、全员参与现场管理的作用

在企业现场管理活动中,参与管理往往会提高员工工作效率和工作满意度。随着受教育水平的不断提高,员工会逐步提高解决工作中实际问题的能力,他们不但渴望参与到与工作相关的决策中,而且会非常关注他们的意见或建议能否得到上级的重视。而管理者为他们创造参与条件,使员工充分发挥自己的潜力,展示自己的才干,使得员工能够感受参与的乐趣和成就感。企业通过各种管理手段,对员工争先创优作贡献取得的成绩进行测量、评价、表彰和奖励,使员工的工作得到充分承认,在某种程度上满足了员工自我实现的需要。这是一个企业和员工共同受益的双赢过程。

广大员工参与企业的现场管理活动中,能使他们与企业的联系更加紧密,对企业产生认同感,增强企业的团队精神。员工充分参与,能使企业内部形成一种良好的人际关系和企业文化,可以大大减少员工之间、管理人员和操作工人之间的冲突或矛盾,使企业内部融洽亲密。员工充分参与,可以极大地鼓舞士气,使人人都争先创优作贡献,从而使企业的各项工作都得以顺利完成。全员参与现场管理又是企业挖掘人才、发现人才的重要途径,因为员工的聪明才智只有在参与过程中才可能被激发出来,才可能表现出来,否则就只能是自生自灭。

三、全员参与的环境条件

质量管理活动是使所有部门的人员都参加的"有机"组织的系统性活动。质量管理体系运行中,既涉及组织管理思想和工作流程的调整,也涉及行政管理人员思想观念和工作习惯的更新。在这项工作中,领导是关键,全员参与是基础。现场管理如果没有全员参与,是不可能有效运行的。要使全员参与,领导应做好以下几个方面。

1. 带头参与

对员工来说,领导的一言一行都是榜样。如果领导不遵守规章制度,不按程序办事,不注重自己的工作质量,就会影响一大片,使员工也迅速感染,结果规章制度就会形同虚设,程序就会混乱,工作质量就会下降,企业就难免走向衰败。

2. 激励员工参与

要通过各种管理手段,对员工争先创优作贡献取得的成绩进行测量、评价、表彰和奖励。领导越是关注员工,员工越能积极参与,从而越能使员工满意。

3. 扫除员工参与的各种障碍

扫除员工参与的各种障碍,包括组织障碍和思想障碍。从领导的思想认识、规章制度角度,都不能将员工当作"奴隶",而应当把员工视为组织的最宝贵的财富、最重要的资源,在管理思想上来一场革命。没有这样的"革命",即使有了制度,有了形式,依然难以使员工满意。

4. 给员工参与创造条件

给员工参与提供各种机会,例如分解组织的方针目标、设置质量改进课题、开展劳动竞赛、评选优秀员工等,还可以通过诸如员工代表会议、"招贤榜"、"课题招标"等形式吸引员工参与加强质量改进管理活动。

5. 对员工参与后作出的成绩给予评价和奖励

领导应对员工争先创优作贡献的成绩及时给以奖励，包括物质奖励和精神奖励，从而使员工精神更加振奋，有新的追求，更愿意发挥自己的才智。

这五条，就是全员参与的环境条件。

案例　IBM 公司的全员参与

美国 IBM 公司创始人、被誉为企业管理天才的沃特森有一个简单理念：只要相信、尊重员工，并帮助他们实现价值，公司就能赚大钱。他大胆采用终身雇佣制，广泛倾听员工的各种意见和主张，最终 IBM 公司不断成长壮大，为世人瞩目。

例如，IBM 公司的某工厂有 800 个质量小组。建立质量小组的方式有多种，可以在一个班组内建立，也可以跨班组建立。而质量小组的活动方式也多种多样，除了经常性的小组内的活动外，还可以组织车间、公司直至全国性的成果发表会、经验交流会、质量小组代表大会等。一个质量小组每年可能提出上百条质量改进意见，这些意见中很多是有价值的，也有一些可能没什么价值，甚至是根本不可行的。但是，公司管理人员对所有这些改进意见都给予足够的重视，逐一研究分析。因为这众多意见中的一条可行建议，就可以使公司通过质量改进而提高生产率或削减成本，从而获得巨大收益。

今日，IBM 公司仍雄霸天下，其奥秘就是：实行全员参与，广开言路，激发热情，便会走向成功。

四、全员参与的措施

全员参与是质量管理八大原则之一，运用"全员参与"原则，企业应采取下面的措施。

1. 让每个员工了解自身贡献的重要性及其在企业中的角色

每个人都应清楚其本身的职责、权限和相互关系，了解其工作的目标、内容以及达到目标的要求、方法，理解其活动的结果对下一步以及整个目标的贡献和影响，以利于协调开展各项质量活动。职责和权限的规定可为这一活动提供条件，在质量管理体系活动的要求中，管理者承诺和管理者代表均起着主要作用。

2. 以主人翁的责任感去解决各种问题

许多场合下，员工的思想和情绪是波动的，一旦做错了事，往往倾向于发牢骚，逃避责任，也往往试图把责任推卸给别人，因此管理者应当找出一种方法，把无论何时都有可能发生的此类借口消灭在萌芽中。实施的方法是在员工中提倡主人翁意识，让每个人在各自岗位上树立责任感，充分发挥个人的潜能。这种方法可以对员工确定职能，规定职责、权限和相互关系。通过培训和教育，可以在指示工作时把目标和要求讲清，用数据分析给出正确的工作方法，使员工能以主人翁的责任感正确处理和解决问题。

3. 使每个员工根据各自的目标评估其业绩状况

员工可以从自己的工作业绩中得到成就感，并意识到自己对整个组织的贡献，也可以从工作的不足中找差距以求改进。因此，正确地评估员工的业绩，可以激励员工的积极性。员工的业绩评价可以用自我评价或其他方法进行。

4. 使员工积极地寻找机会增强他们自身的能力、知识和经验

在以过程为导向的组织活动中，应授予员工更多的自主性思考，员工不仅应加强自身的技能、知识和经验，还应学会在不断变化的环境中判断、处理问题。

案例　王厂长的困惑

A企业是刚建立的小企业，为了节省成本，招聘了一些没有工作经验的农民工。产品质量上不去，开过多少次会，可就是成效不大。王厂长很困惑，请来质量博士。质量博士调查了具体情况，发现人心不齐是企业最大的问题，大家才来，水平参差不齐，彼此间还不熟悉，有经验也不愿告诉别人，有些工人，老实肯干，可产品加工工艺控制不是光肯干就行的，这些都直接导致了产品质量上不去。于是他对王厂长说："企业的发展不是一个人的事情，必须要全员参与。要让员工们从提高自身操作技能与质量意识入手，改进生产工艺，完善管理制度，有效地保证产品的质量。"通过分析，王厂长明白了：质量管理是一项全员参与的系统工程，每位员工操作技能的熟练与否和质量意识的强弱都将直接影响到产品质量。

在质量博士的建议下，王厂长挑选了部分素质好的员工进行有针对性的培训，熟悉操作的机器，实地实践操作。利用其他时间让他们到质检科去参加培训，每次培训后还要质检员对他们进行测试，使他们形成"质量第一"的观念。

在实际操作生产中，让这部分员工去关心其他员工，一有问题，群体讨论，经过深入分析和详细讨论，提出了改进意见。

为了长期有效地保证产品质量，对其他员工，车间还制定了《质量日清制度》，每天用量化指标对员工产品质量进行考核，督促员工按质量要求进行操作，使每道工序都受到严格控制并保持稳定，从而使生产线成了一条安全线。

一系列措施的制定和实行，使产品质量得到了有力保障，面对越来越多的客户订单，王厂长紧锁的额头舒展开了。

【自检】

个别同学对班级活动不是很热情，如何改变他的这种状况？

第二节　现场管理对象和目标

案例　丰田的精益生产

日本丰田公司中，大野耐一是最大的功臣。有一次，他到美国访问，看到了美国超级市场，很是惊讶。因为当时，日本还没有什么自选商店。他发现美国超级市场的管理最大特色为：当顾客购买某种商品后，采购人员根据自动收银机显现的信息，能迅速及时地补上此商品。突然大野耐一想：为什么不能在现场生产中也采用这种模式呢？回国后，他致力于改进丰田生产方式。大野耐一把超级市场陈列的各种商品，当成丰田汽车生产现场各种零件，当某种零件没有时就即时填补，由此产生"及时化"的观念。由"及时化"后来创造出震惊全世界的丰田式零库存管理。经过一代一代的改进，丰田生产方式基本上有效地消除了企业在人力、设备和材料使用中的浪费。管理者和雇员不但要了解生产中的每一个工序的动作、每一件物品的堆放，还要能对人员、材料或设备的等待时间等进行精确的计算，从而消除各方面的浪费。

"成本最小化"是许多企业一直在思考并为之努力的课题，大野耐一先生提出，控制成本只能依靠生产现场来实现，减少库存、降低成本，是为了让资金周转得更加轻松，为了让其他部门的负担更轻，因此，生产现场的管理就变得尤为重要，这是企业生存的命脉。

一、现场管理的对象及其作用

1. 现场管理的对象

现场管理到底管理什么？不少人都以为管理是一件很简单的事，人人都会做，没有什么特别难的地方，甚至简单到只要老板的一纸任命书下来，你就是管理人员。然而，无数个失败的实例告诉我们，现场管理永远没有这么简单，现场管理人员只有在明确目标和运用恰当方法的前提下，现场管理才会有好的结果产生。

现场管理针对管理的对象可分为现场的物料管理、计划管理、设备管理、工具管理、人员管理等。但在现场管理中，**现场管理的对象有一个简单的说法，就是4M1E，也就是人们常说的人、机、料、法、环五大要素**（见图4-1）。4M是ISO质量管理体系中的要素之一，它的含义是Manpower（人力）、Machine（机器）、Material（材料）、Method（方法、技术）。通常还要包含1E即Environments（环境）。

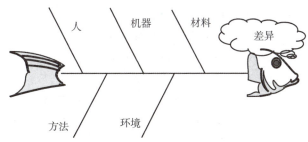

图4-1　4M1E图形示例

1）人（Manpower）——选人，用人，育人，留人

人员，就是指在现场的所有人，包括主管、司机、生产员工、搬运工等一切存在的人。人是现场管理的第一要素，也是影响现场管理的关键因素。现场管理的第一对象就是人，也就是生产操作人员。人员是所有要素的核心，设备由人操作，材料由人使用，规章由人遵守，环境由人维护，信息由人传递。管理的根本其实就是"人"的管理，一方面，不少企业把员工定义为"工具"，甚至称为是机器设备的附属，想方设法利用其来创造利润，另一方面，又把员工视为"成本"，是企业的减利要素，千方百计节约人力成本，以命令及控制

的模式管理企业，使员工没有积极性和创造性，企业成不了气候，现场管理也乱成一团。要管理好"人员"，管理者首先必须扭转观念，以全员参与的理念了解员工，关心员工，培训员工，帮助员工，开发员工，提升员工，从而提升现场生产水平。

要充分挖掘人员的工作积极性、主动性，提高人员的技能素质、质量意识，提高人员团队配合协助精神，发挥班组整体功能，提高班组的战斗力，做到人尽其才，物尽其用。作为管理人员，必须讲究科学管理，以公平、公正、公开的管理原则，去了解、关心人员的心理状况，人员的心理素质，人员的体质，人员的家庭情况等。对于每一个人，每个不同的情况，要因地制宜，对症下药，使每个操作人员都呈现出其最佳工作状态，做到以厂为家，把公司的事当作自己的事主动去做，从而出色地完成其本职工作。

对人的基本管理要求是：是否遵守标准，技术是否足够，是否要加以培训。从这三个基本要求看，对人的现场管理，主要要抓好以下两个方面：①增强质量意识，服从现场管理；②加强教育培训，提高技能水平。现代企业更强调用全员参与的理念进行人的管理，具体到现场管理，就是应该了解员工的特长，合理安排，采取适当的沟通技巧，运用一些激励的手段，营造出具有高昂士气的员工团队，从而保证产品质量，提高生产效率。

案例　索尼的员工

索尼的董事长盛田昭夫多年来有个习惯，晚上总要走进餐厅与职工一起就餐、聊天，以培养员工的意识和与他们的良好关系。

这天，盛田昭夫忽然发现一位年轻职工郁郁寡欢，满腹心事，闷头吃饭，谁也不理。于是，盛田昭夫就主动坐在这名员工对面，与他攀谈。几杯酒下肚之后，这个员工终于开口了："我毕业于东京大学，有一份待遇十分优厚的工作。进入索尼之前，对索尼公司崇拜得发狂。当时，我认为我进入索尼，是我一生的最佳选择。但是，现在才发现，我不是在为索尼工作，而是为科长干活。坦率地说，我的科长是个无能之辈，更可悲的是，我所有的行动与建议都得科长批准。我自己的一些小发明与改进，科长不仅不支持，不解释，还挖苦我癞蛤蟆想吃天鹅肉，有野心。对我来说，这名科长就是索尼。我十分泄气，心灰意冷。这就是索尼？这就是我的索尼？我居然要放弃了那份优厚的工作来到这种地方！"

盛田昭夫十分吃惊，他想这种问题在公司内部恐怕也不少，应关心他们的处境，不能堵塞他们的上进之路，于是他产生了改革人事管理制度的想法。之后，索尼开始每周出版一次内部小报，刊登公司各部门的"求人"信息，员工可以自由而秘密地前去应聘，他的上司无权阻止。另外，索尼原则上隔两年就让员工调换一次工作，特别是对于那些精力充沛、干劲十足的人才，不是让他们被动地等待工作，而是主动地给他们施展才能的机会。

2) 机（Machine）——机器设备，工装夹具

机器设备、工装夹具都是生产现场的利刃。生产中，设备是否正常运作、工具的好坏都是影响生产进度及产品质量的又一要素。一个企业的发展，除了人的素质要有所提高，企业外部形象要提升，公司内部的设备也要更新。好的设备能提高生产效率，提高产品质量。对机的基本管理要求是：是否有异常状况，工序能力是否足够，是否妥善保养。

设备管理是企业管理不可缺少的组成部分，对提高企业竞争力发挥着重要作用，西方工业发达国家提出了各种设备管理理论和模式，如后勤工程学、设备综合工程学、以可靠性为

中心的维修、全员生产维修（TPM）等。

TPM 是国内企业推行最多的体系。TPM（Total Productive Maintenance）的意思就是"全员生产维修"，这是日本人在 20 世纪 70 年代提出的，是一种全员参与的生产维修方式，其主要点就在"生产维修"及"全员参与"上。通过建立一个全系统员工参与的生产维修活动，使设备性能达到最优。

TPM 的特点就是三个"全"，即全效率、全系统和全员参与。

全效率指设备寿命周期费用评价和设备综合效率。

全系统指生产维修系统的各个方法都要包括在内。

全员参与是指设备的计划、使用、维修等所有部门都要参与，尤其注重操作者的自主小组活动。

TPM 的首要目的就是要事先预防，并消除设备故障所造成的七大损失：准备调整、器具调整、加速老化、检查停机、速度下降和生产不良品，做到零故障、零不良、零浪费和零灾害，在保证生产效益最大化的同时，实现费用消耗的合理化。TPM 的目标可以概括为四个"零"，即停机为零、废品为零、事故为零、速度损失为零。

3）料（Material）——材料，产品

材料，指物料、原料、半成品、配件、成品等产品用料。现在的工业产品的生产，分工细化，一般都有几种至几十种配件，由几个部门同时运作。当某一配件未完成时，整个产品都不能组装，从而造成装配工序停工待料。因此不论你在哪一个部门，你工作的结果都会影响到其他部门的生产运作。一个好的员工，是一个能顾全大局的人；能够为大家着想的人。材料应作为管理的重要因素，对料的基本管理要求是：品质如何，数量如何，储存状况如何，有无浪费情形。

物料是构成生产成本的主要因素，物料作为变动成本，使现场管理的控制变得很重要。各种原材料又是影响产品质量的重要原因，材料保管不当及使用不当，将造成生产质波动。通过现场管理活动，能及时发现滞留现场各位工序的各种物料，有利于车间的整洁；定位、定量的合理存放，可有效地控制库存，保证质量；通过物料的定期盘点，可精确地把握生产运行的结果；对异常消耗的分析，控制物料的单耗、物料的损耗等工作能及时做到现场工作改善。

4）法（Method）——技术手段，工艺水平，企业文化，行事原则，标准规范，制度流程

法，指生产过程中所需遵循的规章制度。企业的技术手段、工艺水平至关重要。企业文化、行事原则、标准规范、制度流程等与技术手段构成了企业的方法、技术，这是企业在同行竞争中取胜的法宝。作为一名管理者，应该了解员工人数、作业能力、人员排配、设备性能、工艺流程的设定、不良品原因产生的分析方法、改善措施的提出与追踪等，根据它们能衡量工艺是否需要改进。

没有规矩则不成方圆，现场管理必须建立以岗位责任制为核心的现场制度，逐步建立健全各项工作定额、标准、原始记录、生产日记、班组统计资料，使现场工作标准化、规范化和制度化，坚持责任到人的原则，细化岗位责任制，细化考核标准，把现场管理工作每一个环节，每一项工作量化到人，使每位员工明白当班应干什么，按什么标准干，达到什么效

果，使现场任何一项工作、一件事、一件物品都处于有序的管理状态，形成环环紧扣的责任链，做到奖有理、罚有据，从而保证现场生产工作的目的性和有效性。

现场生产操作的每一步骤、每一环节、每一流程都须有详细的作业标准，并形成书面文字，现场公布张贴。该操作规范可以看成是现场生产工作的"法律"，它是每个操作人员的工作准则，也是判定作业正确与否的依据所在，同时它还是建立品质保证系统的关键因素之一，只有操作员工认真严格地遵守作业标准，才能使生产顺利进行，并生产出合格的产品，且当异常发生时，也能更好地分析问题、解决问题，更好地促进现场改善。

对法的基本管理要求是：标准是否明确、方法、条件是否适当、合理。

5）环（Environment）——良好的工作环境，整洁的作业现场，融洽的团队氛围

环境是生产、工作、生活、学习的空间，现场就是一个环境，环境就像空气一样存在，也像空气一样让许多人都忽略它的存在，没有环境管理的理念。然而环境是影响质量的重要因素，坏的环境将是影响工作热情员工士气的杀手。生产现场的环境，有可能对员工的安全造成威胁，如果员工在有危险的环境中工作，又怎么能安心工作呢？

环境是公司的门面，环境是管理水平的体现。良好的工作环境、整洁的作业现场、融洽的团队氛围，有助于提升员工的工作热情和保证产品质量，从而提高达成目标的机会。所以，环境是生产现场管理中不可忽略的因素。

对环的基本管理要求是：环境温湿度、照明是否恰当，是否有震动或噪声，是否有灰尘等。

如何优化、配置和调度人、机、料、法、环五个要素，是现场管理的重要课题。通过加强现场管理，现场问题就会浮现出来，日常管理也就有了目标，也就有了针对性和预见性。否则就会走进混沌状态和习惯混沌的怪圈，工作中就会时常出现重复性的低级错误和被动应付的状态，就做不到心中有数和有条不紊。在五大生产要素中，首先是对人的控制，人是最活跃的、最不容易控制的因素，其中了解员工思想动态就是一项非常细致而重要的工作。因为人的因素受其他因素的影响很大，如人际关系的影响、工作环境的影响，同时还有其本人自身身体状况的影响等，所有这些影响都直接影响员工的工作状态和工作质量。管理者要尽可能地发挥他们的特点，激发员工的工作热情，提高工作的积极性。其次是对物资和设备的控制，在这项控制中，各企业都制定了许多标准，也集中了大量各个层次的技术人员，但最缺乏的是执行力，要想使该项工作有序，现场管理人员第一个就应该是执行型人，否则，标准再多，管理制度再健全也只能是一沓死文件，关键是要通过执行型现场管理人员去把这些标准和制度激活、用好。

案例　甲车间的现场管理

甲车间是国家生产高档产品的拥有先进生产线的车间，但一直存在问题。主要有：(1) 关系户多，工人技术差，素质差，有的员工为逃避工作甚至故意毁坏设备。(2) 甲车间的设备是进口的，操作技术复杂程度高，员工掌握起来有困难，生产过程中的消耗浪费惊人。(3) 设备的零部件供应跟不上，许多设备带病运转。(4) 由于有些人有后台，管理上失控。有些关键技术被少数人垄断，部分人员不服从管理。(5) 车间内盗窃成风，由于生产的产品价值较高，一些员工将产品偷窃出厂后转手倒卖。因为有暴利可图，致使许多人员无心干本职工作。几年间，被处理、判刑的有数十人。

为了解决甲车间的问题，高层领导一共调换了8位车间主任，在频繁的走马换将中，甲车间的管理却每况愈下。第九任主任到甲车间走马上任后，他通过分析，决定从基础抓起，先抓了"法"的工作：整顿纪律，建立正常的管理和生产秩序；堵塞盗窃漏洞、树正气、刹歪风，使员工的精力集中到生产工作上，对不愿悔改者，采取严厉的手段予以打击，直至清除；恢复设备，建立正常的后勤供应服务保障系统，为生产线提供保障；通过培训提高员工的水平和技能；改革考核分配体制。通过一年的工作，甲车间的形势有了初步改变，但还是极不稳定，总是在低水平徘徊。经过研究，决定推行"点检制"的管理方法：①对车间的人、机、料、环等方面进行综合分析，按照以下3个原则选择控制点：a. 容易出现问题的岗位（如计量、卫生、安全等方面的工作）；b. 对车间的生产管理影响较大的部位（设备的维修、保养交接班等）；c. 对产品质量影响较大的部位（如材料管理使用、工艺操作规程等）。②对每个点都制定具体的控制标准。这些"点"覆盖了车间管理的全方位，使车间各方面的工作都处于有效的控制之下，并利用计算机考核管理。甲车间用一个月的时间，将点检制的管理制度进行了全方位的宣传和培训，之后，全面推行了点检制管理制度，车间整体面貌发生了令所有人都意想不到的变化。由于整个车间的人、机、料、环都处于有效的受控状态，由此产生了一系列相关的变化：生产效率大幅度提高（70%以上）；物耗水平大幅度降低；产品质量明显改善，甲车间也连续三年获得国家质量管理小组奖。

【自检】

请填写教室现场问题改善通知单。

日 期： 年 月 日　　区 域：　　　班 级：　　　责任人：
类 型：□初发　□再发　级 别：□严重　□一般

问题点及现场描述：
改善期限：　　　　　责任人：

2. 现场管理的作用

现场管理倡导从小事做起，力求每位员工养成事事"讲究"的习惯，从现在开始，循序渐进、持之以恒，最终达到改善整体工作质量、提高整体工作效率的目的，为企业的稳步发展打下基础。

1）创造良好的工作环境

加强现场管理者能为员工创造良好的工作环境，保持人员、物资和设备三大生产要素随时处于良好的状态，这是提高现场管理水平的关键。

2）消除不利因素

生产活动不可能总是一帆风顺，现场管理能发现异常情况，找出异因，从根本上采取防范措施，并由此制定新的规范和标准。现场各个工作流程的目的就是为完成预定的工作目标，对这些流程进行控制，消除各种各样的不利因素。其中找出妨碍正常工作流程的异常原因并采取对策是现场管理的重要任务之一。

3）解决现场问题

在实际现场管理工作中，现场问题会很多，如生产设备故障、上下级之间沟通出现障碍、青年员工缺乏培养、老同志的积极性不足等，真可以说是五花八门，层出不穷。加强现场管理，就可以及时发现这些问题，及时解决问题提高产品质量，增进企业效益。

4）建立合理有效的组织结构

作业的现场是由许多不同工种的人员集结在一起进行协同工作的，他们相互联系、协同作业，以各自的作用来共同完成组织目标。在现场，即便每一个人都十分优秀，但如果不将他们有机结合起来，充分发挥各自能力，仅凭某一个人单兵作战是不利于完成任务的。对员工来讲，如果觉得企业对他没有吸引力，所干的工作枯燥乏味，他就会工作没有干劲，甚至想"跳槽"。现场管理体现了全员参与的理念，能发挥团体的作用，建立起有效的组织结构。

二、现场管理的目标

好的现场管理人员必须从以下六大管理目标方面进行管理。

1. 品质（Quality）

品质是企业的决战场，没有品质就没有明天。采用现场管理中的"质量目标"方式进行工作时，要将用户第一的质量理念贯穿整个加工工序中，而且要制定对后续工序提供100%质量保证的生产方式。

2. 成本（Cost）

合理的成本，也是产品具有竞争力的有力保障。在现场管理中，为了降低成本，就必须杜绝生产资源的浪费，有必要将生产要素的人、物、设备的投入资源控制在最低限度。实现用最少的人员进行制造；用最少的材料进行制造；所用的设备、工夹具成本也处于最少的状态。对投入资源自己可以改善的部分，立即进行改善是很重要的。自己不能解决改善的设计及设备的浪费等问题，应积极地取得主管部门的帮助支持。

案例　现场管理成本核算

某塑胶成型车间一成型机发生故障，产品出现严重飞边现象。管理员立即奔赴现场，经检查模具无问题，按下启动键，成型机在锁模过程中出现激烈"点动"，且时快时慢，伴随剧烈振动和巨大的声音。采用手动后，发现锁模力不足，经确认参数无问题，于是检查供油系统，发现一油阀供油力不稳定。根据经验判断为该阀堵塞，影响供油畅通，通过清洗阀口，最后问题解决。

正常机器故障一般需要2天时间联络维修，检查修理2.5天，如果遇到维修厂商人员正好有其他事，时间便不可以控制了。

现场管理成本核算：

（1）生产损失：按2.5天计，该机器每24小时单产20 000个。2.5×20 000 = 50 000个，若每个价值0.5元，则整个损失为25 000元；

（2）维修费：1 500元；

（3）生产维修总计损失：25 000 + 1 500 = 26 500元。

第四章　现场质量管理技术

3. 交期（Delivery）

交期是指及时送达所需求数量的产品或服务。交期时间代表了金钱的周转，较短的交期，代表着较佳的资源周转率、更有弹性地符合顾客的需求以及花较低的营运成本。现场管理的主要工作目标之一，就是要将顾客所需数量的产品或服务，及时送达以符合顾客的需求。通过改善各种现场管理活动，能使得管理体系具有弹性应变能力、及时化生产方式，可使质量、成本及交期能同时达成，因此可为公司赚取更多的利润。

客户就是上帝，而且是不懂得宽恕的上帝！交期就意味着对顾客的守信。

案例　250 定律

美国著名推销员拉德在商战中总结出了"250 定律"。他认为每一位顾客身后，大体有 250 名亲朋好友。如果您赢得了一位顾客的好感，就意味着赢得了 250 个人的好感；反之，如果你得罪了一名顾客，也就意味着得罪了 250 名顾客。这一定律有力地论证了"顾客就是上帝"的真谛。由此，我们可以得到如下启示：必须认真对待身边的每一个人，因为每一个人的身后，都有一个相对稳定的、数量不小的群体。善待一个人，就像拨亮一盏灯，照亮一大片。

4. 效率（Efficiency）

效率是部门绩效的量尺，工作改善的标杆。现场管理中要提高效率，必须全数保证下一道工序所必需的质量，树立"下一道工序就是用户"的观念，努力提高操作者每个人的工作技能，保证产品 100% 在规定的标准值内进行生产。应有条不紊地按照生产计划进行生产，力争零库存生产，不能留有生产过剩的余地。

5. 安全（Safety）

工作是为了生活好，安全是为了活到老。现场安全管理主要是利用颜色刺激人的视觉，来达到警示及作为行为的判断标准，以起到危险预知的目的。

安全管理是现代企业管理的一个重要组成部分，随着传统企业向现代企业的转型，安全管理在企业的现场管理活动中也日益占据了越来越重要的地位。现场管理的目标之一就是安全管理，通过规范化的现场管理，可提升人的安全意识；通过采用可靠的现场管理措施，保证现场工作人员生命和财产安全。

6. 士气（Morale）

坚强有力的团队，高昂的士气是取之不尽用之不完的宝贵资源。对于企业来说最重要的财富是人才，要营造一种培养人、让人的能力能最大限度发挥的现场工作环境。现场管理能够营造安全、安心工作的操作环境，提高员工工作的热情和积极性。通过给他们自我展现的机会，适时针对其结果给予适当的评价，使员工对自身的工作充满热情。当每个人都感到有奔头时，就会全体面向一个目标发出挑战并营造出具有活力的团队。

一个好的现场管理人员是否称职，关键要看其是否完成了以上六大管理目标。有的现场管理人员自己不求上进，把混乱、低效的局面归咎于其他人，这是没有道理的；甚至有的现场管理人员把过程中的某个局部小问题，夸大说成是制约总局面的决定因素，而不是去想办法解决问题。俗话说"天底下只有不会打仗的官，没有不会打仗的兵"，现场管理目标无法完成，第一个要负责的就是现场管理人员！

115

案例 饭堂的现场管理

饭堂工作人员必须着装整齐，必须穿白衣、戴卫生帽、带毛巾。

地面干净，无饭菜渣、杂物、异物，空间无异味。

炊具光洁明亮，水池、锅台、打饭窗台干净，无油污。

死角无脏物、饭菜渣、垃圾、虫蝇等。

炊具、碗筷摆放整齐，饭菜要有覆盖物。

窗台上不允许挂有碗勺等饮用物品。

桌凳干净、无油污。

注意团队精神，企业形象，讲礼貌，讲文明。

【自检】

如何进行宿舍的现场管理？

_____

_____

_____

_____

_____

三、现场管理三大工具

1. 标准化管理

1) 标准化管理的概念

所谓标准（或称标准书），就是将企业里各种各样的规范形成文字化的东西，如规程、规定、规则、标准、要领等。制定标准，而后依标准付诸行动则称之为标准化。

标准就是样板，是所有工作的依据，是生产活动的基础，是现场管理中的法律规范。标准化显示了迄今为止所能想到的关于物品的状态及工作的做法中最完善、最优秀的一面，在不断的工作过程中，标准化是可以通过技术进步、技能的提高、改善而不断提高的。

2) 标准化的作用

标准化有技术储备、提高效率、防止再发生、教育培训四个作用。

（1）技术储备。

标准化代表着最优最好最安全的工作方式，是多年来员工智慧与实践经验的结晶，它把企业内的员工长期所积累的技术、经验，通过文件的方式加以保存，起到技术储备的作用，使工作有规范可依，不用担心因员工退休、转行引起工作流动造成的影响。

如果没有标准化，老员工离职时，他将所有曾经发生过问题的对应方法、作业技巧等宝贵经验装在脑子里带走后，新员工可能重复发生以前的问题，即便在交接时有了传授，但凭记忆很难完全记住。没有标准化，不同的师傅将带出不同的徒弟，其工作结果的不一致性可想而知。此外，有一些员工，工作能力特强，但经常违反纪律，对这种员工是企业最头疼的。用标准化既可约束他，也可将他的经验逐步纳入标准，既便于企业管理，也可防止该同志出现离岗、流动等带来的损失。

案例　美式快餐的标准化

大家可能都吃过美式的快餐，如麦当劳或肯德基，其中炸鸡就要求有几个步骤，简化、统一化、通用化与系统化。简化就是每一个员工进到这个快餐店，他都知道第一、第二、第三等步骤都应该怎么做，甚至在后台的作业，炸鸡要切多重多大多小，甚至炸鸡放在油锅里面炸几分钟，都是统一的、系统的。它具备的标准化就是简化、统一化、通用化、系列化或叫系统化。

（2）提高效率。

标准化提供了一套工作规范，便于业绩的考核与现场工作的管理开展。这样既能促使员工勤奋工作，又保证了现场工作的畅通，可以提高现场工作的效率。在工厂里，所谓"制造"就是以规定的成本、规定的工时、生产出品质均匀、符合规格的产品。如果制造现场工序的前后次序随意变更，作业方法或作业条件随人而异，一定无法生产出符合上述目的的产品。因此，必须对作业流程、作业方法、作业条件加以规定并贯彻执行，使之标准化。

（3）防止再发生。

标准化提供了持续改进的基础，持续改进与标准化是企业提升管理水平的两大轮子。持续改进是使企业管理水平不断提升的驱动力，而标准化则是防止企业管理水平下滑的制动力。有标准化作依据，企业能维持较高的管理水平，但管理工作不可能十全十美，管理标准也不可能十全十美，不断的持续改进，是保证质量水平提升的重要手段，是对标准化的不断创新与完善。在现场管理中，应把出现的问题及时改进，并纳入标准，使之不再发生。

案例　不拉马的士兵

一位年轻有为的炮兵军官上任伊始，到下属部队视察操练情况。他在几个部队发现了相同的情况：在每一次操练中，总有一名士兵自始至终站在大炮的炮管下面纹丝不动。军官不解，询问原因，得到的答案是：操练条例就是这样要求的。军官回去后反复查阅了军事文献，终于发现，早期时代大炮是由马车运载到前线的，站在炮管下士兵的任务是负责拉住马的缰绳，以便及时调整大炮发射后由于后坐力产生的距离偏差，减少再次瞄准所需的时间。现在大炮的自动化和机械化程度很高，已经不再需要这样一个角色了，但操练条例没有及时调整，因此才出现了"不拉马的士兵"，军官的这一发现使他获得了国防部的嘉奖。

（4）教育培训。

标准化也能作为培训的基础。有了标准，培训工作才能做到有的放矢，员工的工作有了依据，才能使员工按照标准开展工作。

案例　国内企业标准示例

国内某企业的《空气压缩机操作规程》：

一、操作人员应熟悉操作指南，开机前应检查油位、油位计。

二、检查设定值，将压缩机运行几分钟，检查是否正常工作。

三、定期检查显示屏上的读数和信息。

四、检查加载过程中冷凝液的排放情况，检查空气过滤器，保养指示器，停机后排放冷凝液。

五、当压力低于或高于主要参数表中限定值时，机组不能运行。

在这处标准中，有很多不准确模糊之处。如"压缩机运行几分钟"，应明确规定运行的时间。再如"定期检查显示屏上的读数和信息"，采用什么方法，什么工具，多长时间，都没有说明；检查的目的是什么，检查要达到什么结果，也没有明确。

【自检】

参照车间每日清扫标准书，制定教室卫生每日清扫标准书，要求全员共同参与，共同来维护公共环境。

类别	地面	机床	刀具、夹具	搬运工具	铁屑	要求
操作人员	清扫作业区域					
清扫人员	清扫通道、公共区域					
管理人员	保持车间地面的清洁					

2. 看板管理

看板管理方法就是在同一道工序或者前后工序之间进行物流或信息流的传递。看板管理是"精益生产方式"的基础之一，是由日本丰田公司在20世纪60年代发明的。

"看板"是一个装在塑料袋中的纸卡，所以看板管理又称为传票卡方式。在看板纸卡上标有零部件一切可以公开的资料，如名称、数量、上下道工序、运送地点等，然后在同一工序完成相关工作后，再送给下一工序，直至最后一道工序。工人们利用"看板"在各工序间、各车间、各工厂之间传递作业命令，各工序都按照"看板"上标明的要求去做。这种传递信息的载体就是看板，没有看板，精益生产是无法进行的。

看板管理采用逆向思维的方法，从结果入手，即从最后一道生产工序开始往前推进，在板上详细写出自己需要的内容，由前一道工序按照所写要求进行生产，以此类推。生产过程中，前一道工序则把后一道工序看成自己的用户，按照用户的需要进行生产。

看板管理与传统管理生产方式鲜明的区别是：只对最后一道工序下达生产指令，而不将主生产计划按照物料清单分解到各个工序和原材料采购中。其独特之处在于从最后一道工序入手，依次向前一道工序领货和订货，从而使各工序能在必要的时间得到必要数量的必要零部件，以实现各工序间准确而及时的配合，最终排除无效劳动，杜绝浪费，做到均衡而稳定的生产。由于看板管理中，只对最后一道工序下达生产指令，这就防止了库存零件的产生，消除各种没有附加价值的动作和程序，杜绝浪费任何一点材料、人力、时间、空间、能量和运输等资源，归纳起来就是"只在需要的时候，按需要的量，生产所需的产品"，"彻底消除浪费"，即"零浪费"，这也是精益生产的根本所在。

第四章 现场质量管理技术

3. 目视管理

1) 目视管理的概念

目视管理就是利用形象直观而又色彩适宜的各种视觉感知信息来组织现场生产活动，达到提高劳动生产率的一种管理手段，也是一种利用视觉来进行管理的科学方法，人们称之为"看得见的管理"。

据统计，人的行动60%是从"视觉"的感知开始的。电饭煲上的通电信号开关、交通用的指示路牌、医院上的红十字标记能让人一目了然，一眼就知道它们所起的作用。在企业中，采用类似于设置交通路牌的方法，让员工自主性地完全理解、接受、执行各项工作，这将会给管理带来极大的好处。

目视管理能把工厂潜在的大多数指令异常显示化，变成谁都能一看就明白的事实，这就是目视管理的目的。如今很多企业进行着多品种、少量、短交期的生产，现场管理难度增大，目视管理作为一种基础管理手段，能使企业全体人员减少差错，轻松地进行各种管理工作。实施目视管理，即使部门之间、全员之间并不相互了解，但通过眼睛观察就能正确地把握企业的现场运行状况，判断工作的正常与异常，省却了许多无谓的请示、命令、询问，使得管理系统能高效率地运作。

案例　红牌作战

红牌作战，指的是在工厂内，找到问题点，并悬挂红牌，让大家都明白并积极地去改善，从而达到整理、整顿的目的。

挂红牌的对象主要有以下几种。

库房：原材料、零部件、半成品、成品设备、机器。

设备工具：夹具、模具、桌椅。

防护用品：储存架、货架、流水线、电梯、车辆、卡板等。

注意：人不是挂红牌的对象，否则容易打击士气，或引起矛盾冲突。

案例　电脑上的接口

电脑上有许多形状各异的接口，有圆的、扁的、长方形的、梯形的，有大的、小的，各种接口形状不一，有的还具有不同的颜色。这样在电脑安装和维修时，只要看看接口颜色或接头的形状，就可知道要把连接用的插头插在哪个接口上。这样既不容易插错，又提高了效率，这也是目视管理所带来的结果。

【自检】

在班级内部开展一次红牌作战，由班主任来公布红牌作战月，要求全员总动员，对象是找出卫生死角，需要改善的物品摆放、不清洁的地方、课桌内的死角等都贴上红牌，由班长进行巡查评比和鉴定，在班级内部开展评奖活动。

2) 目视管理的实施方法

目视管理本身并不是一套系统的管理体系或方法，因此也没有什么必须遵循的步骤。在实际现场管理中，可通过图形、颜色、声光、数字编号、划线等方法开展目视管理。例如安全警示作用可采用图形管理，各种不同电源开关可采用颜色管理，异常现象可采用灯光闪烁（声光）管理，各种工具、物品的摆放可采用编号管理，指示表范围可采用划线管理，但无论采用何种方法，其最终目的应便于观察，便于员工开展工作。当然，有些方法也可一起使用，如工具、物品既可采用编号管理，又可采用划线管理。

此外，可以通过设立样板区，来实现目视管理。

公布栏、生产图表、生产管理看板、工具样板、模具样板、标示样板、标语等均可作为样板。

公布栏是现场管理活动信息发布的渠道，也是员工对管理反应的表现。

生产图表能利用图表使员工知道每日生产状况，并作为努力的目标。

生产管理看板能让现场管理者与员工，一目了然地知道现在生产哪些东西，数量多少，目标还差多少，如何努力，如何改善，问题出在哪里。

工具样板能让工具集中管理，实行定点、定位，减少寻找时间。

模具样板能将模具放置于机台最近的距离并标示分类，减少取放的时间，并节约寻找时间。

标示样板能将仓库物料存放位置依区域、类别制作成大看板，让使用者明了，避免重复寻找的时间。

标语能以生动的语言、活泼的漫画、切合质量管理的主题来制作，以引起全公司的关注和参与，协助提高活动的能动性。

四、现场管理的实施内容

1. 定置管理

（1）安置摆放，工件按区域按类放置，合理使用工位器具。

（2）及时运转、勤检查、勤转序、勤清理、标志变化，不拖不积，稳吊轻放，保证产品外观完好。

（3）做到单物相符，工序小票、传递记录与工件数量相符，手续齐全。

（4）加强不合格品管理，有记录，标识明显，处理及时。

（5）安全通道内不得摆放任何物品，不得阻碍消防器材定置摆放，不得随意挪作他用，保持清洁卫生，周围不得有障碍物。

2. 工艺管理

（1）严格贯彻执行工艺规程。

（2）对新工人和工种变动人员进行岗位技能培训，经考试合格并有师傅指导方可上岗操作，生产技术部要不定期检查工艺纪律执行情况。

（3）严格贯彻执行按标准、按工艺、按图纸生产，对图纸和工艺文件规定的工艺参数、技术要求应严格遵守、认真执行，按规定进行检查，做好记录。

（4）对原材料、半成品和零配件在进入车间后要进行自检，符合标准或有让步接收手

第四章 现场质量管理技术

续的方可投产，否则不得投入生产。

（5）严格执行标准、图纸、工艺配方，如需修改或变更，应提出申请，并经试验鉴定，报请生产技术部审批后方可用于生产。

（6）合理化建议、技术改进、新材料应用必须进行试验、鉴定、审批后纳入有关技术、工艺文件方可用于生产。

（7）新制作的工装应进行检查和试验，判定无异常且首件产品合格后方可投入生产。

（8）在用工装应保持完好。

（9）生产部门应建立库存工装台账，按规定办理领出、维修、报废手续，做好各项记录。

（10）合理使用设备、量具、工位器具，保持精度和良好的技术状态。

3. 质量管理

（1）各车间应严格执行《程序文件》中关于"各级各类人员的质量职责"的规定，履行自己的职责、协调工作。

（2）对关键过程按《程序文件》的规定严格控制，对出现的异常情况，要查明原因，及时排除，使质量始终处于稳定的受控状态。

（3）认真执行"三检"制度，操作人员对自己生产的产品要做到自检，检查合格后，方能转入下道工序，下道工序对上道工序的产品进行检查，对不合格产品有权拒绝接收。如发现质量事故时做到责任者查不清不放过、事故原因不排除不放过、预防措施不制定不放过。

（4）车间要对所生产的产品质量负责，做到不合格的材料不投产、不合格的半成品不转工序。

（5）严格划分"三品"（合格品、返修品、废品）隔离区，做到标识明显、数量准确、处理及时。

4. 设备管理

（1）车间设备应指定专人管理。

（2）严格执行《公司设备使用、维护、保养、管理制度》，认真执行设备保养制度，严格遵守操作规程。

（3）坚持日清扫、周维护、月保养，每天上班后检查设备的操作控制系统、安全装置、润滑油路是否畅通，油毡是否清洁，油压油位是否标准，并按润滑图表注油，油质必须合格，待检查无问题后方可正式工作。

（4）设备台账卡片、交接班记录、运转记录齐全、完整、账卡相符、填写及时、准确、整洁。

（5）实行重点设备凭证上岗操作，做到证机相符。

（6）严格设备事故报告制度，一般事故3天内，重大事故24小时内报设备主管或主管领导。

5. 工具管理

（1）各种工具、量具、刃具应按规定使用，严禁违章使用或挪作他用。

（2）精密贵重工具、量具应严格按规定保管和使用。

（3）严禁磕、碰、划伤、锈蚀、受压变形。

（4）车间不得使用不合格的或已损坏的工具、量具、刃具。

6. 计量管理

（1）使用人员要努力做到计量完好、准确、清洁并及时送检。

①量具必须保持完好无损，零件、附件无丢失，出现上述情况之一者，必须及时送质量部门以便检查、修理、鉴定。

②禁止使用过期或不合格量具，做到正确使用、轻拿轻放、严禁碰撞，使用后擦拭干净，较长时间不使用时要涂油，正确放置。

③所有在用计量器具必须按合格证书填写的有效期或质量部门检测中心的通知自觉及时送检。

（2）凡自制或新购计量器具均送质量部检测中心检查，合格后办理入库、领出手续。

（3）严禁用精密度较高的计量工具测量粗糙工件，更不准作为他用，不得使用非法计量单位的量具。文件、报表、记录等不得采用非计量单位。

（4）凡须报废的计量器具，应提出申请报质量部。

7. 文明生产

（1）车间清洁整齐，各图表美观大方，设计合理，填写及时，准确清晰，原始记录、台账、生产小票齐全、完整、按规定填写。

（2）应准确填写交接班记录、交接内容，填写内容包括设备、工装、工具、卫生、安全等。

（3）室内外经常保持清洁，不准堆放垃圾。

（4）生产区域严禁吸烟，烟头不得随地乱扔。

（5）车间地面不得有积水、积油。

（6）车间内管路线路设置合理、安装整齐，严禁跑、冒、滴、漏。

（7）车间内管沟、盖板完整无缺，沟内无杂物，及时清理，严禁堵塞。

（8）车间内工位器具、设备附件、更衣柜、工作台、工具箱、产品架、各种搬运小车等均应指定摆放，做到清洁有序。

（9）车间合理照明，严禁长明灯、长流水。

（10）坚持现场管理文明生产、文明运转、文明操作，根治磕碰、划伤、锈蚀等现象，每天下班要做到设备不擦洗保养好不走，工件不按规定放好不走，工具不清点摆放好不走，原始记录不记好不走，工作场地不打扫干净不走。

（11）边角料及废料等分类放到指定地点保管。

8. 安全生产

（1）严格执行各项安全操作规程。

（2）经常开展安全活动，开好班前会，不定期进行认真整改，清除隐患。

（3）按规定穿戴好劳保用品，认真执行安全生产。

（4）特殊工种作业应持特殊作业操作证上岗。

（5）学徒工、实习生及其他学员上岗操作应有师傅带领指导，不得独立操作。

（6）交接班记录，班后认真检查，清理现场，关好门窗，对重要材料要严加管理以免丢失。

(7) 非本工种人员或非本机人员不准操作设备。

(8) 重点设备，要专人管理，卫生清洁、严禁损坏。

(9) 消防器材要确保灵敏可靠，定期检查更换（器材、药品），有效期限标志明显。

(10) 加强事故管理，坚持对重大未遂事故不放过，要有事故原始记录及时处理报告，记录要准确，上报要及时。

(11) 发生事故时应按有关规定及程序及时上报。

【自检】

假如你是公司的一名管理人员，为便于员工了解企业的运作情况，方便公司对员工进行管理，请你制定一个员工守则，包括考勤、纪律、着装等方面的要求。

内容	要求

第三节　5S 管理知识

案例　福特应聘

福特大学毕业后，到一家汽车公司应聘。和他同时应聘的几个人都比他学历高，他觉得自己没有什么希望了。既来之，则安之。当前面几个人面试之后，他敲门进了董事长办公室。一进办公室，他看见了门口地上有一张纸，他弯腰捡了起来，发现是一张废纸，走过去把它扔进废纸篓里，然后才走到董事长的办公室桌前，说："我是来应聘的福特。"董事长说："很好！很好！福特先生，你已经被我们录用了。"福特惊讶地说："董事长，我觉得前几位都比我好，你怎么把我录用了呢？"董事长说："福特先生，前面几位的确学历比你高，而且仪表堂堂，但是他们眼睛只能看见大事，我认为能看见小事的人，将来自然能看到大事，一个只能看见大事的人，他会忽略很多小事，他是不会成功的。所以，我才录用了你。"福特就凭捡了张废纸而战胜了优势竞争者，进入这家汽车公司。不久，这家汽车公司就名扬天下了。福特后来当了董事长，他把这家公司改为"福特公司"，他使美国的汽车产业在世界上占据鳌头，也改变了整个美国的国民经济状况。

参观过日本工厂的人都会很惊讶地发现，在工厂里，在办公室里，每一个角落都是干干净净、整整齐齐的，工作环境非常清洁、舒适。在工厂的正面墙上，经常可看到"整理、

123

整顿、清扫、清洁、素养"几个大字,这就是近20多年来全世界许多企业竞相学习的"5S"。全体员工自上至下推动5S,带来的就是要把事情做好、不放过任何一个小细节的工作素养。

一、5S 的含义

1. 5S 的定义

5S 起源于日本,是指在生产现场对人员、机器、材料、方法、信息等生产要素进行有效管理的方法。因为整理(Seiri)、整顿(Seiton)、清扫(Seiso)、清洁(Seiketsu)、素养(Shitsuke)是日语外来词,在罗马文拼写中,第一个字母都为 S,所以日本人称之为 5S。

1955 年,日本的 5S 宣传口号为"安全始于整理,终于整理整顿"。当时只推行了前两个 S,其目的仅为了确保作业空间和安全。后因生产和品质控制的需要而又逐步提出了 3S,也就是清扫、清洁、素养,从而使应用空间及适用范围进一步拓展,到了 1986 年,日本的 5S 著作逐渐问世,从而对整个现场管理模式起到了冲击作用,并由此掀起了 5S 热潮。近年来,随着人们对这一活动认识的不断深入,有人又添加了安全(Safety),形成了 6S。在 6S 的基础上,又添加了速度(Speed)、节约(Save),分别称为 7S、8S,再加上习惯化(Shiukanka)、服务(Service)及坚持(Shikoku),又形成了 10S 等。但是万变不离其宗,所谓 7S、10S 都是从 5S 里衍生出来的。

2. 5S 的管理意义

日本企业将 5S 运动作为管理工作的基础,推行各种品质的管理手法,第二次世界大战后,产品品质得以迅速地提升,奠定了经济大国的地位。而在丰田公司的倡导推行下,5S 对于塑造企业的形象、降低成本、准时交货、安全生产、高度的标准化、创造令人心旷神怡的工作场所、现场改善等方面发挥了巨大作用,逐渐被各国的管理界所认可。随着世界经济的发展,5S 已经成为工厂管理的一股新潮流。

1)5S 是基础管理

未推行 5S 之前,每个岗位都会出现各种各样的不整洁现象,如地板上粘着垃圾、油渍、铁屑等,已成为黑黑的一层;零件、纸箱胡乱搁在地板上,人员、车辆在拥挤狭窄的过道上穿插而行……,即使这间工厂的设备是世界上最先进的,如不对其进行管理,到了最后,所谓最先进的设备也将很快加入不良机械的行业,等待维修或报废。对于这样的企业,引进很多先进优秀的管理方法也不见得会有什么显著效果,还是要从简单适用的 5S 开始,从基础抓起。

2)5S 对企业的作用

没有文明生产,就不会有好的产品质量。制造过程的质量管理,最基础的工作就是 5S 活动。

对于企业来说,5S 是一种态度。企业要达成自己的生产经营目标,要生存发展壮大,首要条件是具备强劲的竞争力。企业核心的竞争力是什么呢?不是决策能力,也不是营销能力,而是执行力。没有执行力,一切都是空话。执行力的高低,取决于纪律性的高低。所以 5S 是一种态度,为了形成有纪律的文化,必须表明的一种态度,这种态度是不怕困难,把想到的做到,把做到的做好的坚决态度。

第四章 现场质量管理技术

企业应该大力开展5S活动,把它融入日常管理中去,使其形成一种企业文化,从而提高企业的竞争力。

3) 5S对管理人员的作用

对于管理人员来说,5S是基本能力。现场的管理,说白了不外乎是人、机、料、法、环的管理,现场每天都在变化,异常每天都在发生。做好5S,能够让现场井然有序,把异常发生率降到最低,这样员工才会心情舒畅地工作。所以,5S是管理的基础,5S管理的好坏,是衡量干部管理能力高低的重要指标。

4) 5S对员工的作用

5S管理能明显地改善员工的精神面貌,使组织焕发一种强大的活力。员工都有尊严和成就感,5S管理能促使员工对自己的工作尽心尽力,并改善个人意识形态。

对于员工来说,5S是每天必需的工作。这个必需的工作如果没有做好,工作岗位就会混乱,工具找不到,设备经常坏,物料经常出问题,生产不顺畅,投诉经常发生,在这种环境下,无论怎么忙都是瞎忙,没有效率。

5S通过规范现场,能营造一目了然的工作环境,培养员工良好的工作习惯,最终目的达到提升人的品质的目的。

(1) 养成凡事认真的习惯。

养成凡事认真的习惯,即认认真真地对待工作中的每一件"小事"。凡事认真,加之大量"目视管理"的导入,能减少出错的可能性;良好的整顿,减少大量"寻找"的浪费,能提升工作效率。

(2) 养成遵守规定的习惯。

遵守企业制定的各项规章制度,如上下班制度、物料放置制度、安全卫生制度等。整理、整顿、清扫,必须做到储存明确,物品摆放有序。工作场所内应保持宽敞、明亮,通道保持畅通,地上不摆设其他物品。工厂有条不紊,意外事件的发生自然减少,安全就有了保障。

(3) 养成自觉维护工作环境的习惯。

将工作场所打扫干净,保持明快、舒适的工作环境;对设备及时维护保养,保持设备处于良好的工作状态;把物料摆放在固定场所或区域,以便于寻找。

(4) 养成文明礼貌的习惯

学会使用礼貌语言,勤学好问、团结协作、乐于助人,对待同事以诚相待、对待来宾面带微笑。

案例 企业管理中的5S应用

某企业是具有数十年历史的年销售额过亿元的集体改制企业,2006年年初该企业搬迁至占地7万余平方的工业园区。硬件上去了,管理却跟不上。质量博士受邀对该企业进行了前期现场诊断。通过调研分析,获知该企业在厂房、市场、技术等方面具有明显的优势。存在的问题主要是:员工不愿接受新事物;现场管理松懈,现场混乱;基层管理者能力不足;工人技能单一。通过5S管理,该企业生产效率、质量水平、员工士气等均有明显提高。5S看似简单,却是改进管理的有效手段。

5S虽然是针对现场,但现场却连接并检验着各项管理职能,通过5S可暴露现场问题,进而发现相关管理的不足,使我们有了改进的动力和检验标准。持续推行5S,不断暴露问题,不断加以改进,企业就会不断成长。

案例　5S整顿

在某企业的样板生产线上,一个工人在工作过程中少装了两个零件,导致产品报废,造成了几万元的经济损失。车间主任对这名工人进行了相应的处罚。但是,没过多久,这名工人在工作中又少装了两个零件。为此,车间主任开始调查原因,结果工人很无奈地表示自己也不知道原因。最后,车间主任只好将原因写成"鬼使神差"。为了减少这种无意识差错,改善工作效果,该企业采用5S进行了五个月的经营生产整顿,对本企业的员工进行了培训,使车间状况得到了明显改善,改善结果如表4-1所示。

表4-1　整改对比表

整改项目	改善前	改善后	变化幅度
物品占用面积	603平方米	441平方米	减少26.9%
不合格品	494件	296件	减少40%
单位生产效率	3.16件	4.36件	提高46.5%

【自检】

5S活动的目的,归根结底就是:①为了培养员工的积极性和主动性;②创造人和设备皆宜的环境;③培养团队合作精神。作为企业中的一员,你如何通过自己的言行举止,为贯彻和推行5S来做出自己的努力呢?

_____
_____
_____
_____
_____

二、5S活动的内容

案例　宿舍管理中的5S管理

宿舍的管理因学生人数众多、生活习惯不同、综合素质高低不等而成为学校日常管理的一个难点,为了保证学生有一个干净、整洁、舒适的学习生活环境,某校将5S活动引入学生宿舍的管理中,以宿舍作为学校实施养成教育的切入点和着力点,旨在让每一位学生都养成良好的习惯。"5S"法中,整理就是让学生把每天常用的物品都放回指定点,并摆放整齐;整顿就是将最近不用的物品收藏起来;清扫是动作,加强打扫;清洁是动作产生的结果,注重保持。通过活动的开展,逐步提高了学生的素养。该校从点滴处做起,从细微处入手,制定领导小组和具体实施方案,同时倡导学生关注学校的前途,维护自身及学校荣誉,为学校的进一步发展贡献了力量。

第四章 现场质量管理技术

学校开展5S活动,把抽象的理念同日常管理结合起来,既加强了基础文明教育,又营造了整洁优美的生活环境。实践证明,将5S引入学生宿舍管理,切实可行,效果显著。

5S的具体内容就是清除掉垃圾和仓库长期不要的东西。

1. 整理（Seiri）

整理指将工作场所的任何物品区分为有必要和没有必要的,除了有必要的留下来,其他的都消除掉。

如果你的工作岗位堆满了非必需物品,就会导致你的必需物品反而无处摆放;你可能希望增加一张工作台来堆放必需品,这样一来必然造成不必要的浪费,二来形成了后果更为严重的恶性循环。

把要与不要的人、事、物分开,再将不需要的人、事、物加以处理,这是开始改善生产现场的第一步。其要点首先是对生产现场的现实摆放和停滞的各种物品进行分类,区分什么是现场需要的,什么是现场不需要的;其次,对于现场不需要的物品,诸如用剩的材料、多余的半成品、切下的料头、切屑、垃圾、废品、多余的工具、报废的设备、工人的个人生活用品等,要坚决清理出生产现场,这项工作的重点在于坚决把现场不需要的东西清理掉。对于车间里各个工位或设备的前后、通道左右、厂房上下、工具箱内外,以及车间的各个死角,都要彻底搜寻和清理,达到现场无不用之物。坚决做好这一步,是树立好作风的开始。日本公司提出口号：效率和安全始于整理!

案例　奥卡姆剃刀定律

奥卡姆剃刀定律又称"奥康的剃刀",它是由14世纪英格兰的逻辑学家、圣方济各会修士奥卡姆的威廉提出。12世纪,英国奥卡姆的威廉主张唯名论,只承认确实存在的东西,认为那些空洞无物的普遍性概念都是无用的累赘,应当被无情地"剃除"。他主张"如无必要,勿增实体"。这就是常说的"奥卡姆剃刀"。这把剃刀曾使很多人感到威胁,被认为是异端邪说,威廉本人也因此受到迫害。然而,这并未损害这把刀的锋利,相反,经过数百年的岁月,奥卡姆剃刀已被历史磨得越来越快,并早已超载原来狭窄的领域,而具有广泛、丰富、深刻的意义。

奥卡姆剃刀定律在企业管理中可进一步演化为简单与复杂定律：把事情变复杂很简单,把事情变简单很复杂。这个定律要求,我们在处理事情时,要把握事情的主要实质,把握主流,解决最根本的问题,尤其要顺应自然,不要把事情人为地复杂化,这样才能把事情处理好。

在5S中,整理的目的就是要把多余不用的部分去掉,解决企业中最根本的问题。

整理的推行要领是：马上要用的,暂时不用的,先把它区别开。一时用不着的,甚至长期不用的要区分对待。即便是必需品也要适量；将必需品的适量降到最低的程度；对可有可无的物品,不管是谁买的,无论有多昂贵,都应坚决地处理掉,绝不能手软！

案例　车间物品类型整理示例

车间无使用价值的物品主要有：（1）不能使用的旧手套、破布、砂纸；（2）损坏了的钻头、丝锥、磨石；（3）已损坏而无法使用了的锤、套筒、刃具等工具；（4）精度不准的千分尺、卡尺等测量器具；（5）不能使用的工装夹具；（6）破烂的垃圾桶、包装箱；

127

(7) 过时的报表、资料；(8) 枯死的花卉；(9) 停止使用的标准书；(10) 无法修理好的器具设备等；(11) 过期、变质的物品。

不使用的物品主要有：(1) 目前已不生产的产品的零件或半成品；(2) 已无保留价值的试验品或样品；(3) 多余的办公桌椅；(4) 已切换机种的生产设备；(5) 已停产产品的原材料；(6) 安装中央空调后的落地扇、吊扇。

【自检】

请检查一下你的办公室或者家里，哪些是必需物品，哪些是非必需品？对非必需品，你是如何进行妥善处理的？你又如何摆放它的顺序？

_____
_____
_____
_____
_____
_____

2. 整顿（Seiton）

整顿指把留下来的必须要用的物品依规定位置摆放，并放置整齐且加以标示。整顿其实也就是研究如何提高效率的科学。它研究如何能立即取得物品或放回原位。任意决定物品的摆放只会让你的找寻时间加倍，不会使你的工作速度加快。我们必须思考、分析如何拿取物品更快并让大家都能理解这套系统，遵照执行。

整顿活动有以下几个要点：

（1）物品摆放要有固定的地点和区域，以便于寻找，消除因混放而造成的差错。

（2）物品摆放地点要科学合理。例如，根据物品使用的频率，经常使用的东西应放得近些（如放在作业区内），偶尔使用或不常使用的东西则应放得远些（如集中放在车间某处）。

（3）物品摆放目视化，使定量装载的物品做到过目知数，摆放不同物品的区域采用不同的色彩和标记加以区别。

整顿的最终目的是让工作场所一目了然，消除寻找物品的时间，形成整整齐齐的工作环境，消除过多的积压物品。

案例　破窗理论

美国政治学家威尔逊和犯罪学家凯林经过观察提出了"破窗理论"。

如果有人打坏了一栋建筑上的一块玻璃，又没有及时修复，别人就可能受到某些暗示性的纵容，去打碎更多的玻璃。久而久之，这些窗户就给人造成一种无序的感觉，在这种麻木不仁的氛围中，犯罪就会滋生、蔓延。

"破窗理论"更多的是从犯罪的心理去思考问题，但不管把"破窗理论"用在什么领域，角度不同，道理却相似：环境具有强烈的暗示性和诱导性，必须及时修好"第一扇被

第四章 现场质量管理技术

打碎玻璃的窗户"。

推广至5S管理中，良好的工作场所，作业用的工具整整齐齐，员工就不会大声喧哗，或随地吐痰；相反，如果工作场所环境脏乱不堪，作业用的工具、材料乱丢，久而久之，随地吐痰、打闹、嬉笑等不文明的举止也会相继出现。环境是企业中的"第一扇易被打碎玻璃的窗户"，5S中整理、整顿环境十分必要。

案例 办公室内的简单原则

办公室整顿应遵循以下原则：小就是美，简单最好！

简单最好，简单，意味着简化操作和促进管理。通过废弃不必要的物品和增加必要的物品可以避免重复现象，以便提高工作效率。这里所说的简单要素，就是尽量地限制每人所使用的文具和工具，每人最多一套。对于使用频率不高的文具，如绳线和大号的订书机等，可以让整个办公室共用一套，把文件集中存放在一个地方，这样做，会减少必要文件的数量，采用较好的文件储存方法，方便尽量地获得文件，限制文件的分发数目，这样既能加快收回文件的速度，又可减少管理的难度，而且这种方法对已经实施计算机办公的办公室来说至关重要。

在储存的过程中，最好无纸化，即使对于那些没有文件就不能工作的人，也要尽可能地限制分发给他的文件数量。如果你采用的是电子邮件系统，最佳的策略就是把电子邮件系统作为一种日常工具来创造一种无纸化的工厂。任何事情，越简单越好，一分钟的会议，一分钟的电话，今天的工作今天做。时时刻刻地做整理，每一刻都在做最有效率的整理，这些就称为整顿。今天的工作今天做，这样将会大大地减少代办的工作量，缩短处理工作时间，减少文件传运的部门或人的数量，尽可能地利用电子邮件。

【自检】

请你试着对实习车间进行一次整顿活动。

对象	标示	定位
通道		
设备		
成品、零件、半成品		
模具、夹具		
工具		
不良品、整修品		
清扫工具		
包装材料		
账票类、档案类		
空容器、搬运台等		
搬运器		
搬运车		

续表

对象	标示	定位
橱柜		
下脚、残料		
物料、消耗性物料		
材料		

说明：对各种设备或办公用品及活动场所即整顿活动的对象都应进行标示，标明它的使用方法、放置位置、产品名称、注意事项，以示分类。对每一种物品给它定好位，并予以划线。

3. 清扫（Seiso）

清理指将工作场所内看得见与看不见的地方清扫干净，保持工作场所干净、亮丽。在日本有句口号，"质量从卫生抓起"，生产现场在生产过程中会产生灰尘、油污、铁屑、垃圾等，从而使现场变脏。脏的现场会使设备精度降低，故障多发，影响产品质量，使安全事故防不胜防；脏的现场更会影响人们的工作情绪，使人不愿久留。因此，必须通过清扫活动来清除那些脏物，创建一个明快、舒畅的工作环境。如果你能将岗位上出现的垃圾马上清扫掉，做到始终保持整洁干净，你就会引来许多赞许的眼光："啊！多干净的工作岗位。"干净、整洁的工作环境让人感觉到多么的身心愉快！

清扫活动有以下几个要点：

（1）自己使用的物品，如设备、工具等，要自己清扫，不要依赖他人，也不增加专门的清扫工。

（2）对设备的清扫，着眼于对设备的维护保养。清扫设备要同设备的点检结合起来，清扫即点检；同时做好设备的润滑工作，清扫也是保养。

（3）清扫也是为了改善。当清扫地面发现有飞屑和油水泄漏时，要查明原因，并采取措施加以改进。

清扫的最终目的是稳定品质，减少工业伤害。

案例　某企业的5S每日清扫清单

某企业的5S每日清扫清单如表4-2所示，它规定了例行清扫的内容，并具体到责任人。

表4-2　某企业的5S每日清扫清单

5S	责任人	值日检查内容
电脑区		机器是否干净、无灰尘
检查区		作业台、作业场所是否整齐
计测区		计测器摆放是否整齐，柜面是否干净
休息区		地面有无杂物，休息凳是否整齐
治具区		治具是否摆放整齐、干净
不良区		地面有无杂物，除不良区外其他地方应无其他零件和杂物

续表

5S	责任人	值日检查内容
零件规格书		柜内零件是否摆放整齐、标识明确
文件柜及其他		文件柜内是否干净，物品摆放是否整齐
备注：①此表的5S由担当者每天实施。 ②下班前15分钟开始。 ③其他包括清洁器具、放置柜、门窗玻璃。		

【自检】

填写一份公共区域的清扫基准和查核表。

日期	会议桌	地板	窗户	门柜	灯罩	椅子	奖杯奖牌	画框	黑板	笔及笔擦	电话机	烟灰缸	纸杯	窗帘	垃圾桶	查核表
附注	①"○"表示良好，"×"表示不良。 ②发现不良现象，责任人应尽快改进。															

4. 清洁（Seiketsu）

清洁是对以上3S的维持。清洁起维持的作用，将整理、整顿、清扫后取得的良好成绩维持下去，成为公司内必须人人严格遵守的固定的制度。清洁，是一个企业的企业文化建设开始步入正轨的一个重要步骤。要成为一个制度，必须充分利用创意，改善和全面标准化，从而获得坚持和制度化的条件，提高工作的效率。

清洁活动有以下几个要点：

（1）车间环境不仅要整齐，而且要做到清洁卫生，保证工人身体健康，提高工人劳动热情。

（2）不仅物品要清洁，而且工人本身也要做到清洁，如工作服要清洁，仪表要整洁，及时理发、刮须、修指甲、洗澡等。

（3）工人不仅要做到形体上的清洁，而且要做到精神上的"清洁"，待人要讲礼貌、要尊重别人。

（4）使环境不受污染，进一步消除混浊的空气、粉尘、噪声和污染源，消灭职业病。

案例　清洁内容示例

项目	内容
整理	（1）现场不用的作业台、椅子； （2）藏在抽屉里或台垫下的杂物、私人品； （3）放在台面上当天不用的材料、设备、夹具； （4）用完后放在台面上的材料包装袋、盒
整顿	（1）台面上的物料凌乱地搁置； （2）台面上下的各种电源线、信号线、压缩空气管道等乱拉乱接、盘根错节； （3）作业台、椅子尺寸形状大小不一、高低不平、五颜六色，非常不雅； （4）作业台椅子等都无标识
清扫	（1）设备和工具破损、掉漆、缺胳膊断腿； （2）到处是灰尘、脏污； （3）材料余渣、碎屑残留； （4）墙上、门上乱写乱画； （5）垫布发黑、许久未清洗； （6）表面干净、实际上却脏污不堪

【自检1】

参照车间清洁稽核表，制定一份教室清洁稽核表。

检查对象	责任人	检查情况	改进办法
作业台、椅子			
货架			
通道			
设备			
办公台			
文件资料			
公共场所			

【自检2】

对比实习车间内的实际状况，自我查核，每题有五种答案，在选定的答案题号上打"√"。

（1）通道作业区：

①没有划分　□

②有划分　□

③划线感觉还可以　□

④划线清楚，地面进行过清扫 □
⑤通道及作业区感觉很舒畅 □

（2）地面情况：
①有油或水 □
②有油迹或水迹，显得不干净 □
③地面不是很平 □
④经常清理，没有脏物 □
⑤地面干净亮丽 □

（3）办公桌、作业台、椅子、架子、会议室的清洁情况：
①很脏乱 □
②偶尔清理 □
③虽有清理，但还是显得脏乱 □
④自己感觉很好 □
⑤任何人都会觉得很舒服 □

（4）洗手台、厕所等：
①容器或设备脏乱 □
②破损未修补 □
③有清理，但还有异味 □
④经常清理，没异味 □
⑤干净亮丽，还进行过装饰 □

（5）储物室：
①阴暗潮湿 □
②虽阴湿，但可通风 □
③照明不足 □
④照明适度，通风好，感觉清爽 □
⑤干干净净，整整齐齐，感觉很舒服 □

评分标准：选①为0分；选②为1分；选③为2分；选④为3分；选⑤为4分。统计各项分数，并计算总和。

说明：15～20分为较好，12～15分表现一般，12分以下，黄牌警告。对表现较好的车间，可通报表扬，或给予一定的奖励，对表现不佳或较次的车间，提出批评或采取适当的处置措施。

5. 素养（Shitsuke）

素养最终是培养员工的良好习惯，使员工遵守规则，营造团队精神。让企业的每个员工，从上到下，全员地去严格遵守规章制度，培养良好素质的人才。让每个人都能严格地遵守公司的规章制度，让每个人都知道要在企业里成长，就必须从内而外地主动积极，都要意识到"我要成长，我做好了，企业才能做好"。每一个人都应主动、积极地把他责任区范围内的事情经过整理、整顿、清扫，予以贯彻制度。素养，强调的是持续保持良好的习惯。它是一个延续性的习惯，就好像一个人每天早上起来，都习惯刷牙、洗脸，如果哪一天没刷牙、洗脸,就会身不由己地觉得怪怪的,这就是一种习惯。

每位成员都应养成良好的习惯,并遵守做事规则,培养积极主动的精神(也称习惯性)。

素养推行有以下几个要领:

(1) 持续推行上述4S直到成为全员共有的习惯。通过4S的整理、整顿、清扫、清洁的手段,让每一个员工都能够达到工作的最基本要求,就是素养。

(2) 制定相关的规章制度。规章制度是员工行为的准则,是让人们达成共识,形成企业文化的基础。制定相应的语言、电话、行为等各种员工守则,帮助员工达到素养最低限度的要求。

(3) 教育培训。员工,就好像是一张白纸,"近朱者赤,近墨者黑",及时地进行强化教育是非常必要的。如果一个企业到处乱糟糟的,东西随便乱放,通道不畅通,这样的工作环境根本留不住人才。一个企业对一个员工进行教育培训,就是告诉员工,要创造一个好的企业,公司从上到下的每一个人都应该严格遵守规章制度,形成一种强大的凝聚力和向心力。

(4) 培养员工的责任感,激发起热情。有些企业总认为,培养员工的责任感,激发他的工作热情,那是人力资源部或人事部以及某个部门应做的事,而这些高层领导的认识又不统一,员工每天按某个部门的要求去竞争,而有些领导又不管不顾,依然我行我素,这样的企业肯定不是一个很好的企业。

案例 辉煌公司一天工作的素养要求

◆问候、礼貌语。

◆集合全体员工一起上早令、做操。

◆早令结束后,立即安排工作内容。

◆铃声响起同时开始作业。

◆注意在午间食堂的举止。

◆下午开始恢复干劲。

◆必须在规定的时间和场所内休息。

◆下班前进行清扫。

◆最后与大家道一声"辛苦了"。

素养不是说出来的,而是在实践中培养出来的。"慎终如始"即要有好的习惯,"自强不息,自胜者强"即要培养一种主动性、积极性。

案例 员工在5S活动中的责任

(1) 自己的工作环境需不断地进行整理、整顿,物品、材料及资料不可乱放;

(2) 不用的东西要立即处理,不可使其占用作业空间;

(3) 通路必须经常维持清洁和畅通;

(4) 物品、工具及文件等要放置于规定场所;

(5) 灭火器、配电盘、开关箱、电动机、冷气机等周围要时刻保持清洁;

(6) 物品、设备要注意正确安全放置,较大较重的堆在下层;

(7) 保管的工具、设备及所负责的责任区要整理;

（8）纸屑、布屑、材料屑等要集中于规定场所；
（9）不断清扫，保持清洁；
（10）注意上级的指示，并加以配合。

【自检1】

古人云，"良言一句三冬暖，恶语伤人六月寒"，可见选择何种语言是何等的重要，请你制订一份办公室常用的规范化用语并严格地遵守。

语言礼仪	
电话礼仪	
仪表礼仪	
行为礼仪	

【自检2】

制作一张个人修养检查表，自我进行评价。

【自检3】

当今社会，无论在公司，还是在社会生活中，"教养"越来越受到重视，"文化教养"往往成为评价一个人层次如何的最重要的一个标准。你认为个人应该具备哪些良好的教养呢？

三、5S活动的实施方法

5S管理是现场管理工作的基础，5S活动有固定的程式，按照此程式实施，才可能取得好的现场管理效果。

1. 给工作场所拍照

实施5S行动前将存在问题的地方，一一拍照，并及时注明存在的问题。这些照片在5S法全面展开时，用来做比较。在每张照片上标明拍摄地点及拍摄日期，以便得到照片拍摄前后的对比。要拍彩照，因为它对实施现场管理有很大用处。

2. 清理场地

任何工厂和车间都有许多没有用的杂物，用红色牌子给它们做上记号，使任何人都能看清楚哪些东西该处理掉或搬走。制定明确标准，指出什么是必需的，什么是没用的，免得引起大家争论或给人借口。所有的红色牌子要由不直接管理有关机器和作业区的人去挂。

3. 整顿仓储

整顿仓库时，记住三个要点：什么东西，放在什么地方，放了多少。清理完毕之后，用字母、号码，给每台机器及其存放地点编一个醒目的大标签。最好能设计个仓库放置图表，什么类型的东西放在什么位置，什么特殊用品放在什么位置，要清清楚楚，让别人来找时能很方便地寻找到。放在开放型仓库比封闭的好，如果模具和工具藏在有锁的柜子、箱子或抽屉里面，别人看不见、找不到，仓库很快就会被翻得乱七八糟，所以所有的东西尽量不要放在隐蔽的地方。

4. 固定打扫程序

仓库区、设备和周围环境这三大地方要定期打扫。最好把工作场所划分成小块区域并相应分配任务，然后列表排定值日顺序。画出清洁责任图，排出打扫时间表，确定各个人的清洁时间、清洁地点和清洁内容。把责任图和时间表挂在人人都能见得到的地方。建立起每日5分钟打扫习惯，听起来5分钟太短，做不出像样的事情，但如果打扫效率高，做出的成绩会让人吃惊。

5. 制定工作场所清洁标准

只要每个人都出把力，工作场所就能始终保持干净清洁。窍门在于记住三"无"原则：无非必需物品，无乱堆乱放，无尘土。

6. 实行视觉控制

开展富有建设性的批评是实行5S法训练的基础之一。最理想的是创造一个工作场所，在此一眼就能看出缺陷，因而可以采取措施补救。工厂应该有前后照片展览的好时机，把开始拍的照片及5S整理后的照片张贴在大家都能看得见的地方，把5S成果也附在照片旁边。如有可能，奖励成绩最佳的作业区的员工，激励他们进一步改进。

案例　5S 管理的推行

襄樊大鹰车用轴承有限公司的生产现场，工作繁忙有序、产品和工位器具摆放整齐、通道畅通、作业环境清洁干净。尤其是在被人们认为最难管理的车工生产现场，呈现在人们眼前的依然是洁净的作业环境。这是该公司卓有成效地实施5S基础管理的结果。

在推行5S基础管理过程中，公司坚持以人为本，强调全员参与，着重于员工行为观念及行为方式的转变。一是在生产现场实行看板管理，将员工文明生产行为规范和5S管理内容制作成目视板竖立在工作现场，即时提醒和规范员工的工作行为；二是通过采取一系列有效措施，矫正员工在生产中的不良行为习惯；三是为切实解决影响现场环境的不利因素，管理人员积极动脑动手，设计制作了诸如防止跑、冒、滴、漏和铁屑散落的工位器具及设施，从而确保了作业环境的洁净。

5S现场基础管理的实施，不仅为公司形象的塑造奠定了扎实的基础，而且还为产品品质的提升营造了良好的思想和管理氛围。员工素养也得到了提高，做文明安全生产员工，做质量信得过产品，创一流品牌，已成为公司员工的自觉行为。

【自检】

自制一份宿舍卫生的5S推进活动工作计划表。

步骤	工作目标	准备阶段	运行阶段	评价阶段	反省改善阶段
1	计划、组织				
2	宣传教育				
3	大扫除运动				
4	整理、整顿作战				
5	活动导入、实施				
6	检讨、改善阶段				
7	岗位诊断				

第四节　质量管理中的常用工具

在质量管理的过程中，无论是分析问题还是实施改进措施，正确地使用质量管理的工具和方法就会起到事半功倍的效果。在质量管理的发展过程中，经过世界各国长期的实践，产生并总结出许多成熟的工具和方法，典型的有质量管理的新、旧（老）七种工具等。

新、旧七种工具都是由日本人总结出来的，日本人在旧七种工具推行并获得成功之后，1979年又提出新七种工具。之所以称之为"七种工具"，是因为日本古代武士在出阵作战时，经常携带有七种武器，所谓"七种工具"沿用了七种武器之说。

质量管理旧七种工具是指：检查表（调查表）、分层法、排列图、因果分析图、直方图、控制图、散布图。新七种工具是指：头脑风暴法、箭线图、PDPC法、矩阵图、系统图（树图）、亲和图、关联图。

一、直方图法简介

1. 直方图的定义

直方图是根据数据的分布规律，用一系列宽度相等、高度不等的矩形绘出的图形，有时又称为质量分布图。

直方图能够显示质量数据波动分布的规律，通过对工序或批量产品的质量水平及其均匀程度进行分析，可用来推断整个生产过程是否正常，在实际生产中有广泛的应用。直方图只能显示收集数据这一阶段过程的集中趋势及离散程度，而不能通过所收集的数据来证明过程是稳定的。但如果直方图显示的图形是不稳定的，那么该过程极可能是不稳定的。

2. 直方图的绘制

绘制直方图可采用以下的步骤。

（1）收集数据。收集 N 个数据，N 应不小于 50，最好在 100 以上。

（2）绘频数表。

①找出数据中最大值 X_L 和最小值 X_S，求出极差 R。即

$$R = X_L - X_S$$

②根据数据个数，确定分组数 k。

分组数可以按照经验公式 $k = 1 + 3.322 \lg N$ 确定，数据多时多分组；数据少时少分组。一般 N 小于 50～100 时，k 取 6～10；N 在 100～250 时，k 取 7～12。为使用方便，常取 $k = 10$。

③确定组距 h，组距即组与组之间的间隔，等于极差除以组数。即

$$h = (X_L - X_S)/k = R/k$$

④确定各组边界值。首先确定第一组下限值，应注意使最小值 X_S 包含在第一组中，且使数据观测值不落在上、下限上。第一组的上、下限值为：

$$\left(x_{\min} - \frac{h}{2}\right) \sim \left(x_{\min} + \frac{h}{2}\right)$$

⑤依次加入组距 h，求得各组上、下限值。第一组的上限值为第二组的下限值，第二组的下限值加上 h 为第二组的上限值，其余类推，直到最大值的组数。

⑥统计频数，编制频数分布表。

（3）绘直方图。以分组号为横坐标，以频数为高度作纵坐标，画出一系列矩形，这样就得到频数（或频率）直方图。

案例　直方图的制作

生产某种电阻，要求电阻 R 为（30.0±1.0）Ω，试绘制直方图。

（1）收集数据，见表 4–3。

表 4–3　50 个电阻样本数值

组数 \ 序号 R/Ω	1	2	3	4	5	6	7	8	9	10
1	29.2	29.3	29.4	30.9	29.8	30.2	30	30.4	30.6	29.8
2	29.6	30.2	30.8	29.6	29.7	29.6	29.6	29.9	29.7	29.9
3	29.9	30.1	30	30	29.9	30	29.7	30.1	29.1	29.8
4	30.2	29.5	30.4	30.3	29.2	30.4	30.1	30.4	30.3	30.3
5	30.5	30.8	30.7	30.6	30.5	29.1	30.3	30.1	30.1	29.3

（2）制频数表。

①找出数据中最大值 X_L、最小值 X_S 和极差 R：

$$X_L = 30.9, \quad X_S = 29.1, \quad R = X_L - X_S = 1.8$$

②确定数据的大致分组数 k。

按照经验公式 $k = 1 + 3.322 \lg N$ 确定，或按经验选取，本例分组数取 $k = 6$。

③确定分组组距 h：

$$h = R/k = 0.3$$

④计算各组上、下限。

第一组　下限 $29.1 - 0.3/2 = 28.95$；　　上限 $28.95 + 0.3 = 29.25$

第二组　下限 29.25；　　上限 $29.25 + 0.3 = 29.55$

第三组　下限 29.55；　　上限 $29.55 + 0.3 = 29.85$

第四组　下限 29.85；　　上限 $29.85 + 0.3 = 30.15$

第五组　下限 30.15；　　上限 $30.15 + 0.3 = 30.45$

第六组　下限 30.45；　　上限 $30.45 + 0.3 = 30.75$

第七组　下限 30.75；　　上限 $30.75 + 0.3 = 31.05$

⑤绘制频数分布表，见表 4-4。

表 4-4　频数分布表

组序	组界值	组中间值 b_i	频数 f_i	频率 p_i
1	28.95~29.25	29.1	4	0.08
2	29.25~29.55	29.4	4	0.08
3	29.55~29.85	29.7	10	0.2
4	29.85~30.15	30	13	0.26
5	30.15~30.45	30.3	11	0.22
6	30.45~30.75	30.6	5	0.1
7	30.75~31.05	30.9	3	0.06
合计	—	—	50	1（100%）

表中组中间值 $b_i = $（第 i 组下限值 + 第 i 组上限值）/2，频数 f_i 就是 N 个数据落入第 i 组的数据个数，而频率 $p_i = f_i/N$。各组频数填好以后检查一下总数是否与数据总数相符，避免重复或遗漏。

⑥绘制直方图。

以频数（或频率）为纵坐标，数据观测值为横坐标，以组距为底边，数据观测值落入各组的频数 f_i（或频率 p_i）为高，画出一系列矩形，这样就得到频数（或频率）直方图，如图 4-2 所示。

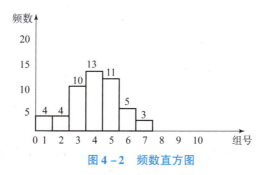

图 4-2　频数直方图

3. 直方图的类型（见图4–3）

（1）正常型（对称型）。正常型直方图具有"中间高，两边低，左右对称"的特征，它的形状像"山"字。数据的平均值与最大和最小值的中间值相同或接近，平均值附近的数据频数最多，频数在中间值向两边缓慢下降，并且以平均值左右对称。这时生产过程是稳定的，工序处于稳定状态，工序加工能力充足。这种形状是最常见的，其他都属非正常型。

（2）偏态型。数据的平均值位于中间值的左侧（或右侧），从左至右（或从右至左），数据分布的频数增加后突然减少，形状不对称。产生的原因是：

①一些形位公差要求的特性值是偏向分布。

②加工者担心出现不合格品，在加工孔时往往偏小，加工轴时往往偏大造成。

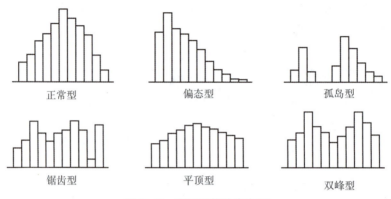

图4–3　不同形状的直方图

（3）孤岛型。在标准型的直方图的一侧有一个"小岛"。出现这种情况是由于测量有误或生产中出现异常，造成原因可能是一时原材料发生变化，或者一段时间内设备发生故障，或者短时间内由不熟练的工人替班等。

（4）锯齿型。锯齿型直方图的形状凹凸相隔，像梳子折断齿一样，使图形呈锯齿状参差不齐。出现锯齿型直方图，多数是由于测量方法，或读数存在问题，或处理数据时分组不适当等原因造成，因此要重新收集和整理数据。例如做频数分布表时，如分组过多，会出现此种形状。

（5）平顶型。平顶型直方图的图形无突出顶峰，当几种平均值不同的分布混在一起，或某种要素缓慢变化时（如刀具磨损），常出现这种形状。

（6）双峰型。双峰型直方图的图形出现两个顶峰，靠近直方图中间值的频数较少。当有两种不同的平均值相差大的分布混在一起时，常出现这种形状，这是由于观测的数值来自两个总体、两种分布。生产中极可能是由于把不同加工者或不同材料、不同加工方法、不同设备生产的两批产品混在一起形成的，例如将两个工人或两台机床等加工的相同规格的产品混在一起就造成了这种图形。

4. 直方图的观察分析

产品质量特性值的分布，一般都是服从正态分布或近似正态分布。当产品质量特性值的分布不具有正态特性时，往往生产过程是不稳定的，或生产工序的加工能力不足。因而，根据产品质量特性值所作出的直方图的形状，可以推测生产过程是否处于稳定状态，或工序能力是否充足，由此可对产品的质量状况做出初步的判断。

（1）图形分析。通过观察直方图的整体形状，判别它是正常型的，还是异常型的，是哪一种异常，然后分析产生的原因，采取相应的对策。

正常型直方图是符合正态分布的图形；异常型直方图是不符合正态分布特点的图形，如锯齿型、偏态型、孤岛型、双峰型和平顶型等。

（2）公差（即技术标准）比较分析（见表 4-5）。可在直方图上画出公差界限，观察质量分布是否符合公差界限的要求，观察直方图中质量分布范围，观察质量分布中心与公差中心的偏离程度。如果质量分布的中心与公差的中心重合，实际质量分布范围略小于公差界限为良好状态。

表 4-5　不同直方图的公差比较分析

常见类型	图例	特征	调整要点
无富余型		数据接近尺寸公差界限，直方图基本能满足公差要求，但不充分	如果质量波动，会出现不合格产品。应采取措施，减少标准偏差 S 值
能力富余型		当 T_L 和 T_U 远离直方图时，工序能力过剩（不远离则正常，工序状况不需要调整）	工序能力出现过剩，经济性差，可考虑改变工艺，放宽加工精度或减少检验频次，以降低成本
能力不足型		直方图图形形状正常，部分数据超出两边公差界限，导致分散度过大，说明标准方差太大	已出现不合格品，应多方面采取措施，针对人员、方法等去追查异因，设法使产品的变异缩小，另外可减少标准偏差 S 或放宽过严的公差范围
整体偏移型		整体数据偏移，导致部分质量数据值超出界限，表示平均位置有偏差	针对固定的设备、机器等去追查异因，找出问题，及时调整工艺，消除系统误差，使偶然性误差波动小于规定范围，使平均值接近规格的中间值
综合型		数据中心偏移，部分尺寸超出两边的尺寸公差界限	调整时既要使平均值接近规格的中间值，又要提高工序的能力

(3) 计算工序能力指数 C_p（或 C_{pk}）。

当分布中心与公差中心重合时，计算 C_p。

$$C_p = T/(6S) = (T_U - T_L)/(6S)$$

式中　T_U——公差上限；

　　　T_L——公差下限；

　　　S——样本标准偏差。

当分布中心偏离公差中心时，计算 C_{pk}。

$$C_{pk} = (T - 2\varepsilon)/(6S)$$

式中　ε——中心值的绝对偏离量，$\varepsilon = |\overline{X} - (T_U + T_L)/2|$。

计算出工序能力指数后，根据工序能力指数值进行判断，判断工序能力是否足够（见第五章 第三节 工序能力与工序能力指数），以便采取相应措施进行处理。

二、散布图法简介

1. 散布图的定义

散布图是表达两个相关变量之间关系的图表（参见图 4-4）。把每一对 (x, y) 看成是直角坐标系中的一个点，在图中标出 n 个点，所得到的图形称为散布图（又称散点图、相关图）。在散布图中，成对的数据形成点子云，通过对其观察分析，研究点子云的分布状态便可推断出成对数据之间的相关程度，它是一种解决现实中具有相关性问题的方法。如人体的体重与身高、数学成绩与物理成绩之间的关系都可以通过散布图来研究。

当不知道两个因素之间的关系或两个因素之间关系在认识上比较模糊而需要对这两个因素之间的关系进行调查和确认时，可以通过散布图来确认二者之间的关系。这实际上是一种实验的方法。例如小孩的年龄和体重有一定的关系，只能一般地说年龄越大，体重越大。但我们可以通过绘散布表、进行统计分析，得出一个小孩年龄与体重之间的大致关系为：小孩体重 = 2 × 年龄 + 7（千克）。

如果两个数据之间的相关度很大，那么可以通过对一个变量的控制来间接控制另外一个变量，如圆周长 $L = 2\pi R$，通过控制 R 的变化可控制 L 的变化。

2. 散布图的绘制

(1) 确定研究对象，提出可能相关的事物。研究对象的选定，可以是原因与结果之间的关系，也可以是结果与结果之间的关系，或原因与原因之间的关系。

(2) 收集数据。一般需要收集成对的数据 30 组以上。

(3) 画出横坐标 x 与纵坐标 y，添上特性值标度。一般横坐标表示原因，纵坐标表示结果。划分坐标间距时应使 x 最小值至 x 最大值的距离，大致等于 y 最小值至 y 最大值的距离，可以避免因散布图图形有异而导致错误的判断。

(4) 根据数据画出坐标点。按 x 与 y 的数据分别在横、纵坐标上取对应值。二点数据在同一点时，点上二重圈记号，三点数据在同一点时，点上三重圈记号，其他同理可得。

(5) 记入必要的事项。

案例　科目关联问题

有些同学认为：英语与语文一样以背诵为主，语文成绩好的同学，他的英语成绩也应该不错。现以某班学生语文成绩和英语成绩为采集数据（见表4-6），用散布图来分析语文与英语学习之间的关联情况。

表4-6　语文与英语学习成绩数据表

学生	1	2	3	4	5	6	7	8
语文	84	82	83	82	70	75	84	75
英语	86	83	74	83	82	75	62	72
学生	9	10	11	12	13	14	15	16
语文	77	69	77	79	68	83	72	76
英语	67	83	70	65	68	73	64	68

（1）绘制散布图：

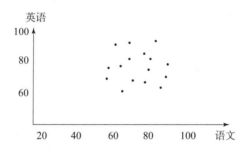

图4-4　语文与英语相关联示意图

（2）分析判断：由图表分析可知，语文与英语成绩的排列为散乱型，两者间无直接关联，故英语的学习成绩与语文学习成绩间无关系。

3. 散布图的类型

（1）正相关（见图4-5）。当 x 增大时，y 也随之增大，称为正相关，此时，只要控制住 x，y 也随之被控制住了。

图4-5　正相关

案例 某材料的硬度与脆性相关图（见图4-6）

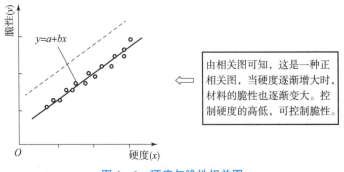

图4-6 硬度与脆性相关图

（2）可能正相关（见图4-7）。当 x 增大时，y 也随之增大，但增大的幅度不明显，称为可能正相关，此时虽然点分布在一条直线附近，但 y 的变化除了因素 x 外可能还有其他因素影响。

（3）无相关（见图4-8）。当 x 与 y 之间看不出有任何相关关系的，称为无相关，说明两因素互不相关。

（4）负相关（见图4-9）。当 x 增大时，y 反而减少，称为负相关。此时，可以通过控制 x 而控制 y 的变化。

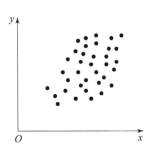

图4-7 可能正相关

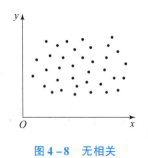

图4-8 无相关

图4-9 负相关

（5）可能负相关（见图4-10）。当 x 增大时，y 反而减少，但幅度不明显，称为可能负相关。

（6）曲线相关（见图4-11）。x、y 之间可用曲线方程进行拟合，根据两变量之间的曲线关系，可以利用调整 x 实现对 y 的控制。

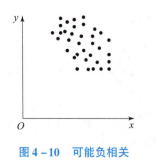

图4-10 可能负相关

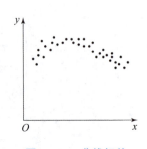

图4-11 曲线相关

【自检】

收集数据，用散布图分析人的身高与体重间的关联性。

_____
_____
_____
_____
_____
_____

三、检查表的使用

检查表是为了掌握生产和试验现场情况，根据产品可能出现的情况及分类设计出的数据规范化的记录表格。 检查表又称调查表、统计分析表等，是收集数据并对数据进行粗略整理的有效工具。检查产品时只需在相应分类栏中做出标记，然后进行统计分析。

检查表是质量检验中最简单也是使用得最多的手法之一，主要用于记录信息（记录原始数据，便于报告）、用于调查（如用于原因调查、纠正措施有效性的调查），用于日常管理（如首件检查、设备检查、安全检查）等，可根据不同问题的具体情况进行改进。

检查表根据实际应用可分为不合格项目的检查表、工序分布检查表、缺陷位置检查表和操作检查表四种。

案例　课前检查表

表4-7是一个学生用的课前检查表，可以对照表格在课前自检上课前的准备情况，以提高学习效率。

表4-7　课前检查表

项目	查检	项目	查检
1. 书本		6. 钢笔或圆珠笔	
2. 课堂笔记		7. 直尺	
3. 课堂练习本		8. 橡皮	
4. 课堂作业本		9. 预习	
5. 教学参考书		10. 复习	
查检完成的可打上"√"。			

案例　质量检查表

表4-8为某电器公司焊接工序时的质量检查表。通过检查，能检验出工序正常与否，可作为进一步分析的数据。在制定该表时，要注意全面，如编号、时间、检查人等要在表中体现，以避免出现问题后，相互推卸责任。

表 4-8 质量控制点检查表

编号： 　　　　检查时间：＿＿＿年＿月＿日＿时＿分至＿时＿分

序号	工序	检查项目	检查结果		异常说明
			正常	异常	
1	5	插头槽径大			
2	5	插头假焊			
3	5	插头焊化			
4	5	插头内有焊锡			
5	5	绝缘不良			
6	5	芯线未露			
7	5	其他			
备注					

检查人： 　　　　　　　　　　　　质量管理部经理：

（1）在建立检查表时，需要考虑如下问题：

谁负责收集数据？（Who）

收集哪些数据？（What）

为什么收集这些数据？（Why）

什么时候收集这些数据？（When）

从哪里收集这些数据？（Where）

怎样收集这些数据？（How）

这 5 个 W 和 1 个 H 是设计收集数据的重要准则。这里面最重要的是"为什么"，因为收集这些数据的目的将直接影响到其他相关因素。

（2）使用检查表进行数据搜集，待完成后宜检讨下述问题：

①反映事实：印证所获数据是否能反映某些事实？

②独特项目：查看是否有些项目主宰事实，或个别项目明显有差异？

③时间推移：是否有随时间变化的趋势？

④周期循环：是否有周期变化的型样？

【自检】

根据个人实际情况，制作一份实用的检查表。

四、其他常用工具

1. 分层法

分层法是指将多种多样的资料，按目的需要分成不同的类别，使之方便分析。

分层法主要是把杂乱无章和错综复杂的资料和意见加以归类汇总，使之更确切地反映客观现实。

案例　用分层法分析某一产品不合格的主要因素

用两台机器由4个人加工某种产品，产品的质量与操作人员和机器都有关系。按分层法绘制不同操作人员使用不同机器产品的检查表（见表4-9）。

表4-9　分层检查表

原因		合格品数/件	不合格数/件	不合格率/%
操作人员	小李	32	6	16
	小王	4	20	83
	小孙	19	7	27
	小陈	35	4	10
机器	机器1	48	28	37
	机器2	42	9	18

通过观察可知，产品不合格时，人的主要因素是小王同志，机器的主要因素是机器1，克服这两个因素产生的问题，可减少产品不合格品的数量。

如果进一步分层，可以得到更为详细的不合格数（也可分析合格数）分层图表（见表4-10）。

表4-10　分层检查表

不合格数/件　　机器　操作人员	机器1	机器2	总计
小李	3	3	6
小王	19	1	20
小孙	2	5	7
小陈	4	0	4
总计	28	9	37

通过观察可知，小李在两台机器上不合格品率相同。小孙在机器1上出现的不合格品较少，小王和小陈在机器2上出现的不合格品较少。生产中，应在机器1上采用小孙的加工方

法，在机器2上采用小王和小陈的加工方法，这样可以尽可能地减少产品不合格率的产生。

2. 排列图

排列图是由两个纵坐标、一个横坐标、几个按高低顺序依次排列的长方形和一条累计百分数曲线组成，又可称为帕累托（巴雷特）图、主次图、ABC分析图。排列图可分析出问题中的主要原因及次要原因。

1897年，意大利经济学家帕累托通过对社会财富的分布研究发现：社会大部分财富掌握在少数人手里，全社会税额的80%是由20%的人交的，这就是经济学中的帕累托（或称80/20）原则。后来朱兰博士将这种思想应用于质量管理领域，将"关键的少数"和"次要的多数"理念通过图表来表述，这就形成了排列图。

案例 排列图的使用一

某电冰箱制造公司正为该厂生产的冰箱内壳质量不好而大伤脑筋，厂长在会上大发雷霆，车间主任决定采用排列图查找原因。

解决办法：

（1）调查本年度几个月的产品生产质量情况，根据出现的不合格品制作了统计表（见表4-11）。

（2）制作排列图（见图4-12）。

排列图表明：冰箱内壳质量问题的主要因素是裂痕和气泡，一旦这些问题得到纠正，大部分质量问题即可消除。所以车间通过组织人员进一步研讨裂痕与气泡问题，使产品质量有了较大的改进。

表4-11 不合格品质量情况数据表

内容	废品数/件	不合格率/%	累积频率/%
裂痕	185	45.6	45.6
气泡	92	22.7	68.2
不平	68	16.7	85.0
色斑	46	11.3	96.3
其他	15	3.7	100.0
合计	406	100	

其中：不合格率 = 废品数/废品总数

累积频率 = (本项目废品数 + 前几项废品数)之和/废品总数

例如：因气泡的不合格率 = 92/406 = 22.7%，累积频率 = (92 + 185)/406 = 68.2%

排列图主要用来寻找影响产品质量的主要（关键）因素，可把所有影响因素分为A、B、C三大类。A类是主要因素，一般指累计百分比在0%~80%区间的因素；B类是次要因素，指累计百分比在80%~90%区间的因素；C类是累计百分比在90%~100%区间的因素。生产中应对A类因素进行重点控制和改进。

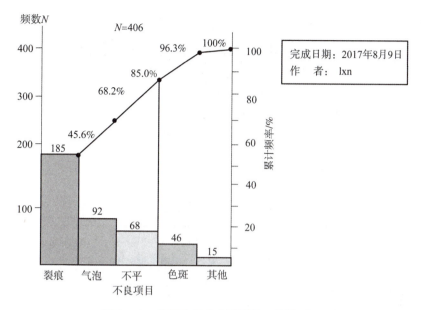

图 4-12　公司冰箱内壳质量情况的排列图

案例　排列图的使用二

某灯泡厂对本季度一批日光灯管的质量进行检查，发现质量问题如下：起跳慢 250 只，寿命短 150 只，发光跳动 1 670 只，灯脚松动 540 只，亮度不够 120 只，其他问题 70 只。请画出缺陷项目统计表，并在此基础上画出排列图，指出主要质量问题是什么。

解答：（1）绘制缺陷项目统计表（见表 4-12）。

（2）制作排列图（见图 4-13）。

表 4-12　缺陷项目统计表

序号	项目	频数/只	不合格率/%	累积频率/%
1	发光跳动	1 670	59.6	59.6
2	灯脚松动	540	19.3	78.9
3	起跳慢	250	8.9	87.8
4	寿命短	150	5.4	93.2
5	亮度不够	120	4.3	97.5
6	其他问题	70	2.5	100
合计		2 800	100	

（3）从图上可以看出，主要存在的问题是发光跳动，其次是灯脚松动，这两项占全部缺陷的 75%，应作为质量改进的主要对象。

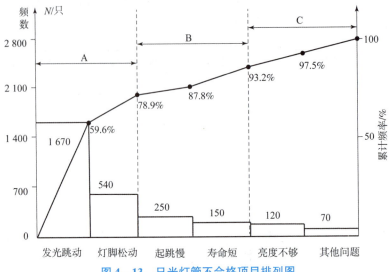

图 4−13　日光灯管不合格项目排列图

1）排列图的"看"法

（1）看图形：关键问题比例高。

（2）看目标值：哪类因素对目标值的影响大。

（3）看实际能解决的问题（不可抗拒因素排除）。

2）排列图使用注意事项

（1）"项目"确定应表明"关键少数"，否则应重新排列。

（2）"项目"不宜太多，5~7项为宜。

（3）取样数量不宜太少，至少50个数。

（4）关键问题不应死扣80%，一般1~2项为宜。

（5）累计百分比是折线（曲线），不是直线。

（6）目标值高的情况不宜使用排列图。

3. 因果分析图

因果分析图也叫特性因素图、鱼刺图、石川图，是整理和分析影响质量（结果）因素的一种工具。

因果分析图的基本格式由特性（鱼头）、原因（鱼骨）、枝干（鱼刺）三部分构成（见图4−14）。从形式上讲，"鱼头"是需要解决的问题，"主鱼骨"是可能发生原因的主要类别，"小鱼骨"以及"鱼刺"是各类更深层次的原因。通过整合这三个部分，就可以系统地展示"问题—原因"的分析思路，从而挖掘出关键原因，并加以解决。

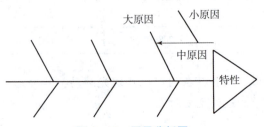

图 4−14　因果分析图

在实际分析中,首先应找出影响质量问题的大原因,然后寻找到大原因背后的中原因,再从中原因找到小原因和更小的原因,最终查明主要的直接原因。

因果联系是世界万物之间普遍联系的一个方面。某个(或某些)事物或现象会引起另一个(或另一些)事物或现象,这时我们就说前者是原因,后者是结果。任何一件事都有前因后果,分析事物的因果关系,才能对事情做出正确的判断和推理。

用因果分析图(鱼骨图)分析问题的因果关系,能指出可能引起问题出现的原因,通过识别症状、分析原因、寻找措施,促使问题解决。质量管理中,因果分析图可用4M1E和一个测量环节来予以分析(见图4-15)。

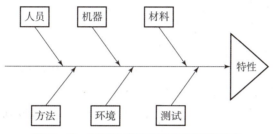

图4-15 工厂中常用因果分析图的形式

案例 成绩分析

老师在分析期中考试成绩时发现,"电工基础"课程的考试成绩普遍不理想,拟用因果分析图法(见图4-16)分析"电工基础"成绩差产生的原因。

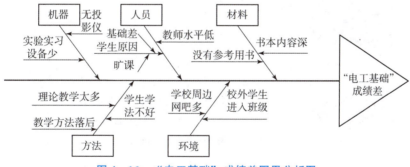

图4-16 "电工基础"成绩差因果分析图

通过因果分析图,可以看出影响"电工基础"成绩的各个方面的因素,在此基础上,还可以进一步查看有无遗漏的影响因素,也可以进一步细化,找出更为详细的影响因素。

【自检】

试制定一份早上上课迟到的因果分析图。

五、新七种工具简介

一般说来,旧七种工具的特点是强调用数据说话,重视对制造过程的质量控制;而新七种工具则基本是整理、分析语言文字资料(非数据)的方法,着重用来解决全面质量管理中 PDCA 循环中 P(计划)阶段的有关问题。

不同的质量管理工具应用对象不同,应对具体的研究对象采用适合的质量管理工具。对旧七种工具可参考以下口诀:鱼骨追原因;检查集数据;排列抓重点;直方显分布;散布看相关;控制找异常;分层作解析。新七种工具有助于管理人员整理问题、展开方针目标和安排时间进度。例如整理问题,可以用关联图法;展开方针目标,可用系统图(树图)法、矩阵图法和矩阵数据分析法;安排时间进度,可用 PDPC 法和箭线图法。

新七种工具是日本科学技术联盟于 1972 年组织一些专家运用运筹学或系统工程的原理和方法,经过多年的研究和现场实践后于 1979 年正式提出用于质量管理的。新七种工具的提出不是对旧七种工具的替代,而是对它的补充和丰富。

为方便了解新七种工具,现将这七种工具用图表的形式予以罗列(见表 4-13)。

表 4-13 新七种工具简介

名称	图表	概念	应用
头脑风暴法	头脑风暴法	头脑风暴法也称集思广益法,它是采用会议的方式,引导每个人广开言路、激发灵感、畅所欲言地发表独立见解的一种集体创造思维的方法	TQM 推行,方针管理,质量管理改善,生产方式,生产管理改善
箭线图	(网络图)	箭线图法,又称矢线图法,计划评审法、关键路线法,是网络图在质量管理中的应用,是制定某项质量工作的最佳日程计划和有效地进行进度管理的一种方法	质量设计、开发,质量改善
PDPC 法	故障 措施 起始→目标	PDPC 法,又称过程决策程序图法。它是在制订达到研制目标的计划阶段,对计划执行过程中可能出现的各种障碍及结果,作出预测,并相应地提出多种应变计划的一种方法	企划,质量保证,安全管理,试作评价,生产量管理改善,设备管理改善
矩阵图	X_1, X_2, X_3 / Y_1, Y_2, Y_3	矩阵图是以矩阵的形式分析因素间相互关系及其强弱的图形。它由对应事项、事项中的具体元素和对应元素交点处表示相关关系的符号构成	开发,质量改善,质量保证

152

名称	图表	概念	应用
系统图		系统图也叫树图，它可以系统地将某一主题分解成许多组成要素，以显示主题与要素、要素与要素之间的逻辑关系和顺序关系	开发，质量保证，质量改善
亲和图		亲和图用于归纳、整理由头脑风暴法产生的观点、想法等语言资料，按它们之间的亲近关系加以归类、汇总的一种图示方法	TQM推行、开发、质量改善
关联图		关联图用于将关系纷繁复杂的因素按原因—结果或目的—手段等目的有逻辑地连接起来的一种图形方法	TQM推行，方针管理，质量管理改善，生产方式，生产管理改善

1. 箭线图法

箭线图法又称矢线图法或网络图法，它是把推进计划所必需的各项工作，按其时间顺序和从属关系用网络形式表示出来的一种技术方法。箭线图法是安排和编制最佳日程计划，有效地实施进度管理的一种科学管理方法，是提高工作质量的重要途径。它能找出影响工程进度的关键和非关键因素，是项目管理的有效工具。

案例　箭线图在建筑中的应用

在建筑工程中，经常运用箭线图来度量工期时间，图4-17就是一幢楼房的箭线图。

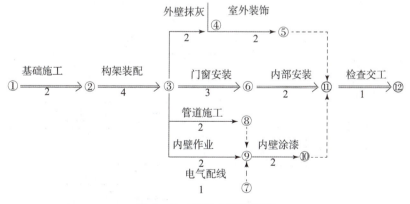

图4-17　建筑中的箭线图

该例表明，一幢楼房的建筑施工从基础施工开始至检查交工为止，可分为11项作业。该项工程运用箭线图法安排施工进度，最短工期需12周（关键线路上所需时间之和）。

2. 系统图法

当某一目的较难达成，一时又想不出较好的方法，或当某一结果令人失望，却又找不到根本原因，在这种情况下，建议应用质量新七种工具之一的系统图法，通过系统图，会让人豁然开朗，使原来复杂的问题简单化，使模糊不明的问题也逐渐找到了原因。

系统图就是为了达成目标或解决问题，以目的—方法或结果—原因层层展开分析，以寻找最恰当的方法和最根本的原因。系统图目前在企业界被广泛应用，一般采用树状结构，利用树木分枝图形（见图4-18），由左至右，从树干、大枝、中枝、小枝，乃至于细枝，有层次地展开。

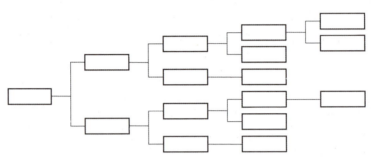

图4-18 系统图的结构

案例　QCC的实施

QCC被认为是日本生产能力及生产质量神奇配方的重要成分。QCC是英文Quality Control Circle的缩写，中文的意思是品质管制圈，简称品管圈，类似于质量管理小组。它由同一个工作场所的人（6人左右），为了要解决工作问题，突破工作绩效，自动自发地组成一个小团体（圈圈），然后分工合作，应用质量的简易统计手法当工具，进行分析，解决工作场所的障碍问题以达到生产业绩改善的目标。

现使用系统图法寻求落实QCC的主要方法，如图4-19所示。

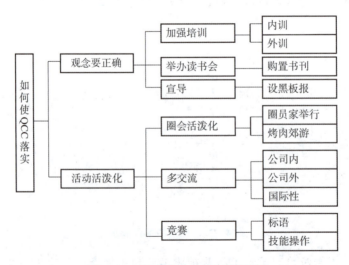

图4-19 寻求落实QCC的系统图

【自检】
对本章第三节 5S 管理知识,采用系统图法构建知识网络图。

_____
_____
_____
_____
_____

3. 亲和图法

所谓亲和,是指相似、相近或相同的性质。亲和图,是针对不很清楚的问题,应用头脑风暴法提出意见,依其相互间的关系,加以归纳综合,找出问题点,使问题明确化。亲和图法是由日本学者川喜田二郎教授所发明推广,因他的英文姓名缩写为 KJ,故亲和图又称为 KJ 图。

案例 如何降低订货错误率

为防止订货错误,QC 小组采用头脑风暴法,群策群力,每个小组成员提出两条以上意见,写在卡片上,最后寻找亲近分类,制作了订货错误率亲和图法(见图 4-20),清晰地表达出如何降低订货错误率的措施和方法。

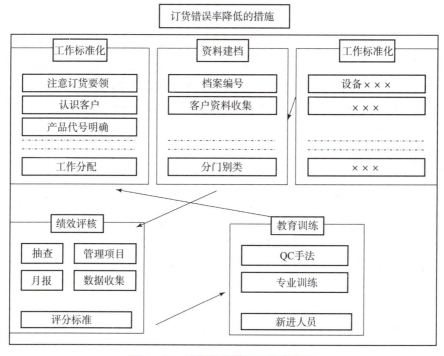

图 4-20 降低订货错误率的亲和图

4. 关联图法

关联图法,是指用连线图来表示事物相互关系的一种方法,也叫关系图法,如

图 4-21 所示。图中各种因素 A、B、C、D、E、F、G 之间有一定的因果关系。其中因素 B 受到因素 A、C、E 的影响，它本身又影响到因素 F，而因素 F 又影响着因素 C 和 G，……这样，找出因素之间的因果关系，便于统观全局、分析研究以及拟定出解决问题的措施和计划。

案例 关联图的实际应用

某车间照明耗电量大，QC 小组针对此情况运用关联图进行原因分析，如图 4-22 所示。

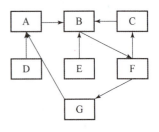

图 4-21 关联图示例

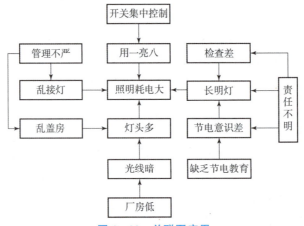

图 4-22 关联图应用

通过关联图分析，找出了导致"照明耗电大"的主要原因是乱接灯、灯头多、用一亮八、长明灯。而分析这些主要原因又可以发现，导致长明灯主要是由于责任不明，缺乏节电教育；导致灯头多的原因是管理不严、厂房低；开关集中控制是导致用一亮八的主要问题。只要针对这些问题制定切实的措施，就可以解决照明耗电量大的问题。

本章小结

本章主要是讲解现场管理的具体实施过程，包括全员参与管理、现场管理的对象和目标、5S 管理知识、质量管理中的常用工具四个知识内容。对 5S 管理及质量管理中的常用工具做了详细的描述，对全员参与管理及现场管理的对象和目标做了简要讲解，简单实用、可操作性强，便于学生学习和理解，使学生能把现场管理的基础知识和常用质量管理工具应用到现场管理中。

思考题与习题

1. 什么是现场管理？什么是全员参与管理？
2. 为什么要全员参与管理？全员参与管理的实施条件有哪些？
3. 4M1E 是什么含义？

4. 现场管理有哪六大目标？现场管理有哪三大工具？
5. 5S 指哪五个方面的内容？
6. 简单叙述 5S 实施方法。
7. 什么是直方图？直方图有什么作用？
8. 什么是散布图？散布图有什么作用？
9. 什么是检查表？检查表有哪些类型？
10. 某电子厂生产线生产某种产品，收集使用寿命数据样本 100 个（见表 4-14），试作出其直方图，并就图形进行分析。

表 4-14 电子厂生产线生产的某种产品的使用寿命数据

组数 \ 序号 使用寿命/h	1	2	3	4	5	6	7	8	9	10
1	447	419	419	429	428	440	415	435	427	423
2	432	437	411	442	412	435	430	444	437	445
3	444	431	416	442	445	411	412	432	426	426
4	435	425	411	450	436	438	433	411	420	437
5	420	434	444	438	425	433	426	438	435	432
6	428	431	422	437	425	407	438	435	431	412
7	444	425	437	432	440	431	440	412	420	427
8	440	424	419	412	424	423	441	429	435	438
9	431	432	447	438	450	418	440	448	427	440
10	418	422	414	430	419	432	437	420	447	431

11. 某音响生产厂家采取一系列措施控制和提高音响效果。为分析不合格产品产生的原因，对不合格产品按工序进行检查统计，表 4-15 是 2015 年不合格品数据，请据此作出排列图并进行分析。

表 4-15 不合格品数据

不合格原因	高频音质不佳	信号不佳	接合不佳	灵敏度不佳	外观不佳	音质不佳	总计
不合格件数/件	19	14	10	7	3	2	55

12. 因果分析图由哪几部分组成？各部分有何含义？
13. 什么是控制图？控制图有什么作用？
14. 什么是关联图法？关联图有什么作用？
15. 什么是系统图法？什么是亲和图法？什么是箭线图法？

第五章
工序质量控制技术

第一节　工序质量控制的基本概念

质量控制的一项工作是通过收集数据、整理数据，把实际测得的质量特性与相关标准进行比较，找出波动的规律，并对出现的差异或异常现象采取相应措施进行纠正，把正常波动控制在最低限度，消除系统性原因造成的异常波动，从而控制工序状态。实行工序质量控制是企业全面质量管理的一个重要环节。

案例　检验问题

100个缺陷产品被放进大量的合格产品中，并做100%的检验。检验员在第一次检验中，只找出68个缺陷品，重新检验了3遍，又找出30个，但剩下的2个始终没有找到。这个试验说明：人工检验并不一定完全可靠，100%的检验不可能100%的精确，判断失误是不可避免的。检验是质量控制中被动响应的方法，不是主动的提高质量的方法。只有通过计算机系统管理，进行科学的统计、分析，实行质量过程控制，才是提高产品质量的关键。

一、工序质量控制

1. 工序质量控制的定义

一道工序，是指一个或一组作业工人在一个工作地对一个或若干个劳动对象（产品或零件、半成品）进行加工的过程。例如一个工人在一台车床上车削某轴类零件的生产过程就可称为一道工序，再放到另一个磨床上磨削加工又可称为一道工序。

第五章 工序质量控制技术

案例 瓷器的工序

景德镇素有"瓷都"之称,这里千年窑火不断,其瓷器以"白如玉,明如镜,薄如纸,声如磬"的独特风格蜚声海内外。景德镇瓷业的辉煌与其先进的制瓷工艺密不可分,在长期制瓷过程中,形成了一套严谨的传统手工制瓷工艺。据明代科学家宋应星的《天工开物》记载,一只普通的杯子细分起来工序达到72道之多,因此有"共计一坯之力,过手七十二,方克成器"的说法,每道工序都简化到不能再简化的程度。炼泥的只管炼泥,拉坯的只管拉坯,彩绘者也是画者画而不染,染者染而不画,如此明细分工提高了制瓷效率,也使景德镇瓷器得以成为全国瓷器的翘楚。

工序是产品形成的基本环节,工序质量是多种因素共同作用的结果。一般来说,对产品可分割的工序,**工序质量指产品在该工序加工过程中的质量特性,如尺寸精度、表面粗糙度、形状误差、位置误差、重量、强度、硬度等**。

案例 某企业电缆屏蔽工序的质量要求

(1) 铜带绕包应连续、前后一致,其表面应平整、紧密,不可有翘边、撕裂、折皱等不良现象。

(2) 铜带连接必须采用点焊连接,修补时可用锡焊连接,严禁搭接、插接等其他不符合规范的接法。

(3) 无纺布包带绕包应连续、前后一致,其表面应平整、紧密,不可有翘边、撕裂、折皱等不良现象。

(4) 铜带的平均搭盖率应不小于15%,其最小搭盖率应不小于5%。

工序质量控制是指为把工序质量的波动限制在规定的界限内所进行的活动。工序质量控制是利用各种方法和统计工具判断和消除系统因素所造成的质量波动,以保证工序质量的波动限制在要求的界限内。

2. 工序质量控制的方法

由于工序种类繁多,工序因素复杂,工序质量控制所需要的工具和方法也多种多样,现场工作人员应根据各工序特点,选定既经济又有效的控制方法,避免生搬硬套。企业在生产中常采用以下三种方法:一是自控;二是工序质量控制点;三是工序诊断调节法。

自控是操作者通过自检得到数据后,将数据与产品图纸和技术要求相对比,根据数据来判定合格程度,做出是否调整的判断。操作者的自控是调动工人搞好产品质量的积极性,进行工序质量控制,确保产品质量的一种有效方法。

工序质量控制点的日常控制是监视工序能力的波动,检测主导因素的变化,调整主导工序因素的水平。通过监视工序能力波动可得到主导工序因素变化的信息,然后检测各主导工序因素,对异常变化的主导因素及时进行调整,使工序处于持续稳定的加工状态。

按一定的间隔取样,通过样本观测值的分析和判断,尽快发现异常,找出原因,采取措施,使工序恢复正常的质量控制方法,称为工序诊断调节法。尽快地发现工序状态异常,就是所谓的工序诊断;寻找原因,采取对策,使工序恢复正常,就是所谓的工序调节。工序诊断调节法,适用于机械化和自动化水平高的生产过程。

3. 主要工序因素的质量控制

主要工序因素的质量控制,即关键工序、重要工序的质量控制。就航空产品而言,对这类工序的控制要求十分严格。航空企业都必须按照国家颁布的标准及军工产品质量管理条例要求，在生产中要加强工序的关键件、重要件制造中的严审工作，以确保产品质量。企业在生产制造过程中要进行严格的生产管理和周密的工序质量控制，尤其是关键工序、重要工序的质量控制。这类控制很适合于研制和批量生产的军民用品的工序控制。其方法是：

（1）工艺规程的编制。根据企业工艺管理特点，采用细化工艺堆积编制方法，把关键或重要图纸尺寸、技术要求写入工序名称栏内，工序图纸中的关键尺寸、重要尺寸或其他技术要求（如形状、位置公差标量），在该尺寸旁加盖"关键"或"重要"印记。同时要明确工具、夹具、量具、模具的使用及产品检测要求，必要时增订"内控标准"，纳入工艺规程。

（2）关键工序、重要工序工艺资料的更改与试机。要求更改慎重，其审批比一般工序规定提高一级；采用新工艺、新技术时必须经过技术鉴定，其鉴定结论认为可行时方可纳入工艺规程。

（3）关键工序、重要工序必须实行"三定"，即定人员、定设备、定工序。实行"三定"前要对操作者进行应知应会上岗考核，只有取得上岗合格证时方可上岗。

（4）工具、夹具、量具、模具处于良好工作状态，工位器具配套齐全、适用，温度、湿度和环境符合生产规定。

（5）严格批次管理。批次管理是指产品从原材料投入到交付出厂的整个生产制造过程中，实行严格按批次进行的科学管理，它贯穿于产品生产制造的全过程。搞好批次管理，能确保产品从原材料进厂到出厂交付的每个环节，做到"五清六分批"。五清指批次清、数量清、质量清、责任清、生产动态清；六分批指分批投料、分批加工、分批转工、分批入库、分批保管、分批装配。这样就能使在制品在周转过程中工序不漏、数量不差、零件不混，一旦发生质量问题能够迅速准确地查出原因，把返修报废的数量和用户使用的影响限制在最低程度。

（6）检验人员必须执行《企业质量手册》的有关规定，严格首件检验、巡回检查和总检，并监督操作者严格按工艺文件规定进行操作、测量和填写图表，对不执行者，有权拒绝检查和验收。

二、质量波动

1. 质量波动简介

质量波动是指产品制作与加工过程中，质量特性数值大小不一的状况。人们早就发现，在生产制造过程中，无论工艺条件多么严格一致，环境多么理想，生产出绝对相同的两件产品是不可能的，无论付出多大努力去追求绝对相同的目标，也是徒劳的。它们总是或多或少存在着差异，正如自然界中不存在两个绝对相同的事物一样。这就是质量波动的固有本性——波动性，也称变异性。质量产品质量特性的波动分为正常波动和异常波动。

正常波动，是允许范围内的质量波动。正常波动在每个工序中是经常发生的，对于产品的质量影响不大，也不易识别和消除。引起正常波动的影响因素很多，诸如机器的微小振动，原材料的微小差异等。在工序中，尽管每个产品的质量结果不相同，但从总体上看，其质量波动趋势可以用某种统计分布来进行描述。当工序质量处于正常波动时，我们说工序是处于正常控制之中，此时的工序生产性能是可以根据质量波动情况进行预测的。

异常波动，是必须克服的质量波动。工序中的异常波动是由某种特定原因引起的，它会使生产过程失控，导致产品质量引起极大波动。这种特定原因有时也称为异因，例如刀具急剧磨损、设备突然产生故障、工人误操作等都可直接导致异常波动。

异常波动，常由突发性因素引起，应当即时识别和消除。有时，正常波动也可能累积转化为异常波动，所以应当通过工序质量控制，维持正常波动在适度的范围内。

案例　轴的加工波动来源

质量加工项目：直径。

波动源：机器的老化，刀具的磨损，毛坯的差异，电压的波动，操作者的生理、心理波动，操作场所的温度，光线差异，测量者的测量水平等。

2. 质量波动的原因

要达到控制质量的目的，自然要研究质量波动的原因，这样，控制才有针对性。所以，研究变异的原因，就是寻找变异的根源，确定控制的对象。

质量波动的原因可以从来源和性质两个不同的角度加以分析。

1）按质量波动来源的分类

引起质量波动的原因通常概括为"4M1E"，即材料、设备、方法、操作者、环境。

2）按质量波动性质的分类

引起质量波动的原因按性质可以分为偶然性原因和系统性原因两类。

（1）偶然性原因。

偶然性原因是一种不可避免的原因，经常对质量波动起着细微的作用，这种原因的出现带有随机性，其测度十分困难，因此不易消除。例如，同批材料内部结构的不均匀性表现出的微小差异，设备的微小振动，刀具的正常磨损，以及操作者细微的不稳定性等。显然，它们是不容易识别和不容易消除的。在产品的制造过程中会遇到大量偶然性因素的影响，因为现实中不可能有绝对完全相同的条件，那么，微小的变化就是不可避免的。所以，也称偶然性原因为正常原因。

（2）系统性原因。

系统性原因是一种可以避免的原因。在生产制造过程中，出现这种因素，实际上生产过程已经处于失控状态。因此，这种原因对质量波动影响程度大，但容易识别，可以消除。例如：使用了不合规格标准的原材料，设备的不正确调整，刀具的严重磨损，操作者偏离操作规程等。

这些情况容易被发现，采取措施后可以消除，使生产过程恢复受控状态。所以，也称系统性原因为异常原因。

应该说，偶然性原因和系统性原因也是相对而言的，在不同的客观环境下，二者是可以互相转化的。例如，科技的进步可以识别一些材料的细微不均匀性，那么这种可以测度的差异超过一定限度就被认为是系统性原因，视为异常，不再是正常的偶然性原因了。于是便可以在识别后加以纠正。这当然要根据实际需要来划分二者的界限。

案例　硬度为什么会波动呢？

某电器生产企业面临一个严重的问题：合作单位来电说车间生产的电子产品外壳有的硬

度不足。经过车间讨论,认为以前没有测试硬度,强调今后产品必须先经过硬度检测后才能出厂。为了保证产品的硬度,厂方专门购置了硬度测试仪,对每一批产品出厂时进行硬度检测。检测下来,发现有的外壳确实硬度不足。经过再一次讨论,大家认为可能是来料存在问题。于是对每一批进料进行了检测,同时规定进料也必须经过硬度检测后才能进入加工生产车间,可是生产出的产品依然存在问题。由于这种质量问题又没有太明显的规律,厂长只好请来质量博士进行咨询。

质量博士查看了车间出现问题的那些电子外壳的一些记录数据,又查看了车间对一些不合格品的试验数据,他又要来了电子外壳板料的来料检查记录,突然他明白了症结所在。质量博士问进料人员:"你是如何检测板料硬度的?"进料人员说:"按照惯例,厂家送来的板料质量还是可以的。现在有了检测设备,我们是从每一层板料中任意的位置剪下一块进行硬度测量,如果硬度测量结果在我们规定的范围内我们就接受,如果不在规定的范围内我们就不收。"质量博士又问:"你们一般测量几次呢?"进料员回答说:"一般一次,当测量出现不合格时,就再测量一次。"

质量博士把车间主要负责人召集来,就产品质量问题做了分析:"产品硬度出现不合格,问题在原料上。一般来说,只对原料进行一次测试,测量时出现的问题就容易遗漏。当进料员测得的是正确的结果,产品也就没有什么问题。但当进料员测量错误时,此时,可能会有两种情况,一种是把合格的测成不合格的,另一种情况就是把不合格的当成了合格的。在生产中出现产品硬度不够,应该就是把不合格的来料当成了合格的来用,并直接进入车间。"大家听了恍然大悟,一下子就明白了:"对啊,就是这个原因。""我们认为板料厂家出厂时先进行了检验,应该没问题了,我们购置了检测设备,更应该高枕无忧了,认为来料只检测一次就行了,没想到来料中还存在问题,只测量一次很容易把不合格的板料放进来。"

"那应该怎么办呢?",质量博士笑眯眯地问。车间主任说:"最少要测量3次以上,才能大大减少测量出错的可能!"

【自检】
在班级管理中,影响班级上课纪律的原因有哪些?
___
___
___
___
___

3. 产品质量的统计观点

产品质量的统计观点是现代质量管理的一个基本观点。传统质量管理与现代质量管理的一个重要差别就在于后者引入了产品质量的统计观点。它包括下列内容:

(1)产品质量的变异性。产品质量是操作人员在一定的环境中,运用机器设备,按照规定的操作方法,对原材料加工制造出来的。由于这些质量因素在生产过程中不可能保持不变，故产品质量必定会受到一系列质量因素的影响而在生产过程中不停地变化着，这就是产品质量的变异性。

（2）产品质量变异的统计规律性。产品质量的变异是具有统计规律性的。在生产正常的情况下，对产品质量的变异经过大量调查分析后，可以应用概率论与数理统计方法，来精确地找出质量变异的幅度，以及不同大小的变异幅度出现的可能性，即找出产品质量的统计分布。这就是产品质量变异的统计规律。在质量管理中，计量质量特性值常见的分布有正态分布等，计件质量特性值常见的分布有二项分布等，计点质量特性值常见的分布有泊松分布等。掌握了这些统计规律的特点与性质，就可以用来控制与改进产品的质量。

现代质量管理不再把产品质量仅仅看成是产品与规格的对比，而是辩证地把产品质量看成是受一系列因素影响并遵循一定统计规律在不停地变化着的，这种观点就称为产品质量的统计观点。

三、质量分布

产品质量虽然是波动的，但正常波动是有一定规律的，即存在一种分布趋势，形成一个分布带，这个分布带的范围反映了产品精度。产品质量分布可以有多种形式，如平均分布、正态分布等。

1. 正态分布

正态分布是一个最普遍、最基本的分布规律。实践证明，在正常波动下，大量生产的产品质量分布趋势服从质量正态分布（见图 5-1）。正态分布图形是一条中间高、两头低的"钟形"状态曲线，它具有对称性、集中性等特点。

在质量管理中，常见的、应用最广的连续变量的分布为正态分布。例如，轴径的加工尺寸、化工产品的化学成分等质量特性值都服从正态分布。

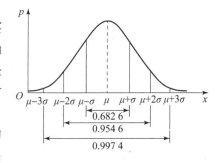

图 5-1 正态分布曲线

2. 正态分布的主要特点

（1）正态分布有两个参数，即均值 μ 和标准差 σ。均值 μ 决定正态曲线的中心位置；标准差 σ 决定正态曲线的陡峭或扁平程度。σ 越小，曲线越陡峭；σ 越大，曲线越扁平。

（2）对称性：正态曲线以均值为中心，左右对称，曲线两端永远不与横轴相交。

（3）集中性：正态曲线的高峰位于正中央，即均值所在的位置。

（4）均匀变动性：正态曲线由均值所在处开始，分别向左右两侧逐渐均匀下降。

（5）正态曲线下面积分布有一定规律。

曲线与横坐标轴围成的面积为 1。实际工作中，还需要了解正态曲线下横轴上某一区间的面积占总面积的百分数，以便估计该区间的例数占总例数的百分数（频数分布）或观察值落在该区间的概率。

标准正态分布时区间 $(\mu-\sigma, \mu+\sigma)$ 的面积占总面积的 68.26%；

标准正态分布时区间 $(\mu-2\sigma, \mu+2\sigma)$ 的面积占总面积的 95.46%；

标准正态分布时区间 $(\mu-3\sigma, \mu+3\sigma)$ 的面积占总面积的 99.74%。

正态分布规律是概率论里的一个概念。大家通过这样的一个现象可以很容易理解什么是正态分布规律，比如人们身高的规律就很符合正态分布规律，意思就是像姚明一样个子特别高的人很少，而个子特别低的人也一样很少，中等个子的人最多。同样，人的体重、人的智商表现、人体中红血球的含量、人的寿命等都是符合正态分布规律的。

正态分布在自然界中处处存在。生产中，电子管的寿命、零件的尺寸、铁水中含碳量等都符合正态分布规律。在地文中，如一年的水位、一年的温度、相似环境下农作物的产量等也都符合正态分布规律。可以说，正态分布规律处处存在。

【自检】
你所知道的正态分布规律现象还有哪些？

_____
_____
_____
_____
_____

第二节　工序分析与工序控制

在日本，河豚被奉为"国粹"，深受日本人的推崇。河豚肉质细腻，味道极佳，但毒性极强，处理不慎就有可能致人死亡。在中国长江三角洲，有"拼死吃河豚"之说，每年中毒、死亡者都达上千人，所以在吃河豚之前，总要由饭店的人先试尝一下。但日本却很少有中毒、死亡的事情，那是因为他们具有十分严格的加工程序，一名河豚厨师上岗前至少要接受两年的严格培训，考试合格以后才能从事此行业；在烹饪过程中，每条河豚需要执行30道工序，一个熟练厨师也要花20分钟才能完成。如果全部由加工厨师自己加工烹饪河豚，而且烹饪过程也没有严格的工序，其后果可想而知。

不同的加工过程，工序分析和执行都相当的重要，严格的工序分析是提高质量的关键。

一、工序分析

1. 工序分析的定义

工序分析是以工序为分析单位对对象物品（材料、半成品、产品、副材料等）经过什么样的路径（按照发生的顺序分为加工、搬运、检查、停滞、存放），与各工序的条件（加工条件、经过时间、移动距离等）一起进行分析的一种方法。

生产工序分析是基本的分析方法，必须要了解生产活动中的每一个实际阶段。由输入材料直至最后制成产品的工序，可划分为生产、检验、传送及储存四个阶段，这四个阶段可根据工序次序表示出来。

2. 工序分析的目的

工序分析的基本目的是为了改善生产工序，也可以说是为了改善工序管理系统。工序分析是质量管理的一项重要的技术基础工作，它有助于掌握各道工序的质量保证能力，为产品设计、工艺、工装设计，设备的维修、调整、更新、改造提供必要的资料和依据。

3. 工序分析的类型

工序分析分为一般工序分析、重点工序分析和关键工序分析。

一般工序分析是为了掌握整个工序的情况而进行的分析，又分为详细工序分析和简单工序分析。详细工序分析是指在改善生产方法（工序，工序顺序）或者编制作业流程中，对详细工序项目进行调查分析的方法。简单工序分析是表示产品整体的工序系列或者相互关系，以工序顺序为中心，为掌握整体性的生产方法而进行的分析。

重点工序分析是对顾客经常抱怨、出现废品率高、与配合尺寸较密切的工序而进行的分析。

关键工序分析是对产品质量形成中最易影响产品质量的工序进行的分析。不同的行业的关键工序不同，例如印制电路板是电子行业的关键工序之一。很多电子产品精密图像的制作主要依靠印制电路板，但随着器件的微型化、多功能化和电子封装技术的飞速进展，印制电路设计更趋向于向高密度化、高精度、高可靠和窄间距、细线条、微孔化方向发展，也使印制电路板的制造技术难度更高，此道工序也就特别关键。

二、工序控制

1. 工序控制简介

工序控制是用以分析和控制工序质量的技术知识的整体，其中包括直接对整个生产过程中材料、零件、部件及装配件的质量进行控制的知识。工序控制分为工序质量分析、工序过程控制、工艺纪律的贯彻、质量效果的审核等。

工序控制分析的目的和方法主要有：

（1）确定工序能力，主要方法是机器和工序能力分析、工序可靠性成熟程度分析、检测手段能力与再现性分析。

（2）确定对计划值的符合程度，主要方法是生产结果分析、质量保证检验、非破坏性检验与评价、产品试验、筛选检验以及进厂材料试验、检验和实验室分析。

（3）确定波动的原因，主要方法是工序波动分析和质量成本变动情况分析。

（4）识别不合格的原因，主要方法是试验数据分析、废品和返工分析、现场投诉分析。

2. 工序质量控制的定义

国际标准 ISO 8402：1994 定义质量控制为：为满足质量要求所采取的作业技术和活动。国家标准 GB/T 6583—1994 对质量控制的定义为：为保持某一产品、过程或服务质量，满足规定的质量要求所采取的作业技术活动。

工序质量控制，就是对工序活动条件的质量控制和对工序活动效果的质量控制。

实行工序质量控制，是生产过程中质量管理的重要任务之一，工序控制可以确保生产过程处于稳定状态，预防次品的发生。如果一个高速精密的工序控制不当，生产出的无用的废品马上就会堆积成山；如果产品稍微不符合生产标准，就会在后面的复杂装配工序中造成很大的麻烦，并因拆卸、替换部件而造成巨大的损失。

3. 工序质量控制的内容

进行工序质量控制时，应着重于以下四个方面的工作。

（1）对工艺规程的控制。严格执行施工工艺和操作规程，是确保工序质量的前提。工艺规程是根据零件的具体要求，在保证加工质量，提高生产效率和降低生产成本的前提下，对零件上的各加工部分选择适宜的加工方法。工艺规程能合理地安排加工顺序，科学地拟定加工工艺过程，只有按工艺规程对零部件进行加工操作，才能保证产品质量。

（2）对工序活动条件的控制。工序活动条件主要是指影响质量的人、机、料、法、环五大影响因素。只要将这些因素切实有效地控制起来，使它们处于被控制状态，避免系统性因素变异发生，就能保证每道工序质量正常、稳定。

案例 态度影响工序质量

一家著名美国企业的总裁到一家著名日本企业参观学习时表示：我们的产品保证质量的关键在于30%的技术加70%的态度。日本企业的老板则说：我们保证产品质量的关键在于10%的技术加90%的态度。在美国有一家汽车配件供应商使用同一条生产线同时为美国一家汽车公司和一家日本在美企业供应零部件，这家企业进行过程质量控制，结果发现，为日本企业生产的产品的质量波动范围明显小于为美国企业生产的产品的质量波动范围。通过深入调查分析才发现，原因在于企业员工从内心认为日本企业对质量要求严格，因而加工时不敢大意，工作时认真、注意力相对集中，从而使加工的零件质量有了保证。可见，态度观念也影响工序质量。

（3）计量及测试的控制。计量及测试是检验工序质量是否符合标准的尺度。为此，必须加强质量检验工作，对质量状况进行综合统计与分析，及时掌握质量动态。一旦发现质量问题，随即研究处理，使工序活动效果的质量，自始至终满足规范和标准的要求。

（4）对关键工序的控制。对关键工序的控制主要指对具有特殊要求的工序进行强化管理，使工序处于受控状态。强化管理可采用在文件中设置要求、在生产中设置标识牌、在检测时多人控制等方法。

案例 关键工序的控制

一家叫卡姆科的加拿大家电公司，该公司花了一年的时间，运用传统的手段，想找到一种解决因炉灶面坚硬度差而导致大量废品的方法。据卡姆科公司的"黑带大师"克里斯·米切尔说："在装配过程中，我们试过好几种方法，这些方法一开始似乎很有道理，但最后都经不起试验，还使我们蒙受了不少经济损失。"接着"绿带"博士马丁花了8个月的时间运用六西格玛（6δ）来解决这个问题。他和同事们试验了10种不同原因的组合，用14种方法进行了试验。待计算机得出结果后，马丁采用"主效图形分析"和"图形分析"确诊出了这些关键工序误差的根源。关键工序之一是在搪瓷烧结的烤箱中，悬挂零件的方式有误；关键工序之二是炉灶正反两面搪瓷比例不当。通过严密控制这些关键工序过程，每年为公司节省了50万美元，并大大地提高了产品质量。

三、统计过程控制

1. 统计过程控制简介

质量大师朱兰曾说过:"21世纪是质量的世纪。"在质量管理中我们常听说的一个概念就是SPC,SPC作为一种非常有效的品质工具在全世界被广泛应用。

SPC(Statistical Process Control)就是指统计过程控制,它是使用统计技术(如控制图等)来分析过程或其输出的工具。SPC就是应用统计技术对过程中的各个阶段进行监控,从而达到保证与改进质量的目的。SPC强调全过程的预防。

当过程仅受随机因素影响时,过程处于统计控制状态(简称受控状态);当过程中存在系统因素的影响时,过程处于统计失控状态(简称失控状态)。由于过程波动具有统计规律性,当过程受控时,过程特性一般服从稳定的随机分布;而失控时,过程分布将发生改变。SPC正是利用过程波动的统计规律性对过程进行分析控制的,它主要利用数理统计原理,通过检测数据的收集和分析,找出质量问题产生的原因,及时采取适当的措施,消除异因,改进过程能力,维持工序状态稳定,有效控制生产过程,不断改进产品质量。

SPC是企业提高品质管理水准的有效方法,它强调过程在受控和有能力的状态下运行,从而使产品和服务稳定地满足顾客的要求。

2. SPC的发展简史

过程控制的概念与实施过程监控的方法早在20世纪20年代就由美国的休哈特(W. A. Shewhart)提出。今天的SPC与当年的休哈特方法并无根本的区别。

20世纪20年代,休哈特在贝尔实验室工作时,发现过程的数据会形成特定的图形,一个特定的图形一般对应着一个特定过程。休哈特发现一般的过程图形是由那些隐藏在过程背后的,影响该过程的一些原因或变量随机变化而导致的,由于这些原因在过程当中普遍存在,所以称为普通原因。例如当温度、压力、速度和拧紧螺丝的力矩等方面存在波动时,导致人们从来没有真正用同一个力矩拧紧过一个螺丝,所以形成的图形不是一个绝对稳定的图形。

而当过程的输出图形发生变化时,一定是由于过程的零件、参数、系统原因等出现了变化。这些偶然的特殊原因并不是系统本身所固有的,不能同等地影响系统输出,所以图形产生了异变。

休哈特的控制图是基于统计原理的,通过分析图形随时间的变化,跟踪过程变化,从而帮助我们有效地判断过程是否稳定,过程是否只受普通原因的随机变化影响,或是受到系统中新的特殊原因影响,这就是SPC的由来。

在第二次世界大战后期,美国开始将休哈特方法在军工部门推行。但是,上述统计过程控制方法尚未在美国工业牢固扎根,第二次世界大战就已结束。战后,美国成为当时工业强大的国家,没有外来竞争力量去迫使美国公司改变传统方法,只存在美国国内的竞争。由于美国国内各公司都采用相似的方法进行生产,竞争性不够强,于是过程控制方法在1950—1980年这一阶段内,逐渐从美国工业中消失。

反之,第二次世界大战后经济遭受严重破坏的日本在1950年通过休哈特早期的一个同事戴明(W. Edwards Deming)博士,将SPC的概念引入日本。从1950—1980年,经过30

年的努力，日本一跃而居世界质量与生产率的领先地位。美国著名质量管理专家、伊阿华州立大学（Iowa State University）的伯格（Roger W. Berger）教授指出，日本成功的基石之一就是SPC。

在日本强有力的竞争之下，从20世纪80年代起，SPC在西方工业国家复兴，并列为高科技之一。美国从20世纪80年代起开始推行SPC。美国汽车工业大规模推行了SPC，如福特汽车公司、通用汽车公司、克莱斯勒汽车公司等；美国钢铁工业也大力推行了SPC，如美国LTV钢铁公司、内陆钢铁公司、伯利恒钢铁公司等。

3. SPC的发展趋向

SPC源于20世纪20年代，以美国休哈特博士发明控制图为标志。自创立以来，即在工业和服务等行业得到推广应用，第二次世界大战中美国将其制定为战时质量管理标准，当时对保证军工产品的质量和及时交付起到了积极作用；自20世纪50年代以来，SPC在日本工业界的大量推广应用，对日本产品质量的崛起到了至关重要的作用；20世纪80年代以后，世界许多大公司纷纷在自己内部积极推广应用SPC，而且对供应商也提出了相应要求。现今，在ISO 9000以及QS 9000（主要用于汽车行业）中也提出在生产控制中应用SPC方法的要求。

SPC于1950年从美国引入日本，在日本得到大力推广。经过30多年的努力，日本的质量和生产率已处于国际领先，美国和日本的产品质量的差距日益明显。以汽车零件的不合格率为例，北美的汽车零件不合格率为1%～4%，而日本为0.001%，仅此一项，北美的汽车装配线现场零件的储备就达10亿美元。所以，美国的质量管理学者说：日本成功的基石之一就是SPC。

传统的SPC系统中，原始数据是手工抄录，然后人工计算、打点描图。随着计算机在企业的普及，SPC越来越接近无纸化、信息化，采用人工输入计算机，然后再利用专用软件进行统计分析，生成各种控制图表。对于数据的调用和及时性也比传统的有很大的改善，工程或质量人员在办公室中通过计算机就能够及时了解到生产过程中每个控制点的控制状态。

SPC虽然能对过程的异常进行告警，但是它并不能告诉我们是什么异常，发生于何处，即不能进行诊断。1980年，我国质量管理专家张公绪提出选控控制图系列。选控图是统计诊断理论的重要工具，它奠定了统计诊断理论的基础。1982年，张公绪又提出了"两种质量诊断理论"，突破了传统的休哈特质量控制理论，开辟了质量诊断的新航向。此后，我国又提出"多元逐步诊断理论"和"两种质量多元诊断理论"，解决了多工序、多指标系统的质量控制与质量诊断问题。从此，SPC上升为SPD。SPD即统计过程诊断SPD（Statistical Process Diagnosis），它是利用统计技术对过程中的各个阶段进行监控与诊断，从而达到缩短诊断异常的时间，以便迅速采取纠正措施，达到减少损失、降低成本、保证产品质量的目的。

SPCDA是Statistical Process Control, Diagnosis and Adjustment的简称，即统计过程控制、诊断与调整，它能控制产品质量，发现异常并诊断产生异常的原因，自动进行调整。SPCDA是SPC发展的第三个阶段，目前尚无实用性成果。

4. SPC的作用

SPC给企业各类人员都带来了好处。对于生产第一线的操作者，可用SPC方法改进他们的工作；对于管理干部，可用 SPC 方法消除在生产部门与质量管理部门间的传统的矛盾；对于领导干部，可用 SPC 方法控制产品质量，减少返工与浪费，提高生产率，最终可增加上缴利税。

SPC 强调全过程监控、全系统参与，并且强调运用科学方法（主要是统计技术）来保证全过程的预防。正是它的这种全员参与质量管理的思想，实施 SPC 可以帮助企业在质量控制上真正做到事前预防和控制，SPC 可以：

（1）对过程做出可靠的评估。

（2）确定过程的统计控制界限，判断过程是否失控和过程是否有足够能力。

（3）为过程提供一个早期报警系统，及时监控过程的情况以防止废品的发生。

（4）减少对常规检验的依赖性，定时的观察以及系统的测量方法替代了大量的检测和验证工作。

SPC 作为质量改进的重要工具，不仅适用于工业过程，也适用于服务等一切过程性的领域，如管理过程（如产品设计、市场分析等）。在过程质量改进的初期，SPC 可以帮助确定改进的机会；在改进阶段完成后，可用 SPC 来评价改进的效果并对改进成果进行维持，然后在新的水平上进一步开展改进工作，以达到更强大、更稳定的工作能力。

案例　SPC 产生的效益

某食品公司，其主要产品是糖果。该公司每月生产 4 000 万颗糖果。在生产过程中由于量大，测量不便，又担心产品达不到标准重量而引起消费者投诉与索赔，所以在设定每颗糖果重量基准时要比标准重量重 0.1~0.2 克，这样一个月多用去材料 500 万克左右，一年下来原材料浪费高达近 100 万元。后经研究，决定采用 SPC 软件进行质量管理，通过控制生产过程的稳定，控制每颗糖果生产时的重量维持在一个稳定的状态，达到与标准重量保持一致。由于生产过程稳定，生产出的糖果重量均在规定要求范围内，并且无须超重，这样每颗糖果的成本降低 0.002 元，每月节省成本达到 8 万元，一年可节省成本 96 万元，效果非常明显。

5. SPC 的实施

实施 SPC 分为两个阶段，一是分析阶段，二是监控阶段。首先用 SPC 工具对过程进行分析（如绘制分析用控制图等），然后根据分析结果采取必要措施（如消除过程中的系统性因素，减小过程的随机波动，以满足过程能力的需求）。其次是用控制图对过程进行监控。

SPC 的具体实施过程可采用如下步骤。

（1）识别关键过程。

关键工序对产品质量的好坏起到至关重要的作用。SPC 控制图应首先用于关键工序，而不是所有的工序。例如某轴的直径需经过车削与磨削，由于轴直径的尺寸及精度主要取决于磨削加工，所以关键工序就是磨削加工。

实际中，对每道工序都要进行分析，找出对最终产品影响最大的变量，即关键变量。如美国 LTV 钢铁公司共确定了大约 20 000 个关键变量。

（2）确定过程关键变量（特性）。

对关键过程进行具体分析，找出对产品质量影响最大的变量（特性），列出过程控制网图,对每个关键变量建立过程控制标准,并填写过程控制标准表(见表 5-1)。所谓过程控制网图即在图中按工艺流程顺序将每道工序的关键变量列出。

表 5-1 过程控制标准表示例

所在车间		控制点		控制因素		文件号		制定日期	
控制内容									
过程标准									
控制理由									
测量规定									
数据报告途径									
控制图									
纠正性措施		有无建立控制图		控制图类型		制定者制定日期		批准者批准日期	
操作程序									
审核程序									
制定者			审核者				审核日期		

(3)制定过程控制计划。

编制控制标准手册,在各部门落实。将具有立法性质的有关过程控制标准的文件编制成目标明确、通俗易懂、便于操作的手册,便于各道工序的使用。如美国 LTV 公司共编了 600 本上述手册。

(4)过程数据的收集、整理。

(5)过程受控状态初始分析。

采用分析用控制图分析过程是否受控和稳定。如果发现不受控或有变差的特殊原因,应采取措施,保证过程稳定受控。

(6)过程能力分析。

只有过程是受控、稳定的,才有必要分析过程能力,当发现过程能力不足时,应采取措施,消除异因。

(7)控制图监控。

进入 SPC 实施阶段,主要应用控制图对过程进行监控。若发现问题,则需对上述控制标准手册进行修订,及时反馈。只有当过程是受控、稳定的,过程能力足够,才能采用监控用控制图。在监控过程中,当发现有异常时,应及时分析原因,采取措施,使过程恢复正常。对于受控和稳定的过程,也要不断改进,减小变差的普通原因,提高质量,降低成本。

推行 SPC 的效果是显著的。如美国 LTV 公司 1985 年实施了 SPC 后,劳动生产率提高了 20%以上。

6. SPC 常用术语解释

SPC 常用术语解释见表 5-2。

表 5-2 SPC 常用术语

名　称	解　释
平均值（$\bar{x}$）	一组测量值的均值
极差（Range）	一个子组、样本或总体中最大与最小值之差
σ（Sigma）	用于代表标准差的希腊字母
标准差（Standard Deviation）	过程输出的分布宽度或从过程中统计抽样值（例如子组均值）的分布宽度的量度，用希腊字母 σ 或字母 S（用于样本标准偏差）表示
分布宽度（Spread）	一个数据组分布中从最小值到最大值之间的间距
中位数 X	将一组测量值从小到大排列后，中间的值即为中位数。如果数据的个数为偶数，一般将中间两个数的平均值作为中位数
单值（Individual）	一个单个的单位产品或一个特性的一次测量，通常用符号 X 表示
过程均值（Process Average）	一个特定过程特性的测量值分布的位置即为过程均值
移动极差（Moving Range）	两个或多个连续样本值中最大值和最小值之差

【自检】

你认为教师讲授过程、学生学习过程、校长管理过程、教材呈现过程哪一个是教育过程中的关键过程？

第三节　工序能力与工序能力指数

一、工序能力

1. 基本知识

产品质量容易受到生产过程状态的影响，而生产过程状态受到"4M1E"的影响。其综合效果反映了产品质量特性值的分布情况。当"4M1E"受到完善的管理和控制时，通常已经消除了系统性原因的影响，仅存在偶然性原因的影响。这时，综合影响效果的质量特性值的概率分布，反映了工序的实际加工能力。

1）工序能力的概念

工序能力是指工序在一定时间里，处于控制状态（稳定状态）下的实际加工能力。 工序能力能反映生产过程中，在一定时间内处于统计控制状态下制造产品的质量特性值的经济波动幅度，所以又叫加工精度，用 B 表示。

2）工序能力的体现

工序满足产品质量要求的能力主要表现在：

（1）产品质量是否稳定。

（2）产品质量精度是否足够，在稳定生产状态下，影响工序能力的偶然因素的综合结果应近似地服从正态分布。

若 $B = 2\sigma$，则合格品率为 68.26%。

若 $B = 4\sigma$，则合格品率为 95.46%。

若 $B = 6\sigma$，则合格品率为 99.74%。

若 $B = 8\sigma$，则合格品率为 99.994%。

从上可知，当分布范围取 $\mu \pm 3\sigma$ 时，产品质量合格的概率可达 99.7%，那么，即可视为工序过程是受控的。

对于任何生产过程，产品质量总是分散地存在着。B 值越小，说明工序的实际精度越高，工序能力越高；反之，若工序能力越高，则产品质量特性值的分散就会越小；B 值越大，说明工序的实际精度越差，工序能力越低；反之，若工序能力越低，则产品质量特性值的分散就会越大。

工序能力是工序固有的能力，或者说它是工序保证质量的能力。它是用来衡量工序加工内在一致性的指标，从兼顾全面性和经济性的角度，一般用标准偏差的 6 倍来表示，即 $B = 6\sigma$。目前世界上大部分国家都采用了 6σ 作为控制界限，实现过程控制或作为过程能力评价的标准。6σ 的产品合格率为 99.73%，不合格率为 0.27%，这也就是质量管理中有名的六西格玛。

2. 影响工序能力的因素

同一过程生产出来的产品，其特性不可能完全相同，因为过程中存在变差源，这些因素的存在使产品差异也许很大，也许很小，也直接影响了工序能力。从实际中分析得出，影响工序能力的因素主要为"4M1E"。

任何加工制造过程和工序都存在着 4M1E 这样的因素，而且一种或少数几种因素占支配地位的情况到处可见。在众多影响最终质量的因素中起决定全局或占支配地位的因素称为主导因素。根据专业技术知识和经验，人们一般可以从各种影响因素中识别出主导因素来。例如，在冲压加工中，模具是占支配地位的主导因素。因为在一般条件下，模具的质量决定了冲压零件的外形和尺寸精度。当然对于复杂成型压力加工工序，不仅受模具影响，而且工艺参数（压力大小、工作速度、成型次数等）也起主导作用。在制造过程中我们可以运用主导因素这一概念，分别根据不同工序的情况，采取切实有效的防护和控制措施，从而达到保证制造质量的目的。

3. 工序能力分析的意义

工序能力分析是保证产品质量的基础工作，只有工序达到一定的能力，才可保证加工精度，保证加工的质量符合要求。通过分析工序能力，改进工序过程，可逐步使工序能力不足变为合适。此外，通过分析工序能力，可找出影响工序能力的因素，为改进质量提供明确方向。

案例　工序能力不足的原因

数控专业学生，都要在普通车床上学习加工轴类零件。某老师发现同学们在实习中，加工轴的外径和孔的内径不合格的较多，工序能力明显不足。由于车床是新买的，能够保证加工精度，学生们的加工方法也正确。那么，究竟是什么原因导致这种情况产生呢。该老师收集了同学们加工尺寸相关数据标本，对数据进行分析研究，通过分析得知：原来在轴的加工生产过程中，同学们害怕出废品，加工轴时，担心车削多了，从而使轴的外径尺寸偏大；加工零件中孔的尺寸时，又怕孔被加工大了，导致孔径往往又偏小。在这种怕大怕小错误思想的指导下加工，影响了零件的质量，严重时就产生了不合格品，导致整体工序能力不足。

二、工序能力指数

1. 工序能力指数的概念

工序能力是表示生产过程质量特性值客观存在的分散的一个参数，但是这个参数能否满足产品的技术要求，仅从它本身还难以看出。因此，还需要另一个参数来反映工序能力满足产品技术要求（公差、规格等质量标准）的程度，这个参数就叫作工序能力指数。**工序能力指数是技术要求和工序能力的比值。**

当分布中心与公差中心重合时，工序能力指数记为 C_p。当分布中心与公差中心有偏离时，工序能力指数记为 C_{pk}。运用工序能力指数，可以帮助我们掌握生产过程的质量水平。C_p 值越大，表明加工精度越高，但相应的加工成本也越高，所以对于 C_p 值的选择应根据技术要求与经济性综合考虑来决定。

2. 工序能力指数的计算

根据定义，工序能力指数 = 技术要求/工序能力。

（1）当工序处于稳定状态时，工序分布中心与公差中心无偏移时，工序能力指数 C_p 的计算公式是：

$$C_p = \frac{T}{B} = \frac{T}{6S}$$

式中　C_p——工序能力指数；
　　　T——技术标准范围；
　　　B——工序能力；
　　　S——样本标准偏差。

案例　工序能力指数的计算

某企业生产某零件，要求外径尺寸为 $\phi 15^{-0.05}_{-0.10}$ mm。现抽查 100 件，经计算 $\overline{X}$ = 14.925 mm，标准偏差 S = 0.008 2 mm，试计算和判断其工序能力指数。

解：T_U = 15 − 0.05 = 14.95(mm)，T_L = 15 − 0.10 = 14.90(mm)
公差中心 $T_M = (T_U + T_L)/2 = (14.95 + 14.90)/2 = 14.925$(mm)

因为公差中心 T_M 与分布中心 $\bar{X}$ 一致,所以工序能力指数

$$C_p = \frac{T}{6S} = (14.95 - 14.90)/(6 \times 0.008\,2) = 1.02$$

根据工序能力指数标准,此工序能力尚可。

(2) 当工序分布中心与公差中心有偏移时,工序能力指数 C_{pk} 的计算公式为

$$C_{pk} = \frac{(T - 2\varepsilon)}{6S}$$

式中　ε——中心值的绝对偏离量,$\varepsilon = |\bar{X} - (T_U + T_L)/2|$。

案例　C_{pk} 的求法

一批零件标准偏差 $S = 0.4$ mm,尺寸要求为 (60 ± 1.2) mm,零件实际尺寸值 $\bar{X} = 60.48$ mm,求 C_{pk} 值,并判断工序能力,提出对应措施。

解：$T_U = 60 + 1.2 = 61.2$(mm),$T_L = 60 - 1.2 = 58.8$(mm)

公差中心 $T_M = (T_U + T_L)/2 = 60$(mm)

因为 $\bar{X} = 60.48$ mm,说明工序分布中心与公差中心有偏移,所以要计算 C_{pk} 的值。

$$T = T_U - T_L = 61.2 - 58.8 = 2.4(\text{mm})$$

$$\varepsilon = |\bar{X} - (T_U + T_L)/2| = |X - T_M| = |60.48 - 60| = 0.48(\text{mm})$$

$$C_{pk} = (2.4 - 2 \times 0.48)/(6 \times 0.4) = 0.6$$

根据工序能力指数标准,说明工序能力不足,一般应停止加工,找出原因,改进工艺,提高 C_{pk} 值。否则,应全数检验,挑出不合格品。

3. 工序能力指数的作用

工序能力指数表明在现有工序条件下,对所要求的质量规格的保证能力,据此可采取相应对策,调整工序能力或提高工序经济性。无偏情况下的 C_p 表示过程加工的一致性,即"质量能力",C_p 越大,则质量特性值的分布"越苗条",质量能力越强。而有偏情况的 C_{pk} 表示过程中心 μ 与中心 T_U 偏移情况下的过程能力指数,C_{pk} 越大,则二者偏离越小,也即过程分布中心对规范中心越"瞄准",是过程的"质量能力"与"管理能力"二者综合的结果。

工序能力指数的一般取值范围是 1~1.33,太大则不经济,太小则不能保证质量(见表 5-3)。

表 5-3　工序能力等级评定表

范围	等级	判断	不合格品概率 P	措施
$C_p \geq 1.67$	特级	工序能力过剩	$P \leq 0.000\,06\%$	为提高产品质量,对关键或主要项目再次缩小公差范围;或为提高效率、降低成本而放宽波动幅度,降低设备精度等级等
$1.67 > C_p \geq 1.33$	Ⅰ级	工序能力充分	$0.000\,06\% < P \leq 0.006\%$	当不是关键或主要项目时,放宽波动幅度;降低对原材料的要求;简化质量检验,采用抽样检验或减少检验频次

续表

范围	等级	判断	不合格品概率 P	措施
$1.33 > C_p \geq 1$	Ⅱ级	工序能力尚可	$0.006\% < P \leq 0.27\%$	必须用控制图或其他方法对工序进行控制和监督,以便及时发现异常波动;对产品按正常规定进行检验
$1 > C_p \geq 0.67$	Ⅲ级	工序能力不足	$0.27\% < P \leq 4.45\%$	分析分散程度大的原因,制定措施加以改进,在不影响产品质量的情况下,放宽公差范围,加强质量检验,全数检验或增加检验频次
$0.67 > C_p$	Ⅳ级	工序能力严重不足	$P > 4.45\%$	一般应停止继续加工,找出原因,改进工艺,提高 C_p 值,否则全数检验,挑出不合格品

案例 工序能力指数的应用

质量专家应邀来到另一家电子外壳生产小型企业,该企业也存在着进料外壳硬度不足的问题。虽然也质疑经销商来料硬度问题,苦于处于发展阶段,没有资金购买相关测量设备,因此无法对来料进行质量判断。质量专家提议说:"到其他企业抽样检测,一次就足够了。可以采用一个方法,抽检部分板料,运用工序能力进行分析,如果这批板料达到要求,说明厂家板料没问题,那就放心大胆地用,如果发现进料硬度没有达到要求,那就要厂家予以改进。"

看着厂长那似懂非懂的目光,质量专家详细地介绍了运用工序能力的方法:"我们先从来料中选定样本40份,把样本测量3次,当作一组数据。再从检测的数据中,计算出样本标准偏差,最后计算出供应商的工序能力指数(C_{pk})。如果工序能力指数小于1,就必须要求供应商进行改善品质,否则我们就考虑更换新的供应商。如果工序能力指数大于1.33,我们就认为供应商的板料品质良好,可以选为长期供应商。采用这种方法,可以保证进料的基本质量。由于在其他企业测试时间不长,并且只测试一次,那些企业也是能协作的。如果 $1 < C_p < 1.33$,说明供货商需要加大质量监控力度,我们可以向他提供实测数据,作为证明材料,促使供货商去想办法。这样,我们就可以把进货硬度问题,让供货商自己去解决。"

在质量专家的指导下,通过工序能力指数的计算,发现经销商的板料确实存有问题。在督促经销商限期整改后,板料的质量有了极大的提高,外壳的硬度质量有了保障。

案例 工序能力指数在机床中的应用

某电子企业生产一种高端产品,该产品中两个零件间的距离尺寸要求很精确,现采用专用机床进行焊接定位。每天将焊接好的产品,汇总在一起检查,在每天生产的产品中,总发现有些不合格的产品。后通过收集每台机床产品数据,对各机床的工序能力进行分析(见表5-4),并提出了改进意见,从而促进了全面质量的提高。

表 5-4　各机床工序能力指数质量评价表

机床号	工艺标准 /mm	平均值 /mm	标准偏差 /S	工序能力指数	等级	评价
1	0.885±0.070	0.879	0.021	1.00	Ⅲ	过程能力较差,但是基本能够满足目前对质量的要求
2		0.910	0.023	0.64	Ⅴ	过程能力严重不足,应采取全面检查和整改措施,进一步提高质量控制水平
3		0.896	0.023	0.84	Ⅳ	过程能力不足,应采取措施立即整改
4		0.913	0.011	1.35	Ⅱ	过程能力充分,应继续维持

通过分析,机床 4 的工序能力指数较高,在加工生产中,可采用机床 4 上工人的加工工艺。而其他机床,应找出存在的问题,及时改进,提高过程能力,以控制加工过程质量稳定。

第四节　工序质量控制图

一、控制图的基本概念

控制图又称为管制图,它是在直角坐标系内画有控制界限,描述生产过程中产品质量波动状态的图形(见图 5-2)。它是一种有控制界限的图,控制图中的一些异常信号可以提醒我们过程是否发生了变化,用来区分引起质量波动的原因是偶然的还是系统的,判断生产过程是否处于受控状态,以便及时做出改进,避免制造出不合格品。

控制图是控制生产过程状态,保证工序加工产品质量的重要工具。应用控制图可以对工序过程状态进行分析、预测、判断、监控和改进。

1924 年美国的休哈特博士首先提出控制图后,控制图就一直成为科学管理的一个重要工具,特别在质量管理方面成了一个不可缺少的管理工具。

控制图是对生产过程中产品质量状况进行实时控制的统计工具,该法是质量控制中最重要的方法。1984 年日本名古屋工业大学调查了 200 家日本各行各业的中小型工厂,结果发现平均每家工厂采用 137 张控制图,这个数字对于推行 SPC 有一定的参考意义。当然,有些大型企业应用控制图的张数是很多的,例如美国柯达彩色胶卷公司有 5 000 职工,一共应用了 35 000 张控制图。工厂中使用控制图的张数在某种意义上反映了管理现代化的程度。人们对控制图的评价是:"质量管理始于控制图,亦终于控制图。"

1. 控制图的组成

控制图画在平面直角坐标系中，横坐标表示检测时间或样本序号，纵坐标表示测得的数据特性值，如图 5-2 所示。

控制图一般由三条线组成，在上面的一条虚线称为上控制界限，用符号 UCL 表示；在下面的一条虚线称为下控制界限，用符号 LCL

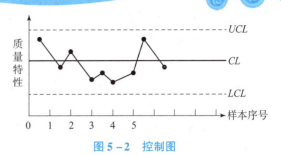

图 5-2 控制图

表示；中间的一条实线称为中心线，用符号 CL 表示。中心线标志着质量特性值分布的中心位置，上下控制界限标志着质量特性值的允许波动范围。

对于偶然因素和异常因素引起的质量波动，过去人们是直接凭经验进行判断和区别的。发明了控制图之后，就可以使用控制图对工序状态进行客观的、科学的判断。在实际生产过程中，坐标系及三条控制线是由质量管理人员事先经过工序能力调查及其数据的收集与计算绘制好的。工序的操作人员按预先规定好的时间间隔抽取规定数量的样品，将样品的测定值或其统计量在控制图上打点并连接为质量波动曲线，并通过点子的位置及排列情况判断工序状态。

通常是以样本平均值 $\overline{X}$ 为中心线，而上下取 3 倍的标准偏差 $(\overline{X}\pm 3\sigma)$ 来确定控制图的控制界限，因此用这样的控制界限作出的控制图，叫作 3σ 控制图。

在生产过程仅有偶然原因影响的稳定状态下生产出来的产品，其总体产品的质量特性分布为正态分布。根据正态分布的性质，取 $\overline{X}\pm 3\sigma$ 作为上下控制界限，这样质量特性值出现在 3σ 界限以外的概率很小，为 0.27%，即 1 000 次中大约有 3 次。如果这 3 次忽略不计，即认为正态分布总体的产品质量特性值全部分布在 3σ 界限以内；如果在生产过程中有特性值出现并超过 3σ 界限以外的情况，就可以判断为有异常原因使生产状态发生了变化。因此，按这种原则确定控制界限的方法称为千分之三法则。

2. 控制图的原理

（1）正态性假设：控制图假定质量特性值在生产过程中的波动服从正态分布。

经验与理论分析表明，当生产过程中只存在偶然波动时，产品质量将形成典型正态分布，如果除了偶然波动还有异常波动，产品质量的分布必将偏离原来的典型正态分布。因此，根据典型分布是否偏离就能判断异常波动即异因是否发生，而典型分布的偏离可由控制图检出，控制图上的控制界限就是区分偶然波动与异常波动的科学界限。休哈特控制图的实质就是区分偶然因素与异常因素。

（2）3σ 准则：控制图是判断和预报生产过程中质量状况是否发生异常波动的一种有效方法。

根据 3σ 原则，产品质量特性值落在 $(\mu\pm 3\sigma)$ 之间的概率是 99.73%，而分布在此范围之外的概率是 0.27%，此时可取 $(\mu-3\sigma,\mu+3\sigma)$ 作为 X 的实际取值范围。据此原理，若对 X 设计控制图，则中心线 $CL=\mu$，上下控制界限分别为 $UCL=\mu-3\sigma$，$LCL=\mu+3\sigma$。

（3）小概率原理：由 3σ 准则可知，数据点落在控制界限以外的概率只有 0.27%，可看作小概率事件。而小概率事件可看作不可能事件，因此在控制图中，一旦有点子出界就可判断过程异常。因此，生产过程正常情况下，质量特性值是不会超过控制界限的，如果超出，则认为生产过程发生异常变化。

案例　控制图的应用

用数控车床大量车削某种规格轴。为了控制加工轴的直径,采用每隔半小时随机测试的方法。现每隔半小时随机抽取一个车好的轴,测量其直径,并将结果描点,然后用直线段将点子连起来,以观察点子的变化趋势。如前4个点子都在控制界限内,但第5个点子却超出了UCL线,说明第5个轴的直径大了,应引起重视。现在分析这第5个点子为什么会超出范围内?根据生产加工中的经验分析,点出界现象的情况可能有两种:

(1) 当加工过程正常时,点子出界。在过程正常时,点子分布规律应不变。实际生产中,出现这种点子超过UCL线的概率有1‰左右。

(2) 当加工过程出现异常时,点子出界。例如出现车刀磨损,则随着车刀的磨损,加工的直径会逐渐变大,于是控制曲线上移,直至点子出界。发生这种情况的可能性很大,其概率可能为1‰的几十至几百倍。

由于情形(2)发生的可能性比情形(1)大几十、几百倍,实际中出现第一种情形的概率很小,所以我们根据逻辑判断推理认为上述异常(点子出界)是由情形(2)造成的。于是,得出点子出界就说明生产过程处于失控结论。生产中再做进一步分析,就能顺利找出质量波动的原因。

案例　小概率事件

说某人射击命中目标的概率为0.7,这个0.7是怎么得来的呢?是来自于以往大量的射击实践,比如他曾有过100次射击经历,其中命中70次,射击次数越多,这个概率就越可靠。可见概率的背后有大量的试验,这是支撑概率的条件。

当概率很大(超过0.9)或很小(小于0.1)时,对一次试验是有指导意义的。可以认为小概率事件在一次试验中基本上不会发生,这就是小概率原理。但试验次数多时,小概率事件就不适用了,概率再小,也有可能发生。比如飞机失事的报道很多,但是人们仍然向往着坐飞机出行;又比如人们在做决策时,有90%以上的把握,一般都会说"不出意外的话肯定成功"。应当指出的是:小概率原理不能保证没有风险,以概率的观点看问题,凡有随机因素,便不可能有绝对的把握,对此要有清醒的认识。

二、控制图的种类

1. 控制图的类型

(1) 控制图按其用途可分为两类,一类是供分析用的控制图,这类控制图可用来分析生产过程中有关质量特性值的变化情况,看工序是否处于稳定受控状态,如果不处于稳定受控状态,调整过程使其达到稳定状态;另一类是供管理用的控制图,这类控制图主要用于发现生产过程是否出现了异常情况,以预防产生不合格品。分析用控制图与管理用控制图的不同之处可参见表5-5。

表5-5　分析用控制图与管理用控制图比较

类别	分析用控制图	管理用控制图
计算控制界限	需要	不需要
收集样本	至少25件	1件样本以上

续表

类别	分析用控制图	管理用控制图
分析时间	25件以后	每件以后
目 的	了解状态是否受控；能力能否满足	保持状态稳定

（2）控制图根据质量数据的类型可分为计量值控制图和计数值控制图。这两种控制图各有各的用途，实际中应根据所控制质量指标的情况和数据性质分别加以选择。计量值控制图适用于长度、重量、时间、强度等质量特性值的分析和控制，测量结果的数据可以是连续的，也可以是不连续的。计数值控制图适用于不合格品数、事故件数及缺陷数等的控制，测量的数据不能连续取值，只能以个数作为计数值数据（例如不合格品数、缺陷数）。计数值控制图又可分为计件值控制图和计点值控制图。

控制图的类型及应用见表5-6。

表5-6 控制图的类型及应用

数据	分布	控制图	简记	用途	代表
计量值	正态分布	均值-极差控制图	$\bar{X}-R$ 控制图	用作样本数平均值转变的控制图；全距和标准差控制图是控制数据的散布程度	样本数的平均值
		均值-标准差控制图	$\bar{X}-S$ 控制图		
		中位数-极差控制图	$\tilde{X}-R$ 控制图	用作个别样据转变的控制图；全距控制图是控制数据的散布程度	个别数据的平均值
计数值	计件值	二项分布	不合格品率控制图	P 控制图	用作每一样本组不合格品比率的控制图，样本数可以改变	不合格品的比率或百分比
			不合格品数控制图	Pn 控制图	用作每一样本组不合格品数目的控制图，样本数是固定的	不合格品数目
	计点值	泊松分布	单位缺陷数控制图	U 控制图	用作单位缺点数目的控制图，而每次查验的面积都是可以改变的。样本数是可变的	单位缺点数目
			缺陷数控制图	C 控制图	用作缺点数目的控制图，而每次查验的面积是相同的，样本数是固定的	缺点数目

2. 计量值控制图与计数值控制图的比较

计数值控制图的作用与计量值控制图目的相同，都是为了分析和控制生产工序的稳定性，预防不合格品的发生，保证产品质量。

计量值控制图对工序中存在的系统性原因反应敏感，所以具有及时查明并消除异因的明显作用，其效果比计数值控制图明显。计量值控制图经常用来预防、分析和控制工序加工质量，特别是几种控制图的联合使用可以起到迅速找出系统性原因的作用。

计数值控制图则用于以计数值为控制对象的场合，特别适用于离散型的数值，比如，一批产品中的不合格品件数。虽然其取值范围是确定的，但取值具有随机性，只有在检验之后才能确定下来。

三、控制图的使用

1. 控制图的制作

（1）数据采集：数据采用间隔随机抽样的方法采集。为能反映工序总体状况，数据应在 10~15 天内收集，并应详细地记录在事先准备好的调查表内，一般采集 20 组，每组 5 个样本。

案例　某公司计量值控制图数据收集表（见表 5-7）

表 5-7　数据收集表

工厂/车间：　　　　　零件/工序名称：　　　　　设备编号：
特性/规范：　　　　　样本容量/频率：

组序		1	2	3	4	5	6	7	8	9	10	11	12
日期													
时间													
数据	1												
	2												
	3												
	4												
	5												

（2）计算控制界限：各种控制图控制界限的计算方法及计算公式不同，但其计算步骤一般为：

①计算相关数据值（以 $\overline{X} - R$ 控制图为例）。

计算各组的平均值 $\overline{X_i}$ 及极差 R_i。

$$\overline{X_i} = (X_1 + X_2 + X_3 + X_4 + X_5 + \cdots + X_i)/i$$

$$R_i = X_{\max} - X_{\min}$$

式中　$X_{\max}$——每组数据中的最大值；

$X_{\min}$——每组数据中的最小值。

②计算分析用控制图控制线（以 $\bar{X} - R$ 控制图为例）。

先确定 $\bar{X}$ 图的中心线 CL 的位置：

$$CL = \bar{\bar{X}} = \left(\sum_{i=1}^{k} \overline{X_i}\right)/K$$

式中　$\overline{X_i}$——第 i 组的平均值；

　　　K——分组数。

再确定 R 图的中心线：

$$CL = \left(\sum_{i=1}^{k} R_i\right)/K$$

式中　R_i——第 i 组的极差。

最后确定上下控制线的位置：

$\bar{X}$ 图的控制上限：$UCL = \bar{\bar{X}} + A_2 \bar{R}$

$\bar{X}$ 图的控制下限：$LCL = \bar{\bar{X}} - A_2 \bar{R}$

R 图的控制上限：$UCL = D_4 \bar{R}$

R 图的控制下限：$LCL = D_3 \bar{R}$

公式中 A_2、D_3、D_4 是由每组样本数决定的系数，可从表 5-8 查得。

表 5-8　$\bar{X} - R$ 控制图系数表

系数 n（每组样本数）	A_2	D_3	D_4
2	1.880	—	3.267
3	1.023	—	2.575
4	0.729	—	2.282
5	0.577	—	2.115
6	0.483	—	2.004
7	0.419	0.076	1.924
8	0.373	0.136	1.864
9	0.337	0.184	1.816
10	0.308	0.223	1.777

③根据以上数据作图并打点。

案例　控制图的画法

某企业欲控制产品的重量，从生产工序中按时间顺序随机抽取 $n = 5$ 的样本 20 组，检验结果如表 5-9 所列。请据资料画出 $\bar{X} - R$ 控制图。

表5-9 产品数据表

日期		样本编号	检验结果					合计 $\sum X_i$	平均值 $\overline{X}$	极差 R
月	日		X_1	X_2	X_3	X_4	X_5			
8	5	1	149	145	154	164	158	770	154	19
	6	2	150	158	148	164	170	790	158	22
	7	3	145	156	153	155	150	759	152	11
	8	4	157	154	148	147	154	760	152	10
	9	5	155	152	153	156	150	766	153	6
	10	6	163	154	153	149	156	775	155	14
	11	7	150	157	148	154	146	755	151	11
	12	8	148	146	152	162	165	773	155	19
	13	9	166	145	150	152	158	771	154	21
	14	10	162	166	152	149	153	782	156	17
	15	11	151	154	145	154	158	762	152	13
	16	12	148	152	158	160	158	776	155	12
	17	13	154	165	163	151	149	782	156	16
	18	14	158	156	148	165	164	791	158	17
	19	15	154	155	147	165	160	781	156	18
	20	16	162	166	148	150	157	783	157	18
	21	17	152	157	148	155	165	777	155	17
	22	18	170	165	166	152	155	808	162	18
	23	19	156	145	165	154	155	775	155	20
	24	20	165	167	156	145	153	786	157	22
		$\overline{X} = (X_1 + X_2 + X_3 + X_4 + X_5)/5$						合计	3 103	321
		$R = X_{max} - X_{min}$						平均	$\overline{\overline{X}} = 155$	$\overline{R} = 16$

(1) 根据资料,$\overline{X}$图的中心线、上下控制线分别为:

$$CL = \overline{\overline{X}} = \left(\sum_{i=1}^{k} \overline{X_i}\right)/K = 3\,103/20 = 155$$

因为 $\overline{R} = 16$,所以 $UCL = \overline{\overline{X}} + A_2 \overline{R} = 155 + 0.577 \times 16 = 164.23$

$LCL = \overline{\overline{X}} - A_2 \overline{R} = 150 - 0.577 \times 16 = 140.77$

而 R 图的中心线，控制上下限分别为：

$CL = \bar{R} = 16$

$UCL = D_4 \bar{R} = 2.115 \times 16 = 33.84$

$LCL = D_3 \bar{R}$（不存在）

（2）根据以上数据作图并打点，作出的图如图 5-3 及图 5-4 所示。

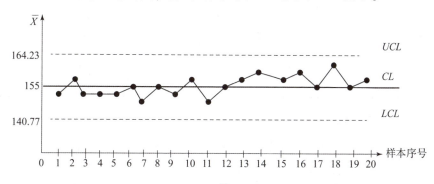

图 5-3　$\bar{X}$ 控制图

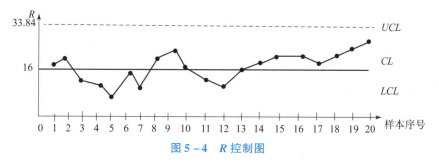

图 5-4　R 控制图

2. 控制图的观察分析

通过对控制图的观察分析，可判断工序是否处于稳定状态。若不稳定，应查明原因，消除不稳定因素，重新收集预备数据，直至得到稳定状态下分析用的控制图。控制图的判断，一般是依据数理统计中的"小概率事件"原理。

通常控制图上的点反映着生产过程的稳定程度，工序处于控制状态时，图上的点就随机地分布在中心线的两侧附近，离开中心线，越接近上下控制界限，点就越少。

（1）控制图的判稳准则。

①分析用控制图判稳准则，见表 5-10。

表 5-10　分析用控制图判稳准则

准则	具体描述
准则1：绝大多数数据点在控制界限内	1. 连续 25 点没有一点在控制界限外
	2. 连续 35 点中最多只有一点在控制界限外
	3. 连续 100 点中最多只有两点在控制界限外

准则	具体描述
准则 2：数据点排列无右边的 1~8 种异常现象	1. 连续 7 点或更多点在中心线同一侧
	2. 连续 7 点或更多点单调上升或下降
	3. 连续 11 点中至少有 10 点在中心线同一侧
	4. 连续 14 点中至少有 12 点在中心线同一侧
	5. 连续 17 点中至少有 14 点在中心线同一侧
	6. 连续 20 点中至少有 16 点在中心线同一侧
	7. 连续 3 点中至少有 2 点落在 2σ 与 3σ 界限之间
	8. 连续 7 点中至少有 3 点落在 2σ 与 3σ 界限之间

②控制用控制图的判稳准则。

控制中的数据点同时满足下面规则，则认为生产过程处于统计控制状态。

准则 1：每一个数据点均落在控制界限内。

准则 2：控制界限内数据点排列无异常情况（参见表 5 – 10 分析用控制图准则 2）。

（2）控制图的判异准则。

控制图的判异准则应结合控制图的判稳准则，稳则不异，异则不稳。控制图的判异准则一般采用以下判断方法：

①点子超出控制界限就判异。

②界内点排列不随机就判异。

案例　判异例 1（见图 5 – 5）

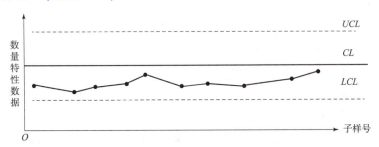

图 5 – 5　连续 9 点落在中心线同一侧判异

案例　判异例 2（见图 5 – 6）

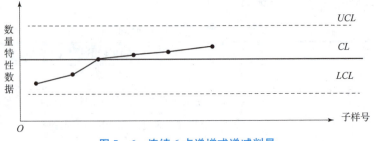

图 5 – 6　连续 6 点递增或递减判异

案例　判异例 3（见图 5－7）

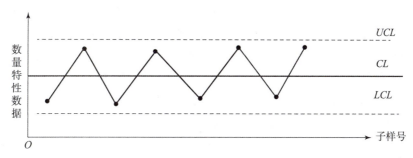

图 5－7　连续 8 点在中心线两侧，但无一在 CL 线附近判异

若点子出界或界内点排列不随机，应执行"查出异因，采取措施，保证消除，不再出现，纳入标准"这 20 个字，立即追查原因并采取措施防止它再次出现，真正贯彻实施预防原则的作用。

3. 控制图的作用

控制图的基本作用是预测。分析用控制图的目的是识别过程变差发生变化或均值位置发生变化的证据。中心线和控制线分别表达了过程的中心趋势和离散度，这些线是根据历史数据获得，用以评价后续的数据。

其具体作用分述如下：

（1）能及时发现生产过程中的异常现象和缓慢变异，预防不合格品发生，从而降低生产费用，提高生产效率。

（2）能有效地分析、判断生产过程中生产质量的稳定性，从而可降低检验、测试的费用，包括通过供货方制造过程中有效的控制图记录证据，购买方可免除进货检验，同时仍能在较高程度上保证进货质量。

（3）可查明设备和工艺手段的实际精度，以便做出正确的技术决定。

（4）为真正地制定生产目标和规格界限，特别是配合零部件的最优化确立了可靠的基础，也为改变未能符合经济性的规格标准提供了依据。

（5）使生产成本和产品质量成为可预测的参数，并能以较快的速度和准确性测量出系统误差的影响程度，从而使同一生产内产品之间的质量差别减至最小，以评价、保证和提高产品质量。

（6）最终可以保证产品质量，提高经济效益。

案例　控制图的预防作用

某工人应用控制图对生产过程进行监控，在控制图中发现连续 6 个点子逐渐上升，整体控制图有逐渐上升的趋势。该工人迅速分析产生这种异常的原因，及时找出问题，保证了产品尺寸没有超差。

在该案例中，通过控制图的应用，当异常因素刚一露出苗头，在还没有造成不合格品之前就能及时被发现。在产品尺寸逐渐变大的这种趋势造成不合格品之前就采取措施，并加以消除，起到了预防的作用。

以前该工人在加工产品过程中，只检验产品尺寸是否在规定范围内，没有想到产品的数据也能反馈问题。后来，该工人更多地把控制图应用到生产中。当控制图显示异常时，该工人贯彻"查出异因，采取措施，保证消除，不再出现，纳入标准"原则，及时消除每一个异因，把它们纳入标准规范中，使它们不再出现，既起到预防的作用，又逐渐保证了加工过程的稳定。由于异常因素是有限个数，逐个地消除，逐渐保证了加工工序过程的稳定，产品合格率有了很大的提高，提高了生产质量，该工人也获得了厂方的奖励。

4. 控制图的使用方法

根据控制图进行质量控制，可按下列步骤进行。

1）确定控制项目和控制点

进行工序控制最重要的是选择控制项目。产品生产的过程是由多道工序构成的，实际工作中不可能、也没必要对所有工序同时进行严格的质量控制。

例如，对那些产量不大、质量要求不高的工序，或加工过程中的质量问题已能充分掌握，对下道工序不会产生不良影响的工序，就可以作为次要工序，暂不进行严格的质量控制。但是，对那些技术复杂、加工精度要求又较高的工序，有可能同时控制工序的几个项目，需要重点控制。这些需要重点控制的项目（质量特性、关键部位或薄弱环节）称为控制点。确定控制点的要素是：

（1）产品的性能、精度、寿命、可靠性、安全性等，以及对它们有直接影响的零部件的关键质量特性及影响这些特性的支配性工序要素。

（2）工序本身有特殊要求，对下道工序有影响的质量特性，以及影响这些特性的工序支配性要素。

（3）工序质量不稳定，出现不合格品多的质量特性，或其他支配性工序要素。

（4）用户反馈回来的意见较多的工序。

2）选定控制图

由于使用目的不同，对于不同控制项目或不同质量特性，应选用不同类型的控制图。

3）确定样本组

作控制图时，应将产品分成若干样本组。样本组大小的确定，应从技术、控制图的类别、需要控制质量特性值的时间间隔及经济性等方面来考虑。

4）确定抽样方法

抽样方法不同，控制图所反映出来的质量特性变化的意义就有所不同。因此，必须注意工序控制的变化情况，采取合适的抽样方法。

5）收集预备数据

作分析用控制图必须要采取近期生产中的数据或重新采取数据，一般需20～25组数据，每组数据的多少由控制图种类和其经济性来决定，根据预备数据作分析用控制图。

6）稳定状态的判断

用预备数据作出了分析用控制图后，就要观察工序是否处于控制状态，也就是讨论工序是否有异常发生。这时，要讨论以下两种情况：

（1）未发生异常情况。如果未发生异常情况，就需要进行下一步骤，即同标准对比。

（2）发生了异常情况。这时就要调查其原因，采取措施，消除异常。如果点子的分布状态有缺陷，就要改变分布状态，这样的做法要经过几次反复，一直到消除了异常的点子，使点子全部处于控制状态为止。如果无法查出产生控制界限外点子及点子的分布方式有缺陷的原因时，也要按其控制界限的原形进行下一步，即同标准对比。

7）同标准对比

如果对工序不稳定的因素采取措施，使之稳定后，就要在稳定的状态下，调查产品是否满足标准，使之控制状态标准化。利用分析用控制图的全部数据作直方图，将直方图同标准对比。如满足标准，即可进行下一步；如不满足标准，则要采取措施进行处理，以消除异常原因从而达到标准。假如考虑技术经济条件，不便采取措施，可考虑修订标准，对没有满足标准的已生产出来的产品，要进行全数检查和批量处理。

8）进行日常控制

作控制用的控制图经过上述步骤后，当工序处于稳定状态时，就要在分析用的控制图上延长控制界限，按每天的数据打点，若看到控制图在控制时有异常情况，就要立即追查原因，采取措施，并保留记录。

9）控制界限的再计算

如果工序能继续处于控制状态，质量水平就能提高，这时要定期地评价控制界限。当操作者、原材料、机器设备、操作方法发生变化时，要重新进行计算。

本章小结

工序质量控制是指控制工艺过程、防止出现废品的管理方法。本章主要讲解质量控制中重要的知识：工序质量控制技术，包括工序质量控制技术的概念、工序分析与工序控制、工序能力与工序能力指数以及工序质量控制图应用四个知识内容。通过本章的学习，有助于学生学会在质量管理与控制活动中抓住重点环节、抓好薄弱环节。

思考题与习题

1. 什么叫工序？什么叫工序质量？
2. 什么叫质量控制？什么叫工序质量控制？
3. 工序质量控制的内容有哪些？
4. 什么是 SPC？SPC 有什么作用？
5. 什么是工序能力？什么是工序能力指数？工序能力指数是如何计算的？
6. 什么是控制图？控制图分为哪几类？控制图有什么作用？
7. 控制图的判稳准则和判异准则是什么？
8. 某厂加工一种零件，要求尺寸为 $\phi 115^{+0.03}_{-0.01}$ mm，通过随机抽样测得样本标准偏差为 $S = 0.00559$ mm。试求：（1）工序能力；（2）工序能力指数。
9. 加工某产品的外径，外径尺寸要求为 $\phi 20 \pm 0.023$ mm，随机抽样后计算样本特性值为 $\overline{X} = 20$ mm，标准偏差 $S = 0.006$ mm，求工序能力指数。
10. 某工序加工螺栓外径的尺寸标准最大值和最小值分别为 20.023 和 19.977，从加工的产品中，随机抽样后计算出的样本特性值为：平均值为 19.997，标准偏差为 0.007。求工序能力指数,并判断工序状态。

11. 某企业对所生产的电子元件进行控制,每小时抽样一次,每次抽样 6 件,共抽样 25 次。经测量知道,样本平均数总和 $\Sigma X_i = 305.8$ mm,样本极差总和 $\Sigma R = 70$。试计算 $\bar{X} - R$ 控制图的中心线和上下控制界限值。(注:当样本量 $n = 6$ 时,$A_2 = 0.483$,$D_3 = 0$,$D_4 = 2.004$)

第六章
质量检验

检验就是通过观察和判断,适当时结合测量、试验所进行的符合性评价。对产品而言,是指根据产品标准或检验规程对原材料、中间产品、成品进行观察,适时进行测量或试验,并把所得到的特性值和规定值做比较,判定出各个物品或成批产品合格与不合格的技术性检查活动。

第一节 质量检验概述

一、质量检验的方式

对产品的一个或多个质量特性进行观察、试验、测量,并将结果和规定的质量要求进行比较,以确定每项质量特性合格情况的技术性检查活动就称为质量检验。质量检验具有检查、把关、预防、报告等作用。

案例 海尔的质量

有一年,日本想大批量进口洗衣机,精明、挑剔、苛刻的日本人做了一项有趣的洗衣机性能试验,采用美国军用工业标准,对来自各国不同品牌的洗衣机进行性能检测。

在中国,洗衣机无故障运行达到 5 000 次已属不易,而这次测试须达到 7 918 次才可放行。国内一根水管只需 500 次实验,而日本的检测室需要在 0 ℃以下连续测试 6 300 次方可通过,比中国的检测次数高出 10 余倍。最后测试结果显示,各项性能指标均列第一的是来自中国的海尔洗衣机。

海尔洗衣机终于敲开日本的国门。

在生产中，提高产品质量是企业永恒的追求。为此，企业必须严格进行质量检验，只有把好检验关，保证产品质量，才能攻占市场。如果不求实求真，一味以追求利益为主，只会砸了自己的牌子。

1. 按检验的形式划分

1）全数检验

全数检验是指对一批待检产品进行全体检验的一种方式。这种检验方式，产品质量比较可靠，同时能够提供较全面的质量信息。如果希望检查得到百分之百的合格品，唯一可行的办法就是进行全检。这种检验方式会受到检验人员长期重复检验的疲劳、工作枯燥、检验人员检验技术水平的限制以及检验工具的迅速磨损等因素影响，可能导致较大的漏检率和错检率。据国外统计，这种漏检率和错检率有时可能会达到10%~15%。

全数检验能保证产品质量，但它不是一种科学的方法，而且在实际检验中有时是不能执行的。例如当检验是破坏性时，全数检验就不适用，如照相机的耐久性试验，就不能采用全数检验。

2）抽样检验

抽样检验是指根据数理统计原理所预先制定的抽样方案，从交验的一批产品中，随机抽取部分样品进行检验，根据检验结果，按照规定的判断准则，判定整批产品是否合格，并决定是接收还是拒收该批产品的一种检验方式。只要使用抽样检验方式，漏检绝对不可避免。

抽样检验与全面检验的不同之处，在于全面检验需对整批产品逐个进行检验，而抽样检验则根据样本中的产品的检验结果来推断整批产品的质量，明显地节省工作量。如果推断结果认为该批产品符合预先规定的合格标准，就予以接收；否则就拒收。在破坏性试验（如检验产品的寿命）以及散装产品（如矿产品、粮食）和连续产品（如棉布、电线）等检验中，也都只能采用抽样检验。例如生产商检验灯泡的使用寿命，只能采用抽样检验。

3）免检

免检指如果可以得到有资格的单位进行检验过的可靠性资料，就可以不需要检验。

2. 按质量特性值划分

1）计数检验

计数值是指那些只能取几个值（也可能少到只有两个）或分类数的测量结果（有时是数字，有时是说明）。计数检验就是采用计数值进行检验的一种检验方式。有些质量特性本身很难用数值表示，如产品的外形是否美观、钢筋的笔直度、食物的味道是否可口、产品污点、产品中的气泡等，它们只能通过感官判断是否合格。对这一类质量特性，只能采用计数检验。

计数检验包括计件检验和计点检验，只记录不合格数（或点），不记录检测后的具体测量数值。

还有另一类质量，如产品的不合格品数、产品的尺寸等虽然也可以用数值表示，也可以测量，但在大批量生产中，为了提高效率、节约人力和费用，常常只用"过端"和"不过端"的卡规检查是否在上下公差范围以内，也就是只区分合格与不合格品，而不测量实际的尺寸大小。例如测量孔用的塞规，有大端与小端直径，如果小端直径能塞入孔内，而大端

第六章 质量检验

直径不能塞到孔内,说明孔径符合要求,加工零件是合格品,反之,加工零件为不合格品。再如球轴承的直径是否合格也可用卡规检查,这类数值都可以测量,但在实际中,不需要测量和记录具体的数值,对它们也只进行计数检验。

2) 计量检验

计量检验就是测量和记录质量特性的数值,并根据数值与标准值对比,判断是否合格。计量值为连续分布的一定范围内的数值体系,是由诸如尺子或千分尺这样的连续刻度上获得的测量结果。如长度公差(100 ± 0.2)mm,该尺寸范围为 99.8~100.2 mm。再如一根钢筋的直径、一种漆的涂层厚度、一件注塑模具的温度、一种旋转机械的转动速度、一个铸件的重量等都为计量数值。在工业生产中有很多这样的数据,所以这种检验应用量大并且被广泛使用。

计量检验与计数检验的比较可参考表 6-1。

表 6-1 计数检验与计量检验比较

项目 分类	计数检验	计量检验
质量特性	用合格与不合格分别表示,或者使用缺点数表示	用特性数值表示
检验方法	检验时不需熟练 检验时所需时间短 检验设备简单,检验费用低 计算记录简单 计算简单,几乎不必计算	一般在检验时需要熟练的技能 检验时所需时间长 检验设备复杂,检验费用高 检验记录复杂 计算复杂

3. 按检验的地点划分

1) 固定检验

所谓固定检验,指在生产车间内设立固定的检验站进行质量检验的一种方式。这种检验站属于专用的,并构成生产线的有机组成部分,只固定用于某种质量特性值的检验。例如硬度的检验,可设置专门用于硬度检验的车间;再如汽车的性能检测,也应设置专用的检测车间。

2) 流动检验

流动检验即临床检查,是由检验人员到工作地区进行检查的检验方式。

4. 按时间和目的划分

1) 验收性质的检验

验收性质的检验是指为了判断产品是否合格,从而决定是否接收该批或该件产品的检验方式。验收检验是广泛存在的形式,如原材料、外协件、外购件的进厂检验,半成品入库前的检验,产成品出厂前检验,都是属于验收检验。

2) 监督性质的检验

监督性质的检验是指为了控制生产过程的状态,检定生产过程是否处于稳定状态的检验方式。这种检验的目的不是为了判定产品是否合格，从而是接受还是拒收该批产品，而是实施对生产过程的监控。所以，这种检验也称为过程检查，可以预防大批不合格品的产生。例如生产过程中的巡回检验，使用控制图时的定时检验，都属于这类检验。其抽查的结果只是作为一个监控和反映生产过程状态的信号，以便决定是继续生产，还是要对生产过程采取纠正调整的措施。

案例　电工电子产品的性能检验项目

（1）工作限值：该试验应在产品使用（或应能正常工作）条件时的最低和最高环境温度下进行，以考核产品的正常工作能力。

（2）温升试验：温升试验分为环境空气温度测量、部件温度测量、部件温升；主电路温升、控制电路温升、电磁线圈温升、辅助电路温升。

（3）绝缘性能试验：根据被试产品规定的额定工作电压，确定绝缘电阻阻值及额定冲击耐受电压的等级。

（4）工作性能试验：根据有关产品标准中的规定，对被试产品的限流、过流保护、电压波动、压力保护等工作性能逐项试验。

（5）振动和冲击试验：首先在同一个方向进行增强随机振动量级的模拟长寿命试验，其次做冲击试验，最后做功能性随机振动试验。一个方向完成后，再在其他方向进行试验。

（6）电磁兼容性试验：电磁兼容性试验一般有浪涌、静电放电、电快速瞬变脉冲群、射频电磁场辐射抗扰度、射频场感应的传导干扰抗扰度、电磁辐射干扰等试验。

（7）噪声试验：应按产品标准或相关标准进行试验。

（8）气候试验：检验产品适应环境条件的能力，进行低温、干热等一系列试验测试。

二、质量检验的基本类型

在实际的质量检验活动中，质量检验的基本类型可分为进料检验、工序检验、成品检验三种。检验的重点应控制在生产过程的检验，在产品生产过程中加强质量监控，出现问题时及时解决，最大程度减少废、次品的产生，降低生产成本。

1. 进料检验

稳定的供料厂商及高品质的原材料是保证做出高品质产品的必备条件，保证原材料的质量是保证产品质量的关键。进料检验是质量控制的第一关，检验手段及立场直接影响到后工序的批量投产，如果前面没能有效地检验到物料的不良，对后续的影响是巨大的。

进料检验时首先要确定检验标准，要求准确化、完善化，应适应本公司产品需要，使检验工作做到有据可依，有据必依，不至于发生过多的产品质量分歧。检验工作遵循"优先处理急用物料，当日物料当日检验完和针对不稳定厂商物料加严抽检"的原则，要有效地保证原材料质量及生产作业顺畅。

进料检验包括三个方面：

（1）库检：检查原材料品名规格、型号、数量等是否符合实际，一般由仓管人员完成。

（2）质检：检验原材料物理、化学等特性是否符合相应原材料检验规定，一般采用抽检方式。

(3) 试检：取小批量试样进行生产，检查生产结果是否符合要求。

案例　某公司集成电路进料检验项目

表 6-2 为某公司集成电路进料要求，总共检验四个项目，每个项目有详细的检验标准和验收方法。

表 6-2　集成电路进料检验项目

序号	检验项目	验收标准	验收方法
1	规格型号	符合设计要求	对比目测
2	标识	标识清晰、完备、准确、无错误	目测
3	封装	标识正确	目测
4	包装	包装良好，防潮、防震、防静电，随附出厂时间及检验合格证	目测

2. 工序检验

1) 工序检验的概念

工序检验是指在某工序加工完成以后进行的检验。产品质量的好坏，是做出来的，不是检验出来的，但是必要的工序过程检验是不可缺少的。在工序生产过程中，每道工序都应制定相应检验标准，并严格执行，应设有工序检验记录。采取自检、互检、专检相结合的原则，按技术文件要求，检验在制产品的质量特性以防止出现批量不合格，避免不合格品流入下道工序。检验员应做到首件检验、中间巡检和末件检验；操作者应做到首件送检、质量自检和互检。后道工序必须检查前道工序的产品质量，发现问题应及时处理，决不能让不合格产品流入下道工序。

案例　工序检验

表 6-3 为某公司产品质量检验记录空表，主要用来检验工序中出现的产品不合格情况。

表 6-3　产品质量检验记录表

单位：　　　　　　　月份：　　　　　　　第　页

日期	产品名称	批号	产量	成型不良					加工不良					良品数	不良数	不良率

2) 工序过程检验的方式

(1) 自检。

自检就是操作者对自己生产的产品自己测量检验的方式。

操作者对自己加工的产品先实行自检，检验合格后方可发至下道工序。这样做，可提高产品流转合格率和减轻质检员工作量。但自检容易受到操作者实际测量技能水平或其他因素的影响，不易管理控制产品质量时常出现不合格现象。

(2) 互检。

每个操作者有时都会有一种错误心态，认为自己的检验方式、手段等一定合理，自己检验的项目一定合格，所以有必要实行互检。互检是指操作者之间对加工产品按照技术标准和文件要求进行的相互检验，以达到互相监督的作用。互检有利于保证加工质量，防止疏忽大意而造成批量废品，但互检也会引起包庇、吵架争执等造成品质异常的现象。

互检的形式多样，有本班组操作者之间互检、上下道工序之间交接检验、班组长（班组质量员）对本班组操作工人加工产品进行抽检等。

在下道工序操作人员对上道工序员工的产品进行检验时，可以不予接收上道工序的不良品。

(3) 巡检。

巡检是指检验员在生产现场，按一定时间间隔或加工产品的数量间隔对有关工序的产品质量进行检验的方式。例如检验员对不稳定的工序，在该批量的生产过程中进行的定时抽样检验就是巡检。

(4) 首检。

首检是指对供应单位的样品进行检验的方式。在生产开始时或工序因素调整后，对制造的第一或前几件产品进行检验，这样可以观察生产工艺及生产过程是否合乎设计规范要求，以便进一步生产或进行改善。在任何设备或制造工序发生变化以及每个工作班次开始加工前，都要严格进行首件检验。

(5) 末检。

末检是指对一批产品中最后制造的产品进行检验，从而有利于全面掌握产品质量情况。

(6) 专检。

专检是指专职检验人员对产品质量进行专门的把关检验。

专业检验是现代化大生产劳动分工的客观要求，它是互检和自检不能取代的。这是由于现代生产中，检验已成为专门的工种和技术。专职检验人员无论对产品的技术要求、工艺知识和检验技能，都比操作者精通，所用检测量仪也比较精密，检验结果通常更可靠，检验效率也相对较高；其次，由于有时操作者有严格的生产定额，所以容易产生错检和漏检。ISO 9000族国际标准也把质量管理体系、过程和产品的测量作为企业中一种重要的质量保证基本要求，对质量检验提出了严格的要求和规定。

一般来说，关键工序、质控点也可设专检工人进行检验；而生产过程中的一般工序则以操作者自检、互检为主。

案例　某电子企业三检制度

①首件检验。

对有首检规定的工序，每班开始生产或更换产品品种，或调整工艺后生产的前3件产品，由操作人员根据相应的检验规程进行自检，经操作者自检合格后，填写首检记录；如不合格应要求返工或重新生产，直至首检合格，检验员签字确认后才能批量生产。

②过程检验。

对设置检验点的工序，加工后将产品放在待检区，检验员依据检验规程进行检验，并填写《过程检验记录》。对合格品，在验证过程产品与认证产品保持一致的前提下，并且检验员在检验记录单上签章后方可转入下一道工序；对不合格品执行《不合格控制程序》。

③巡回监控（专检）。

生产过程中，专职检验员应对操作者的自检和互检进行监督，认真检查操作者的使用设备、工装、辅具等是否正确，执行图纸及作业工艺是否与认证产品保持一致；根据需要进行抽检，并将结果及时反馈给操作者；发现的不合格品应执行《不合格控制程序》，确保过程产品质量的一致性。

案例　烫金线的检查

烫金就是借助一定的压力和温度，运用装在烫印机上的模板，将金属箔或彩色颜料箔按烫印模板的图文要求转印到被烫材料表面的加工工艺。由于烫印是以金银色为主，所以又常称烫金。在电线上烫金，称为烫金线。表6-4为某公司烫金线常见缺陷和检查重点。

表6-4　烫金线常见缺陷和检查重点

常见缺陷	检查重点	发生情况
烫金脱落	烫金纸未黏附在产品上，造成产品部分透光，烫完金后2h检查烫金完整	发生多次
烫金气泡	烫金气泡，0.2 mm以下，数量2个，点距离100 mm可接受	客诉
烫金划伤	造成划伤的原因很多，注意操作手法及周转过程	客诉
烫金纸皱	烫纸未压平，有皱面，直接影响外观，是严重缺陷	发生多次
烫金变形	受温度及压力的影响，产品整体形状出现差异。变形度要求在+1.80 mm/-1.00 mm	发生多次

3. 成品检验

成品检验又称最终检验或出厂检验。

成品检验是产品质量检验的最后一道关口，对完工后的成品质量进行检验，其目的在于保证不合格的成品不出厂、不入库，以确保用户利益和企业自身的信誉。所以，成品出厂前必须进行全面的质量检验，验收合格后，方可出厂，并做好记录以便备查。

成品检验可分为成品包装检验、成品标识检验、成品外观检验、成品功能性能检验。

1）成品包装检验

成品包装检验主要检验包装是否牢固，是否符合运输要求等。

2）成品标识检验

成品标识检验主要检验商标批号是否正确。

3）成品外观检验

成品外观检验主要察看外观是否破损、开裂、划伤等。

4）成品功能性能检验

成品功能性能检验就是根据技术标准、产品图样、作业（工艺）规程或订货合同的规定，采用相应的检测方法观察、试验、测量产品的质量特性，判定产品质量是否符合规定的要求。

案例　某公司成品检验作业内容

①当产品入库前，制造部门应通知品管做入库前检查并记录于检验日报表上。

②最终成品检查发现不合格品时，应标示不合格品，且于检验日报表上注明不合格，不合格品退回前，遇重大质量问题的应填写异常处理单。

③成品入库前亦应由包装人员依据仓储管理办法包装后方可入库。

④整修品修妥后需要经品管检查员确认合格后方可入库。

⑤入库完成成品于出厂时，其储存期限超出以下规定时，应重新做复检：

a. 凡最终成品经检验合格入库日起算一年（含）以上出货者，应对外观各项功能做复检，并于检验日报表注明"复检"。

b. 虽未超出以上期限，但有质量顾虑（如储存不当、接击或遭天灾侵袭等）的，都应予复检。

三、质量检验计划

质量检验计划是对检验的指导思想、程序、资源、措施和活动作出的规范化的书面文件。它是在企业新产品投入生产之前，对检验工作进行统筹安排的重要质量文件之一。编制质量检验计划的目的在于对质量检验工作实行统筹策划，总体安排，以指导检验人员确保检验工作质量，并确保企业的生产计划按质按量如期完成。

质量检验计划的主要作用有：①提高质量检验工作的质量和效率；②充分利用现有资源和条件，以节约质量成本中的鉴别费用，降低产品成本；③对检验作业提供具体指导，有利于充分发挥质量检验职能的有效性；④使质量检验工作逐步实现规范化、科学化和标准化，保证出厂产品质量。

一个完整的质量检验计划应包括下列基本内容。

1. 检验流程图

检验流程图是表明从原材料投入到成品出产整个过程中产品检验活动安排的示意图，从图中可以看到检验路线安排、检验工序和检验位置设定以及检验方式的选择等主要内容。检验流程图是检验人员进行检验活动的依据之一。它和检验指导书等构成完整的检验技术文件。

检验流程图的基础是作业流程图（或称工艺路线图、工艺流程图）。因此，针对有些简单产品，可将作业流程图与检验流程图合并成一张图，起到既作业又检验的双指导作用。

案例 某企业原材料质量管理

某企业原材料质量管理要求为：

1. 主材进厂质量检验

（1）质保书审核：依据相关标准。

（2）外观质量检验：材料规格和表面质量。

（3）在上述两条检验合格的基础上，按相关标准要求，进行取样复验。

2. 辅材质量检验

（1）焊材检验：按设计要求及相关标准要求复验。

（2）涂装防腐及临时防腐预处理涂料的检验：按设计及相关标准要求复验。

（3）以上材料经复验合格后方可使用（入库按相关标准要求进行管理）。

依据原材料质量管理要求，制定的原材料检验流程图如图 6-1 所示。

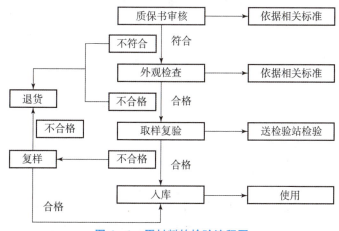

图 6-1 原材料的检验流程图

2. 检验用质量特性缺陷严重性分级

根据设计、制造（工艺）部门编制的质量特性分析表，质量检验部门从检验的角度将质量特性的缺陷按其重要性及其产生后的严重性进行分级。这样做的目的在于明确检验重点、选好验收抽样方案、分级管理缺陷、综合评价产品质量和提高质量检验的有效性。

关于质量特性缺陷（不合格）的严重性应当分成几级为适宜，世界各国有不同做法，一般将其分为三级或四级。比如，我国国家标准将不合格的严重性分成 A、B、C 三级；而美国的贝尔系统则将不合格的严重性分为 A（非常严重）、B（严重）、C（中等严重）、D（不严重）四级。又如，我国的食品工业将不合格的严重性分为关键不合格、主要不合格 A、主要不合格 B 和次要不合格等四级。

3. 检验站的设置

检验站是根据生产作业分布和检验流程设计确定的作业过程中最小的检验实体。

检验站的设置必须满足生产作业过程的要求，重点关注质量控制的关键部位和控制点，节约检验成本和提高工作效率。制造企业一般均设有进货检验站、工序检验站和完工检验站。

4. 检验指导书

有些行业将检验指导书称为检验规程，它是具体规定检验（检查、测量、试验）操作要求的一种技术文件。其格式见表6-5。

表6-5 检验指导书

（格式举例，供一般工序检验用） 文件编号：

零件名称：		图号：		所属部件：	
检验流程号：		用于检验站名称：		指导书有效期：	
检验项序号	受检特性值	质量特性重要性分级	检验手段与方法	频次	注意事项
提示与说明事项		（写出对检验作业的有关提示或需说明的事项）			

批准： 审核： 编制： 日期：

编制检验指导书的目的是为重要产品的组成部分和关键作业过程的检验活动提供具体操作指导。检验指导书是专业性、技术性和可操作性很强的一种文件，因此要求文字表达准确、清晰，过程简便易行，操作方法说明清楚、易于理解和规范统一。

检验指导书的内容一般包括：检验对象、质量特性值、检验方法、检测手段和检验判定等。

【自检】

为数控车削某一零件编制一份质量检验指导书。

_____

_____

_____

_____

_____

5. 检验手册

检验手册是质量检验活动的管理规定和技术规范的文件集合。它是质量检验人员和管理人员进行质量检验工作的指导性文件，也是质量管理体系文件的组成部分。它对质量检验活动的标准化、规范化和科学化有着重要意义。

质量检验手册由技术性和程序性两方面的内容组成。一般包括：质量检验体系和机构；

质量检验管理制度和工作制度;进货检验程序、过程(工序)检验程序、成品检验试验程序、计量控制程序;有关检验试验、测量的原始记录表格和文字说明;不合格产品审核和鉴别程序;检验标志的发放和控制程序;检验结果和质量状况的报告、反馈及纠正程序;不合格控制和处理程序;有关材料、过程、产品质量控制标准、检验规程;索引和术语;等等。

四、质量检验的步骤

质量检验是一个过程,一般包括以下步骤。

1. 检验准备

熟悉和掌握质量标准、检验方法,并将其作为测量和试验、比较和判定的依据。根据产品技术标准明确检验项目和各个项目质量要求;在抽样检验的情况下,还要明确采用什么样的抽样方案,使检验员和操作者明确什么是合格品或合格批,什么是不合格品或不合格批。明确掌握产品合格与否的判定依据。

2. 检验

采用一般量具或使用机械、电子仪器设备,规定适当的方法和手段,对产品的特性进行测量,得出一批具体的数据或结果。

3. 记录

对测量的条件、测量得到的量值和观察得到的技术状态用规范化的格式和要求予以记载或描述,作为客观的质量证据保存下来。质量检验记录是证实产品质量的证据,因此数据要客观、真实,字迹要清晰、整齐,不能随意涂改,需要更改的要按规定程序和要求办理。质量检验记录不仅要记录检验数据,还要记录检验日期、班次,由检验人员签名,便于质量追溯,明确质量责任。

4. 比较判断

把测试得到的数据同标准和规定的质量要求相比较,确定是否符合质量要求。根据比较的结果,判断单个产品或批量产品是否合格。

5. 处置

记录所得到的数据,对合格品及不合格品做出相应处理。

(1) 对合格品准予放行,并及时转入下一工序或准予入库、交付销售或使用。对不合格品,按其程度分别做出返修、返工、让步接收或报废处置。

(2) 对批量产品,根据产品批质量情况和检验判定结果分别做出接收、拒收、复检处置。

6. 反馈

把测量或试验的数据做好记录、整理、统计、计算和分析,按一定的程序和方法,把判定结果反馈给有关部门,以便促使其改进质量。

案例 检验记录的填写要求

检验记录时一般不准用铅笔、红笔、荧光笔填写。

检验表窗体涉及字段的签名者,必须签名且签全名,而且要带日期签名,符合签名样式。正式的公文签名时一定要黑色的水笔签。

未填的多余字段要划掉（备注栏可不用划掉），若有某些字段长期多余，可申请修改格式。

检验表填写不准涂改，若不得以涂改，必须在涂改处签名，一般涂改三处要重写一张。涂改时在涂改处划上一、二条删除线即可，注意美观，不可涂成黑团，甚至把纸涂破。

若窗体为无碳纸（过底纸）时，注意用厚纸隔开，以免影响下面的空白页。

一些小项目如序号、编号、日期、单位等不要遗漏。

【自检】

通过对班级数控实训产品质量检验，熟悉检验流程。

第二节　抽样检验

在生活中，抽样检验与我们时时相联。当我们买糖果时，有时要先尝一块，这就是抽样检验。买水果时，例如买葡萄，有时也要先尝一下，这也是抽样检验。抽样检验的目的，就是从一个产品的情况推断出其他同类产品的情况。

抽样检验的研究起始于20世纪20年代，那时就开始了利用数理统计方法制定抽样检查表的研究。1944年，道奇和罗米格发表了合著《一次和二次抽样检查表》，这套抽样检查表目前在国际上仍被广泛地应用。1974年，ISO发布了《计数抽样检查程序表》（ISO 2859：1974）。我国也在ISO标准基础上建立了抽样检验国家标准GB 2828—1987《逐批检查计数抽样程序及抽样表》。此外，我国于1991年发布了GB/T 13262—1991《不合格品率的计算标准型一次抽样检查及抽样表（适用于孤立批的检查）》等国家标准。

一、抽样检验的基本知识

1. 抽样检验的概念

抽样检验是从一批产品或一个过程中抽取一部分单位产品组成样本，根据对样本的检验结果进而判断产品批或过程是否合格的活动。它不是逐个检验产品批中的所有单位产品，而是按照规定的抽样方案和程序从一批产品中随机抽取部分单位产品组成样本，根据样本测定结果来判定该批产品是否合格。在生产实践中，工序与工序、库房与车间、生产者与使用者之间进行产品交换时，要把产品划分为批。一个产品批总是由一定数量的单位产品构成的。因此抽样检验就是从产品批里抽取一部分产品进行检验，然后根据样本中不合格品数，或质量特性的规定界限,来判断整批产品是否合格。

2. 抽样检验的特点

因为抽样检验不是检验批中的全部产品,所以相对于全数检验,它具有如下特点:

(1)检验的单位产品数量少、费用少、时间省、成本低。

(2)检验对象是一批产品。

(3)合格批中可能包含不合格品,不合格批中也可能包含合格品。

(4)抽样检验存在两类错判的风险,即把合格批误判为不合格批,或把不合格批误判为合格批的可能。但从统计检验的原理可知,这两类错误都可以被控制在一定的风险以下。

3. 抽样检验的方法

进行抽样及数据记录,是为了将来采取行动措施。如果抽样及数据记录是不可靠的,必将导致以后采取的行动措施出现偏差而无效。为了抽样可靠,必须遵循以随机抽样为原则,也就是说抽样要能反映群体的各种情况,群体中的个体被抽样的机会要均等。

例如,物品在不断移动时,可按一定间隔或设定间隔时间抽取样本的方法,但一定间隔本身也要随机规定为宜,即时间分布均匀性。再如在已经包装好的零部件箱中取样,尽可能采用上、中、下三层均等抽样。对于一捆捆包装的,如果从顶部抽样当然方便,但并不合理。如果是流体物品,尽可能搅拌均匀后再取样。

如果组成批的产品原材料来源不同,生产日期与班组也不同,这些都有可能对产品质量产生较大影响。此时应把此批产品分为若干层,按比例在各层中抽检,即尽可能抽检到各种来源、各个生产日期与各个班组的产品。

抽样检验的方法很多,常用的抽样方法有以下几种。

1) 简单随机抽样法

简单随机抽样法,又称纯随机抽样法,它是按随机原则直接从总体 N 个单位中抽取 n 个单位作样本。随机抽样法就是任意抽取的意思,好比从一副打乱的牌中任意抽取 N 张。这种抽样方式抽取的数据是任意的,能使总体中每一个单位有同等机会被抽中。这种方式也是抽样中最基本的、最简单的方式,抽样数据误差小,但抽样手续比较繁杂。

2) 系统抽样法

系统抽样法又叫作等距抽样法或机械抽样法。这种抽样方法操作简便,数据按一定规律抽取,实施时出现差错的可能较小,但抽样数据容易产生较大的偏差。

案例 系统抽样样本制定

为了了解参加某次数学竞赛的 1 000 名学生的成绩,打算抽取一个容量为 50 的样本,现用系统抽样法实现抽样样本制定。抽样方法如下:

假定这 1 000 名学生的编号为 1、2、…、1 000,将总体均分成 50 个部分,其中每一部分包含 20 个个体,假设第一部分的编号为 1、2、…、20,然后在第一部分随机抽取一个号码(比如它是第 18 号),那么从该号码开始,每隔 20 抽取一个号码,这样得到一个容量为 50 的样本:18、38、58、…、978、998,这就是系统抽样样本。

3) 分层抽样法

分层抽样法是从一个可以分成不同子总体(或称为层)的总体中,按规定的比例从不同层中随机抽取样品（个体）的方法。这种抽样方法中样本的代表性比较好，抽样误差比较小。但抽样手续相对较繁杂。

案例　分层抽样样本制定

某学校有在编人员 160 人，其中行政人员 16 人，教师 112 人，后勤人员 32 人，教育部门为了了解学校机构改革意见，要从中抽取一个容量为 20 的样本，应选用何种方法抽取呢？

因为机构改革关系到各种人的不同利益，故采用分层抽样方法较为妥当。因行政人员和后勤人员较少，可将他们分别按 1~16 编号与 1~32 编号，然后采取抽签法分别抽取 2 人和 4 人。对教师 112 人采用 001、002、…、112 编号，然后用随机法抽取 14 人。这样一共得到 2+4+14=20 人的样本。

4. 抽样检验的应用场合

抽样检验一般应用于以下场合：

（1）破坏性检查验收，如产品的可靠性试验、产品寿命试验、材料的疲劳试验、零件的强度检验等。

（2）产品数量很多，质量要求又不很高时，如螺母、螺钉、销钉、垫圈等。

（3）测量对象是流程性材料，如钢水、铁水化验，整卷钢板的检验等。

（4）希望节省检验费用时。

（5）检验的项目较多时。

案例　重要的全数检验

1986 年 1 月 28 日，美国第二架航天飞机"挑战者"号在进行第 10 次飞行时，从发射架上升空 70 多秒后发生爆炸，价值 12 亿美元的航天飞机化作碎片，坠入大西洋，7 名机组人员全部遇难，造成了世界航天史上最大的惨剧。这场牺牲了 7 名宇航员的美国历史上最大的航天灾难，仅仅因为一颗小小的不耐高空低温的螺丝！而像这样的小零件整个航天飞机上有 250 万个，只要其中一个出问题，都可能造成机毁人亡的事故。对于航天、航空等重要的工作场合，产品中如有少量的不合格，可能产生致命性影响，仅进行抽样检验是不可行的，一定要实行全数检验。

【自检】

在现实生活中，还有哪些常用生活物品采用抽样检验？

二、产品抽样检验的基本术语

1. 单位产品

单位产品是为了实施抽样检查而对产品划分的基本单位。单位产品按自然划分，如一批灯泡中的每个灯泡称为一个单位产品。有些时候必须人为规定，如一米布、一匹布等。

2. 批

相同条件下制造出来的一定数量的产品，称为批。

3. 批量和样本大小

批量是指批中包含的单位产品个数，通常用英文大写字母 N 表示。例如一批塑胶料由 1 000 袋组成，我们说这批塑胶料的批量为 1 000；一批同类零件如电路板有 8 000 只，批量就为 8 000 只；对于 500 对袜子来讲，一个单位产品只可能是一对而绝不可能是一只，批量就是 500 对。样本大小是指随机抽取的样本中单位产品个数，以 n 表示。如从 1 000 袋塑胶料中抽取出 500 袋，500 袋则构成一个样本；从 8 000 只电路板中随机抽取 200 只，200 只就可构成一个样本。

4. 一批产品的不合格品率

一批产品的不合格品率是指批产品中不合格品个数与批产品的总数的比值，用 p 表示。

$$p = \frac{D}{N} \times 100\%$$

式中　D——批产品中不合格品的个数；

　　　N——批产品的总数。

例如一批产品 200 只，其中不合格产品 10 只，那么这批产品的不合格品率为 5%。

再如有一批电视机，批量 $N = 2\ 000$ 台，已知其中 1 996 台是合格品，则不合格品数 = 2 000 − 1 996 = 4 台。不合格品率为 4/2 000 = 0.002，即 0.2%。

5. 总体不合格品率

总体不合格品率是指总产品中不合格品个数与总体产品数的比值，即总体不合格品率为：

$$p = \frac{C}{N} \times 100\%$$

式中　C——总产品中的不合格品数；

　　　N——产品的总数。

案例　样本不合格品率与总体不合格品率

样本不合格品率不一定等于总体不合格品率。比如说，从 10 件产品中抽取 3 件产品；经检验，若这 3 件产品都是合格品，样本合格，说明样本合格品率为 100%，样本不合格品率为零。那么总体（批）产品中是否有不合格品呢？答案是肯定的，总体产品中不合格品可能是存在的，也就说明总体不合格品率可能不等于零。

如果 3 件产品都是不合格品，那么整个样本产品不合格，样本不合格品率等于 100%，同样，此时也不能肯定总体（批）不合格品率一定为 100%。

再如，从批量为 10 000 的一批产品中抽取两件样品，样本不合格品率仅有 3 个值：50%、100%、0%。其中如有一件不合格，则样本不合格品率为 50%；如两件都不合格，则样本不合格品率是 100%；两件都合格，样本不合格品率是 0%。但总体不合格品率的真值可能不是上述三个值中的任何一个值。

综上所述，样本不合格品率与总体不合格品率是两个不同的概念，抽样检验不能保证被接收的总体（批）中的每件产品都是合格品。

三、抽样检验方案与随机抽样

对提交检验的产品批实施抽样验收,通常必须先合理地制定一个抽样方案。

抽样检验方案是指规定从一批应检验的产品中抽取样本的次数、样本的大小和接收数、拒收数判断规则等并符合抽样检验程序技术规范的一个具体方案。

一次抽样是指从批中只抽取一个样本的抽样方式。

二次抽样是指最多从批中抽取两个样本,最终对批做出接受或拒收判定的一种抽样方式。二次抽样需根据第一个样本提供的信息,决定是否抽取第二个样本。

抽样检验方案可根据抽样检验的具体要求和概率论与数理统计的原理进行设计,国际标准化组织和国家标准化管理部门将常用的一些抽样方法编写成标准供各方使用。除非有特殊要求需自己设计抽样方案之外,一般应首选国家推荐的抽样标准进行抽样。目前我国已颁布的抽样检验方案国家标准,如表6-6所示。

表6-6 抽样检验方案国家标准

方案	抽样检验类型标准	名称和编号
计数抽样方案	标准型抽样检验	GB/T 13262—2008《不合格品率的计数标准型一次抽样检查程序及抽样表》
	挑选型抽样检验	GB/T 13546—1992《挑选型计数抽样检查程序及抽样表》
	调整型抽样检验	GB/T 2828.1—2012《逐批检查计数抽样程序及抽样表》
	孤立批抽样检验	GB/T 15239—1994《孤立批计数抽样程序及抽样表》
	序贯抽样检验	GB/T 8051—2008《计数序贯抽样检查程序及抽样表》
	连续型抽样检验	GB/T 8052—2002《单水平和多水平计数连续抽样检查程序及抽样表》
	跳批抽样检验	GB/T 13263—1991《跳批计数抽样检查程序》
	周期型抽样检验	GB/T 2829—2002《周期逐批检查计数抽样检查程序及抽样表》

1. 常用的抽样方案

1)计数抽样方案

检验批中每个个体记录有无某种属性,计算共有多少个体有(或无)这种属性,或者计算每个个体中的缺陷数的抽样检验方案称为计数抽样方案。

例如,从一批产品中抽取 n 件产品构成样本,逐个检验各个样品,发现其中有 d 件不合格品。若 $d \leq Ac$ 则接收该批,若 $d > Re$ 则拒收该批。

案例 气动元件抽样方案

表6-7为某公司气动元件抽样检验方案,对不同的批量给予不同的抽样方案,样本大小参照国家相关标准。

第六章 质量检验

表 6-7 气动元件抽样方案表

检查项目	批量范围/件	抽样方案		
		样本大小 n	判定数 Ac	Re
外观及主要尺寸	≤10	依据规范 GB×××的规定	0	1
	>10~30		0	2
	>30		1	3

其中：Ac 为合格判定数；Re 为不合格判定数；n 为样本件数。

2) 计量抽样方案

对检验批中每个个体，测量其某个定量的质量特性的抽样检验方案称为计量抽样方案。计量抽样方案与计数抽样方案的不同之处可参考表 6-8。

表 6-8 计数抽样方案与计量抽样方案的比较

项目 \ 分类	计数抽样方案	计量抽样方案
抽样计划	每一个品种的产品需制订一个抽样计划，抽样时间随机化	每一个质量特性，需制订一个抽样计划。特性值应属于常态分配，抽样时间随机化
样本数	要得到同等判断能力时，所需样本数多；不易实现品质改善，不易发现检验器具错误；检验个数相同时，判断能力低	得到同等判断能力时，所需样本数少，能改善品质，能发现检验器具错误；检验个数相同时，判断能力高
检验记录	检验记录利用程度低	检验记录的数据能提供参考依据，可反馈改进工序能力
应用范围	适用于破坏性的检验或样本贵重的产品检验	应用于各种产品的抽样场合
拒收判定	样本中不合格品数超过允许不合格品数时，则拒收	批产品中不合格品率超过允许不合格品率时，则拒收

2. 计数抽样方案的使用

抽样方案的使用方法非常简单，主要采用规定的检验判断步骤。

1) 产品批质量的一次抽样验收判断过程

即从批中只抽取一个样本的抽样方式，其抽样验收判断过程如图 6-2 所示，图中 n 为样本大小，d 为样本中测得的不合格品数，c 为合格判定数。例如 100 个样本中，抽样检验后，不合格品数小于等于 5，这一批就接收，否则就拒收。5 就是合格判定数，它是接收还是拒收该批产品的界限。

产品有多项指标时，各项技术指标中有一项不合格，则该产品即为不合格。

在检查过程中已出现某项指标不合格时，就不必再进行以后的检查项目了。

各样本检查项目的先后次序需一致，必须在前一项检查合格的基础上再进行下一个项目的检查。

在检查过程中发现的不合格品必须处理，不论该产品是否是样本的一部分，也不论该批是否为接收。

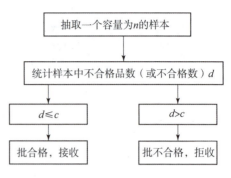

图 6-2　一次抽样验收判断过程

2）二次抽样方案的使用

（1）计数型二次抽样方案的参数：

批量 N，如塑料制品 1 000 只；

样本 n_1，如抽取 100 只；

第一次抽样批量最大接收不合格品数 Ac_1，如 $Ac_1 = 3$；

第一次抽样批量最小拒收不合格品数 Re_1，如 $Re_1 = 5$；

样本 n_2；

第二次抽样批量最大接收不合格品数 Ac_2；

第二次抽样批量最小拒收不合格品数 Re_2。

（2）产品批质量的二次抽样验收判断过程，如图 6-3 所示。

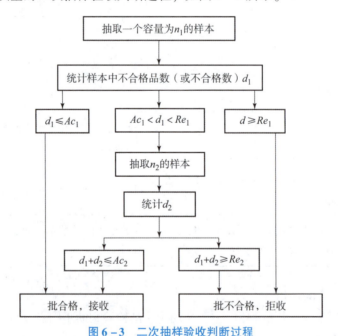

图 6-3　二次抽样验收判断过程

（3）计数型二次抽样方案的判定。

第一次抽样过程中，当样本中不合格品数 $d \leqslant Ac_1$ 时，说明抽样检验产品合格，100 只中不合格品不超过 3 件说明被抽样检验的样本合格，批产品也就合格。

当 $d \geqslant Re_1$ 时，说明样本 100 只产品中不合格品超过 5 件，说明被抽样检验的样本不合格，这批产品也就不合格。

当 $Ac_1 < d_1 < Re_1$ 时，如样本中出现刚好 4 件不合格时，说明情况不定，需继续抽检，进行第二次抽样检验。第二次抽样检验时先确定样本 n_2，再依据产品批质量的二次抽样验收标准判断样本合格与否。

经检验判断通过的批应整批接收，同时允许订货方在协商的基础上向供货方提出某些附加条件；若被检验批样本中的不合格品数大于规定数 Re，表明产品批的质量水平可能达不到规定指标，意味着产品质量下降，因此可拒收整批产品。

被判为不通过的批，原则上全部退回供货方，或者由供货方与订货方协商解决，在可能的情况下，经过供货方百分之百检验，将发现的不合格品剔除以后，允许再次提交检验。

凡是在检验时发现的不合格品，订货方有权拒绝接收，被拒绝的不合格品，可以修理或校正，经订货方同意后，可按规定方式再次提交检验。

3. 计数抽样方案的表示

各种抽样方案的表示并不完全相同，视具体情况而定。一般在计数抽验中，以 3 个参数表征方案：样本大小 n，合格判定数 Ac（或 c）和不合格判定数 Re。

当 $N < 10n$ 时，可采用一次抽样，用 N、n、Ac、Re 表示一个抽样方案，记作（N, n, Ac, Re），n、Ac、Re 在实际应用中是用数理统计理论设计出来的，在抽样检验方案中都有明确的规定。但在一次抽验方案中，由于 $Re = Ac + 1$，所以抽样方案一般仅用（n/c）符号表示，简写为（n, c）。

当 $N \geqslant 10n$ 时，可采用多次抽样。如二次抽样方案，可包括 5 个参数（N, n_1, n_2; c_1, c_2）。n_1 为抽取的第一个样本大小，n_2 为抽取的第二个样本大小。设 d_1 为第一次抽检不合格数，d_2 为第二次抽检不合格数。如第一次抽检（抽检量为 n_1），$d_1 \leqslant c_1$，则合格；如 $c_1 < d_1 \leqslant c_2$，则进行二次抽样。如 $d_1 + d_2 < c_2$，则为合格，$d_1 + d_2 > c_2$，则为不合格。有时二次抽样方案还可用 N、n_1、n_2、Ac_1、Ac_2、Re_1、Re_2 表示一个抽样方案，记作（N, n_1, n_2, Ac_1, Ac_2, Re_1, Re_2）。

抽样方案不是人为规定的，抽样方案是根据对总体的质量要求，用数理统计理论设计出来的。对总体的质量要求不同，对样本的要求也就必然不同，抽样方案也不同。例如，要求总体不合格品率不超过万分之一或要求总体不合格品率不超过百分之一，这两种要求所用的抽样方案必然不同。

第三节　不同类别的产品质量检验

一、机械产品的质量检验

1. 机械产品的特点

机械产品是工业产品的基础，其产品的用途极为广泛，涉及钢铁、机电、交通、运输、电工、电子、轻工、食品、石化、能源、采矿、冶炼、建材、建筑、环保、医药、卫生、航空、航天、海洋、军工和农业等各行各业、各项领域。

机械产品无论其尺寸形状、结构如何变化,都是由若干分散的、不具有独立使用功能的制造单元(零件)组成的具有某种或某项局部功能的组件(部件)或具有综合性能的组装整体(整机)。由于机械产品用途千差万别,因此其结构性能各不相同。

机械产品的特点有:

(1) 机械产品的最基本单元就是零件,零件一般都由原材料制成,材料的微观组成(成分)及各项性能(物理、化学和机械性能)就是零件重要的内在质量要求。

(2) 机械整机产品是由若干单元(零件)有机集合组成宏观的结构形态,一般可分为固定部分和可拆部分。零件和整机的固定部分是不可拆卸的;整机的可拆部分可采用适当的方法,将整体分解为局部或由局部装配组合为整体。

(3) 机械整机产品又可分为固定件和运动件(运动部分),机械的使用功能是通过运动部分在直线、平面、空间的运动实现的。

(4) 机械产品一般都要通过不同的方式、方法传递载荷。其零件无论大小和形状都要承受一定的外力,因此要有适当的强度和刚性等性能要求。

2. 机械产品的主要技术性能要求

(1) 零件:

①金属材料的化学成分(金属元素含量及非金属夹杂物含量);

②金属材料的显微组织;

③主要的结构形式、尺寸、几何参数、形状与位置公差及表面粗糙度;

④材料(金属和非金属)的机械力学性能;

⑤部件和整机性能对零件的特殊要求,如互换性、耐磨性、耐腐蚀性、耐老化性等。

(2) 部件和整机:

①运动部分(件)的灵活性(转动、滑动、摆动、振动),固定部分(件)连接的牢固性;

②配合部件的互换性;

③外观质量及结构主要的规格尺寸;

④输入输出功率、速度、扭矩、动静平衡及完成各种不同作业的功能、技术性能和适用性。

案例　蜗轮减速机中蜗杆轴的质量要求

蜗轮减速机蜗杆轴的技术要求应达到图样要求或下述质检标准:

a. 轴颈不应有划痕、碰伤、毛刺等缺陷;

b. 蜗轮减速机轴颈的圆柱度为 0.02 mm;

c. 蜗杆的直线度为 0.04 mm/m;

d. 安装轴承处的轴颈粗糙度为 $Ra0.8$,安装密封件的轴颈粗糙度为 $Ra1.6$;

e. 键槽磨损后,在结构及强度允许的情况下,可在原键槽120°位置上另铣键槽;

f. 轴严重磨损或有裂纹的则不能继续使用;

g. 蜗杆齿的技术要求与蜗轮相同。

3. 机械产品的检验、试验方法

（1）机械零件检验。

①化学分析：同流程性材料。

②物理试验：

a. 机械性能试验：硬度、拉伸试验、压缩试验、扭转试验、弯曲试验、冲击试验、疲劳试验等；

b. 无损探伤：射线探伤、超声探伤、磁粉探伤、渗透探伤、涡流探伤等；

c. 金相显微组织检验：利用金相显微镜进行检验。

③几何量测量：尺寸精度及形状与位置公差的测量。

（2）产品性能试验。

产品性能试验是指按规定程序和要求对产品的基本功能和各种使用条件下的适应性及其能力进行检查和测量，以评价产品性能满足规定要求的程度。

不同的产品其性能要求是不同的，试验的内容、要求和方法也不相同。就机械产品而言，产品性能试验主要包括：

①功能试验：对产品的基本功能和使用性能通过试验取得数据资料。如汽车的速度、载重量、油耗率；机车的牵引功率、速度、油耗量、制动力和距离、运行平稳性和稳定性等。

②结构力学试验：结构力学试验一般用于对承受动、静载荷的产品进行机械力学性能试验。试验时模拟外界受力的状态进行静力和动力等试验，试验时，往往加载到规定的载荷值、加载时间或直至结构破坏以测定其内部应力和结构的强度，以验证产品设计及参数计算的正确性。

③空转试验：产品在无负载的条件下，按照试验规定要求（时间、速度、位移、温度、压力等）检查、测试和评定各运动部分工作的灵活性、平稳性、准确性、可靠性、安全性，检查其控制、驱动、冷却、测量等系统的工作情况。

④负载试验：按照试验规范所规定的试验方法，在加载条件下测试、评定产品的各项性能参数；检查各运动部分的可靠性、安全性；检查控制、驱动、冷却、测量各系统的工作状况。

⑤人体适应性试验：任何机械产品的使用和运转都会产生对人体的影响和人身安全的问题，因此人体适应性试验是考查机械对人体的影响及人体对机械运转影响的耐受程度和感知的舒适程度。如机械的加速度、振动、冲击、噪声、隔热等方面的性能。

⑥安全性、可靠性和耐久性试验：安全性对于机械产品特别是对于转动机械和道路行驶、轨道交通机械十分重要，保证机械正常运行时不发生危及人身安全和机械破坏。安全性试验是测量机械行驶时不发生倾覆、脱轨等的技术临界条件，可靠性和耐久性试验是按规定的时间和试验的程序、方法考验机械在长期的实际使用条件下运行时，其工作状况、性能变化、故障情况及磨耗和损坏情况。

⑦环境条件试验：这是一种针对各种机械产品的不同使用环境条件的试验方法，主要在模拟或局部模拟环境条件下进行产品性能对环境的适应性、持续性及稳定性试验。

案例　铸件的检测

铸件的检测内容包括：

（1）铸造缺陷：气孔、收缩、缩松、夹渣、砂眼、裂纹、冷隔、披缝、毛刺、粘砂、胀砂、浇不足、损伤、尺寸偏差、变形、错箱、错芯、偏芯、抬箱等。

(2) 铸件的检验内容：包括铸造工序检验（无国家标准）、铸件成品检验。

① 铸造工序检验项：造型材料的检验；模型的检验；造型、型芯的检验；合箱的检验；浇注的检验；清理的检验。

② 铸件成品检验项：相关技术条件的检验、表面质量检验、几何尺寸检验等项内容。

a. 相关技术条件的检验：包括铸件化学成分、机械性能等检验内容。

b. 表面质量检验：主要对其外观铸造缺陷（如有无砂眼、沙孔、疏松，有无浇不足，铸造裂纹等）的检验，以及毛坯加工余量是否满足加工要求的检验。

c. 铸件成品几何尺寸检验：主要是采用划线法检查毛坯的加工余量是否足够；另外用毛坯的参考基准面（也称工艺基准面）作为毛坯的检验基准面进行检验。

【自检】
试分析汽车中的齿轮有哪些质量检验项目？

二、电工电子产品的质量检验

1. 电工电子产品的特点

电工电子产品广泛应用于工业、农业、交通、冶金、电力等国民经济各个部门各行业，以及国防和人民日常生活。

可以毫不夸张地说，电工电子产品的质量和技术水平是当代高新技术的集中反映。没有电工电子产品，国民经济的各个部门就无法正常运转，就没有强大的现代化国防和人们正在享受的现代物质文明。

(1) 电工电子产品都必须利用电能，而电能的来源广泛，可来自火力发电、水力发电、风力发电、化学能转换等，电能的输送和分配也非常方便，对环境不产生污染或很少污染，使用、操作简便。这些优点为电工电子产品的广泛运用奠定了基础。

(2) 电工电子产品的安全性直接涉及人身安全和产品的正常可靠使用，因此，电工电子产品在结构上都必须考虑电气绝缘，带电部分对机壳和地或高电压部分与低电压部分之间要达到规定的绝缘强度要求。

(3) 电工电子产品都由不同结构的电路组成产品的核心部分。

(4) 电工电子产品中大量使用绝缘材料、导电材料、磁性材料和基础的元器件，这些材料、器件的质量是电工电子产品性能和质量的基本保证。

(5) 电工电子产品的性能和使用都会不同程度地受各种环境条件的影响。

2. 电工电子产品的主要技术要求

(1) 电气绝缘强度：电工电子产品要满足与其工作电压和应用领域相对应的电气绝缘

要求，电气绝缘要求既是产品本身安全可靠工作的需要，更是人身安全的保障。

（2）电压：电压是电工电子产品的一项重要技术指标。工作电压、输入电压、输出电压等从不同的方面描述了电工电子产品对电压的要求；电气绝缘强度要求就取决于电工电子产品电压的高低。

（3）电流：电工电子产品的电流大，则电流通路（导线）的截面积就大；电流大，损耗也大；在一定的电压下，电流大，需要的电能越大，或者输出电能越大。电流是与电工电子产品耗材、能量和损耗等密切相关的一项技术指标。

（4）功率：描述电工电子产品需要电能的大小（输入功率），或输出能量的大小（输出功率）。

（5）频率：电工电子产品工作的电压都有一定的频率（直流为 0 Hz 频率），不能任意改变。

（6）温升：电工电子产品长时间工作时，由于本身的电损耗，会发热，产生一定的温升。温升指标要满足规定的要求。

（7）工作性能：电工电子产品要完成规定的功能，并达到要求的性能。

（8）电磁兼容性（EMC）：电工电子产品工作时处在一定的电磁环境中，本身会不可避免地受到来自周围电气产品的电磁干扰的影响，电工电子产品要有一定的抗电磁干扰的能力；另外，电工电子产品本身在工作时，也会对外界产生电磁干扰，这种干扰要在一定的限值之内。

（9）工作环境条件：电工电子产品对工作环境条件有一定的要求。工作环境条件包括温度、湿度、气压、振动、大气污染等。

案例　断路器的额定极限短路分断能力

断路器一般具有两个反映断路器短路分断能力的参数：额定极限短路分断能力与额定运行短路分断能力。

其中，额定极限短路分断能力指在一定的试验参数（电压、短路电流、功率因数）条件下，能够接通、分断的短路电流。其试验具体方法是把线路的电流调整到预期的短路电流值（例如 380 V，50 kA）而试验按钮未合，被试断路器处于合闸位置，按下试验按钮，断路器通过 50 kA 短路电流，断路器立即开断（断路器应完好，且能再合闸）。经间歇时间 t 后，此时线路仍处于热备状态，断路器再进行一次接通（接通试验是考核断路器在峰值电流下的电动和热稳定性）。此程序即为断路器能完全分断，则其极限短路分断能力合格（试检后要验证脱扣特性和工频耐压）。

3. 电工电子产品检验的主要内容和检验方法

通常我们用试验的方法来考核电工电子产品性能的好坏。试验形式一般分为型式试验及例行试验。

（1）型式试验。

型式试验用于考核指定产品的设计是否符合有关产品标准和验证产品是否满足设计要求。试验可以包括以下考核内容：

①结构要求。

②性能要求：工作极限值、温升、绝缘性能、工作性能、振动与冲击、电磁兼容性、噪

声、气候试验。

（2）例行试验。

例行试验是对批量制作完成的每件产品进行的交付试验，以确定其是否符合有关标准中产品交付的要求。试验可以包括以下考核内容：

①外观；

②运行情况；

③介电性能；

④调整、整定及校正；

⑤气动设备的气密性；

⑥液压设备的密封性；

⑦电阻或阻抗测量。

除以上两种试验外，还有抽样试验及研究性试验。

如果产品的结构和性能进行了重大的改进，必须制作样机进行型式试验。

如果相关产品标准中规定，且工程和统计分析表明产品质量稳定，产品生产批量又很大时，可以不对每台产品进行例行试验，可进行抽样试验，但抽样试验应包括与例行试验相同的一组试验。

研究性试验是用于考核设备特殊性能与特性的选择性试验，由产品生产者或与生产者、顾客协商确定。

电工电子产品的检验内容包括结构要求和性能要求两个方面。

（1）结构要求。

可从外观检查、绝缘电阻和耐压试验三个方面来考核，以确保产品的结构可以满足规定要求。

（2）性能要求。

①工作限值。该试验应在产品使用（或应能正常工作）条件时的最低和最高环境温度下进行，以考核产品的正常工作能力。

②温升试验。温升试验分为环境空气温度测量、部件温度测量、部件温升；主电路温升、控制电路温升、电磁线圈温升、辅助电路温升。不同的电路、不同的绝缘等级，温升的规定值是不同的。

③绝缘性能试验。根据被试产品规定的额定工作电压，确定绝缘电阻阻值及额定冲击耐受电压的等级。

④工作性能试验。根据有关产品标准中的规定，对被试产品的工作性能需进行逐项试验，包括限流、过流保护、电压波动、压力保护等试验。

⑤振动和冲击试验。对于振动和冲击试验，首先在同一个方向进行增强随机振动量级的模拟长寿命试验，其次做冲击试验，最后做功能性随机振动试验。一个方向完成后，再在其他方向进行试验。

⑥电磁兼容性试验。电磁兼容性试验应按产品类别、使用场所、安装位置等综合考虑，来确定试验项目、试验等级和性能评定。一般有浪涌、静电放电、电快速瞬变脉冲群、射频电磁场辐射抗扰度、射频场感应的传导干扰抗扰度、电磁辐射干扰和电源端干扰电压等试验。

⑦噪声试验。应按产品标准或相关标准进行试验。

⑧气候试验。必要时，应进行低温、干热、湿热、盐雾等一系列试验测试，以检验产品适应环境条件的能力。

国家标准 GB/T 2421.1—2008、GB/T 2422—2012、GB/T 2423.1—2008 全面、系统地规定了电工电子产品的环境条件的试验方法。

案例　某企业电视机的电性能检验流程

一、仪器及工具

射频电视信号（1路）；消磁器（1把）；生产用的遥控器（1只）；橡皮槌（1把）

二、操作步骤

（1）插入接收射频信号线。

（2）接收"格子"信号，检查图像几何失真和会聚情况。

①图像几何失真不大于3%非线性失真，水平方向小于10%，垂直方向小于8%。

②检查会聚要求：A区不大于0.4%（2.4 mm），B区不大于0.8%（4.8 mm）。

（3）检查图像重显率。

接收"飞利浦测试卡"信号，检查图像重显率，要求水平方向为92%，垂直方向为92%。

（4）接收"P卡"信号检查白平衡。

按工厂遥控器上的"图像效果选择"键，使电视机分别处于"标准""艳丽""柔和""个人"效果界面，在整个亮度变化过程中图像的底色应基本一致。

（5）检查色纯（红场信号）。

观察整个图像应无明显色斑，如有不明显的色斑，以消磁器消磁后能去除的，则应关机片刻后再开机观察色斑是否重新出现。

（6）检查聚焦，整幅图像要处于最清晰状态。

（7）检查遥控各功能，应动作正常，遥控检查关机色斑。

（8）检查遥控开关机功能。用橡皮槌敲击主板框架3次，图像应无抖动或异常。

（9）按"V＋"或"V－"键，检查伴音变化是否正常，有无失真，有无蜂音、交流音、噪声，音量小时应无输出。

三、完善流程卡的填写工作

拔下信号线，将检测合格的机子流入下道工序，并在工艺流程卡对应项目上打"√"。若不合格，需在工艺流程卡对应项目上填写故障现象。

【自检】

试分析手机充电器有哪些质量检验项目？

_____

_____

_____

_____

_____

三、流程性材料的质量检验

1. 流程性材料产品的特点

在社会生产、服务和生活的各项活动中,随时、随处可以看到、遇到、用到流程性材料,它和我们的日常生活、工作、学习及衣、食、住、行的关系极为密切。流程性材料诸如:固态有纸张、纺织品、电线电缆、金属、非金属的板材、线材、冰、面粉、糖、盐等;液态有涂料、蒸馏水、成品燃料油等;气态有氮、氧、天然气等气体。

流程性材料有以下特点:

(1) 流程性材料可以是固态,也可以是液态和气态。在一定条件下(如温度、压力、时间)三种形态可相互转化。固态可转换为液态、气态,反之亦然。

(2) 流程性材料通常为有形产品(与软件、服务相比较),但是许多流程性材料(常温时为气态、液态和颗粒状的固态)的形态有不确定性和随遇性,随其存放、盛纳的容器和包装物及堆放场所(散状固态)而定。

(3) 流程性材料具有整体的均匀性,其整体中任一微小单元或整体分割后各单元仍是相同的物质,并且其性质不变。

(4) 流程性材料具有自然的连续性,无法进行计数,只能进行计量。

(5) 流程性材料其产品形成过程一般也是连续实现的,在一定批量投料完成之前,一般不能或不易中途停顿中止生产。产品形成后一旦出现性能不合格,则很难纠正(返工、返修)。

2. 流程性材料产品的主要性能

(1) 外观:色泽、形态。

(2) 物理性能:密度(体密度、面密度、线密度)、黏度(黏度系数)、粒度、熔点、沸点、凝固点、燃点、闪点、热传导性能(比热、热导率、线膨胀系数)、电传导性能(电阻率、电导率、电阻温度系数)、磁性能(磁感应强度、磁场强度、矫顽力、铁损)。

(3) 化学性能:耐腐蚀性、抗氧化性、化学稳定性。

(4) 力学性能:强度、弹性、塑性、韧性、硬度、疲劳、耐磨性等。

3. 流程性材料的检验方法

(1) 流程性材料检验的特点。

由于流程性材料的多样性,其产品各自性能要求千差万别,因此它们的检验方法和检测使用的仪器、设备也各不相同,无法笼统地回答什么是流程性材料的检验方法。但与机械及电工产品相比较又有其特点:

①流程性材料整体均匀性的特点决定了流程性材料可通过对其微小单元(部分)实行检验得到整体的性能。

②流程性材料的技术性能较多地涉及外观、物理性能、化学性能、力学性能,有的还有电性能等几方面。因此决定了较多采用的检验方法有物理性能试验、化学分析和力学性能试验方法,通常称为理化检验。

③流程性材料的一些检验需要特殊制备试样(件)、粉碎物或试剂和标准物质。

④许多流程性材料同一试样(件)或试验物品因检验、试验使用和消耗,无法实现检验的重复性,欲重复试验一般需要重新取样、制备试样(件)。

因此取样时一般都留有备用品,以便检验失效或需要复检时使用。

⑤有些流程性材料无法在产品形成过程中进行中间生成物的检测,只能在产品实现后对其实行检验,因此,产品的质量控制主要通过对原材料的质量要求和产品形成过程的过程参数(工艺参数)实行严格控制来实现。

对这类产品而言,过程的监视和检查、验证更显得十分重要,如许多化工产品都是通过反应釜或筒罐中的物理化学反应的作用生成的,有些中间生成物还具有不可接触性,因此无法实现过程检测。

⑥为了保证同一种流程性材料性能的一致性,国家及各行业不仅制定了相应的产品技术标准统一材料的技术性能要求,而且还对技术条件中的性能要求规定了检验或试验方法,制定了国家或行业统一的试验方法标准,供生产组织中的质量检验和试验人员使用,作为检验的具体操作的技术依据。

(2)流程性材料常用的检验方法。

①感官检验法。

通过人体器官的感觉定性检查和判断产品质量的方法。

如啤酒的色泽、泡沫、味道、醇香气味;纺织品的色泽、条干、花型、疵点等;流程性材料常用的感官检验主要是视觉、嗅觉、味觉、触觉检验。

②物理检验法。

a. 度量衡检验法:检验几何形状及尺寸精度、重量、密度、粒度、黏度等。

b. 光学检验法:利用光学原理采用各种光学仪器检测材料的物理、化学性能及组分。

c. 电性能检验法:利用电工原理采用电工、电子仪器对材料的各项电性能和电参数进行检测。

d. 机械性能试验法:利用物理力学原理对材料的力学和机械性能进行检测。这是金属和非金属材料最常用最基本的检验方法,如拉伸强度、疲劳强度、硬度等。

e. 无损检测:在不损坏被检材料的前提下,对材料表面或内部的缺陷、性能、状态、结构进行检测,主要有射线、超声波、磁粉、渗透、涡流等探伤方法。

③化学检验法。

a. 化学分析:化学分析是通过已知的、定量完成的化学反应完成检测。

重量分析法:是根据化学反应生成物的重量求出被测组分含量的方法。

滴定分析法:是在被测组分溶液中,滴入某种已知准确浓度的试剂(称标准物质),根据反应完全时所消耗标准溶液的体积,计算出被测组分含量的方法。

b. 仪器分析:仪器分析是借助特殊的光电仪器通过测量试样的光学性质(如吸光度、混浊度)、电化学性质(如电流、电位、电导)等物理、化学性质,得到待测组分含量的方法。常用的仪器分析法有光学分析法、色谱分析法、电化分析法。

案例 润滑油的质量检验

当前市场上大量的假冒伪劣润滑油屡禁不止。假冒伪劣产品会对机动车造成极大的危害。现介绍一些润滑油质量的简单检验方法。

1. 杂质

把润滑油装入试管中,观察有无悬浮的颗粒状杂质。黏度大的润滑油因颜色深,透明度差，悬浮的杂质不易被发现，这时可把这种润滑油用汽油或柴油稀释后再进行观察。

2. 黏度

将经化验合乎质量标准的润滑油装在试管中，并用软木塞及蜡封口、不要装满，要留 5 mm 左右高度的空间。把所要检验的润滑油装在另一试管中，所用试管的规格和装油量的多少应与前一试管相同，然后用软木塞及蜡封口，同时将两支试管倒置过来，观察气泡的上升速度。如果比标准润滑油中气泡上升速度快，说明这种油的黏度偏低。反之，黏度偏高。

3. 润滑性能

润滑油润滑性能的好坏与润滑油的黏度有关。通常说没有黏度或黏度降低了，指的是润滑油的润滑性能变差了。润滑油的润滑性能降低以后，附着性或黏着性也相应变坏，这样就不能形成有足够强度的油膜，也就起不到良好的润滑作用。

润滑油性能优劣的检验：将沾有润滑油的拇指和食指相互摩擦，如有黏稠的感觉，可以断定这种润滑油还有较好的润滑性能。如有发涩的感觉，可以断定这种润滑油已失去了应有的润滑性能。

4. 水分

将润滑油装入试管里，观察它的透明度。如果不是清澈透明，而是呈现混浊状，就可以初步判定润滑油中含有水分。要想确定油中是否含有水分，有两种可靠的方法：

（1）将待检油品倒进试管中，油量为试管容积的三分之二。用软木塞及蜡将试管口封死后，放在酒精灯上加热。如有气泡出现，同时发出"啪""啪"的响声，并且在油面以上的试管壁上凝结有水珠，就可说明油中有水分存在。

（2）将无水硫酸铜（白色粉末）放进装有润滑油的试管中，如硫酸铜由白色变为蓝色，这也能证明油中有水分存在。

这两种方法不能给出所含水分的多少，只能根据润滑油在加热过程中冒泡的多少或所加硫酸铜的多少凭经验来估计。

四、环境试验

无论哪一类产品，为了确保其本身的性能特别是在实际使用中的正常工作性能，往往要对它们进行全部或部分的环境条件试验，现简要介绍如下。

1. 环境试验的概念和作用

环境试验是将产品或材料暴露到自然或人工环境中按规定条件进行试验，从而对它们在实际上可能遇到的储存、运输和使用条件下的性能做出评价。

2. 环境试验方法

环境试验有自然暴露试验、现场试验和人工模拟试验三类。前两类试验所需费用高，耗时也较长，试验的重复性和规律性也较差，但是试验中所发现的问题能比较真实地反映实际使用状态，因此这两种试验是人工模拟试验的基础。在质量检验中广泛应用人工模拟环境试验。为使试验结果具有可比性和再现性，现在产品的基本环境试验方法已经标准化。环境试验的常用方法如下：

（1）高低温试验：用来考核或确定产品在高、低温环境条件下储存和（或）使用的适应性。

（2）温度冲击试验：确定产品在一次或连续多次温度变化条件下的适应性及结构的承受能力。

（3）湿热试验：主要用于确定产品对湿热的适应性（不论是否出现凝露），特别是产品的电气性能和机械性能的变化情况；也可用于检查试验样品耐受某些腐蚀的能力。

①恒定湿热试验：一般用于通过受潮机理以吸附或吸收作用为主、只有渗透（或扩散）而无呼吸作用的产品，目的是评价这些产品在高温高湿条件下能否保持其所要求的电性能和机械性能，或密封绝缘材料等能否起到足够的防护作用。

②交变湿热试验：这是一种加速环境试验，用于确定产品在温度循环变化的湿热环境中并通常在其表面上产生凝露时的使用和储存的适应性。

它是利用产品随温度、湿度改变而产生的呼吸作用来改变产品内部的湿度，受试产品在交变湿热试验箱内依次进行升温、高温、降温、低温四个阶段试验而构成一次循环，并按技术条件规定进行若干次循环的试验。

③常温湿热试验：产品一般在常规温度和相对湿度较高的条件下进行的试验。

（4）防腐试验：检查产品对含盐水分或工业大气腐蚀的抵抗能力，广泛用于电工电子、轻工、金属材料等产品。防腐试验分为大气暴露腐蚀试验和人工加速腐蚀试验。为了缩短试验周期，多采用人工加速腐蚀试验，其中应用较多的有中性盐雾等试验。盐雾试验主要用于测定防护装饰性镀层在盐雾环境中的抗蚀性能，评价各种镀层的质量优劣。

（5）霉菌试验：产品长时间在温湿度较高的环境下储存和使用，表面均可能有霉菌生长，其菌丝易于吸收潮湿气体，分泌有机酸性物质，使产品的绝缘性能遭到破坏，强度下降，光学玻璃的光学性能下降，加速金属零件的腐蚀，恶化产品外观，有时还伴有令人厌恶的霉味。为此，要进行产品的霉菌试验以评价长霉范围或长霉对产品的性能和使用情况的影响。

（6）密封试验：确定产品防尘、防气体、液体渗漏的密封能力。密封可理解为产品外壳的一种防护能力。国际上电工电子产品外壳防护能力有两类：第一类是防固体微粒的（如防尘）；第二类是防液体、气体的。防尘试验是检查产品在风沙、灰尘环境中防尘结构的密封性能和工作可靠性。气体、液体密封试验是检查产品在严于标准工作条件下防止气、液渗漏的能力。

（7）振动试验：检查产品对正弦振动或随机振动的适应性以及评价其结构的完好性。试验时将产品固定在振动的试验台上，使其在 3 个互相垂直的轴向依次振动。

（8）老化试验：考核高分子材料制品抵抗环境条件影响的能力。根据环境条件的不同，有大气老化试验、热老化试验、臭氧老化试验等。

①大气老化试验是将试样置于室外大气环境下暴露一定时间，期内经受多种因素的综合作用后，观察试样的性能变化，评价其耐候性。试验应在露天的暴露场地内进行，该暴露场地的环境应能代表某类气候特征的最严酷条件或近似于实际应用的条件。

②热老化试验是将试样放在热老化试验箱内保持一定时间，取出试样在规定环境条件下放置后测定其性能，并与试验前的性能进行比较。

（9）运输包装试验：凡进入流通领域的产品大都涉及运输包装问题，尤其是各类精密机电、仪器仪表、家用电器、化工产品、农副产品、药品、食品等的运输包装更为重要。运输包装试验是评定包装件承受动压力、冲击、振动、摩擦、温度和湿度变化的能力及包装对内装物保护能力的综合试验。

3. 通过环境试验的基本条件

环境条件试验后一般在符合下列要求时可认定其通过：

（1）产品的技术性能符合技术标准或试验的作业指导性文件规定要求，产品功能正常，无任何故障和缺陷。电气产品及组件绝缘性能正常。

（2）产品及可解体组成部分检查时不应有脱落、松动、裂纹、折断、损伤、变形、非正常磨损及其他不应有的缺陷。

（3）产品组成部分外观检查时，金属件表面涂层不应出现剥离、起泡、锈蚀、变色等；非金属件表面不应出现膨胀、起泡、开裂、脱落、麻斑等；橡胶制品应无软化、黏结、老化、龟裂等。环境试验对产品有极大的损坏和破坏作用，一般试验后的产品不能直接使用，需要按规定的程序进行处置、整修并经检验合格后才能交付使用。

本章小结

本章主要讲解质量检验基础知识，简要地介绍了质量检验的概念、抽样检验概念及抽样流程，详细介绍了不同类别的产品质量检验。通过质量检验基础知识的学习，提高学生质量检验实际操作能力，为学生从事企业质量检验活动打好基础。

思考题与习题

1. 什么是质量检验？质量检验有哪些类型？
2. 如何实施质量检验？
3. 什么是抽样检验？什么是抽样检验方案？举例说明计数型一次抽样方案是如何使用的？
4. 机械产品有哪些特点？机械产品的检验方法有哪些？机械产品的试验方法有哪些？
5. 电工电子产品有哪些特点？电工电子产品的检验方法有哪些？电工电子产品的试验方法有哪些？

第七章
先进质量管理方法

第一节 顾客满意度指数

顾客满意度指数（Customer Satisfaction Index，CSI）理论是20世纪90年代管理科学领域的重要发展之一。目前，顾客满意度理论和方法已经风靡全球。2000版ISO 9000族标准更是将"以顾客为关注焦点"作为质量管理八项原则之首，我国以及欧美等国家和地区的质量奖评审标准中，都将顾客满意度纳入评审的重要内容和必要条件。顾客满意度测评作为导入顾客满意度理念的一种手段，越来越为国内企业所接受，并且一些企业在提高顾客满意度指数的途径方面也做了一些有益的探索。

一、顾客满意度指数

1. 顾客满意度指数的概念

顾客满意度是指顾客对其要求已被满足的程度。顾客满意与否取决于顾客的价值观和期望与所接受产品或服务状况的比较。顾客的价值观决定了其期望值（认知质量），而组织提供的产品或服务形成可感知的效果（感知质量），两者对比确定了顾客是否满意。

顾客满意度指数是根据顾客对企业产品和服务质量的评价，通过建立模型计算而获得的一个指数，是一个测量顾客满意程度的经济指标。

顾客期望是顾客在购买决策过程前的期望，即顾客购买前对其需求的产品寄予的期待和希望。顾客期望来自顾客需求，不同的顾客有不同的需求，随之就会产生不同的期望。但由于人们总是本能地在事前对要求的事物寄予美好的希望和期待，因此期望往往高于需求。由顾客需求所形成的顾客期望，就会成为顾客在其购买决策过程中实际感受的一个评判依据。

人们往往认为顾客满意度就是顾客满意度指数，其实顾客满意度和顾客满意度指数是有区别的。顾客满意度是顾客对产品的满意程度的一种静态感受，而顾客满意度指数则可以是静态的，也可以是动态的。

例如，就某一特定的产品，在一次顾客满意度调查中，关心的是该时点顾客对该产品的满意程度，可以用顾客满意度测量。但是如果对同一产品，至少连续做了两次调查后，考查顾客满意度的相对变化，实际上这才是顾客满意度指数。

案例　日本人眼中的"顾客"

在日本，顾客的"客"是"庙中迎接神灵"之意，也就是说神灵降临家中，神圣而严肃，这就是"客"的由来。顾客的字面含义即习惯性的购买者，指经常习惯性地购买企业的产品和服务的人。在日本，一般将顾客分为如下类型：

（1）忠诚顾客：作为本企业迷，是品牌和企业形象的忠诚信奉者。忠诚顾客的特点是：经常性重复购买；惠顾企业提供的各种产品或服务系列；顾客成为企业的免费推销员，常常发挥口碑效应；对其他竞争者的促销活动具有免疫力。

（2）经常顾客：频繁购买本企业产品和服务，一般购买额比较大。

（3）现有顾客：多次购买本企业产品，对企业怀有好感的顾客。

（4）临时顾客：偶尔购买，或者长时间内很少购买本企业产品和服务的顾客。

（5）潜在顾客：尚未购买但是将来可能购买本企业产品和服务的顾客。

2. 顾客满意度指数的发展

从 20 世纪 80 年代以来，质量的概念发生了极大的变化，过去质量由生产确定，现在则改为由市场确定。在质量管理方面也产生了以顾客满意为导向的新动向。顾客满意导向的出现是市场经济高度发展的必然结果，它的出现经历了一个很长的时期。

在第二次世界大战以前，工业发达国家从经济萧条时期恢复不久，消费者的购买力还不足，在这种条件下，企业为了在竞争中取胜，就要极力提高劳动生产率，降低产品成本。当时美国福特汽车公司流水线生产方式的成功就是一个典型的例子。到了第二次世界大战之后，随着经济的发展，工业发达国家人们的购买力迅速提高，市场上的商品日益丰富，人们对商品的要求越来越高。在这种环境下，要求企业设计和生产出多种多样和性能优越的产品。随着经济的进一步发展，柔性生产的出现，企业界越来越认识到产品质量的好坏归根结底要由顾客来决定，而不是由标准、企业来决定。以顾客为导向（Customer Oriented）的指导思想逐渐抬头，尤其从 20 世纪 80 年代以来，愈演愈烈。

瑞典最先于 1989 年建立起顾客满意度指数模型，之后，德国、加拿大等 20 多个国家和地区先后建立了全国或地区性的顾客满意度指数模型。1989 年，美国密歇根大学商学院质量研究中心的科罗斯·费耐尔博士总结了理论研究的成果，提出把顾客期望、购买后的感知、购买的价格等方面因素组成一个计量经济学模型，即费耐尔逻辑模型。这个模型把顾客满意度的数学运算方法和顾客购买商品或服务的心理感知结合起来。以此模型运用偏微分最小二次方求解得到的指数，就是顾客满意度指数。美国顾客满意度指数（ACSI）也依据此指数而来，它是根据顾客对在美国本土购买、由美国国内企业提供或在美国市场上占有相当份额的国外企业提供的产品和服务质量的评价，通过建立模型计算而获得的一个指数，是一个测量顾客满意程度的经济指标。

1999年12月，我国国务院发布了《关于进一步加强产品质量工作若干问题的规定》，第一次明确提出要研究和探索顾客满意度指数的评价方法。

由此可见，顾客满意度指数是一种宏观经济指标。

美国顾客满意度指数是对在美国可以购买到的产品与服务的顾客满意程度的一种度量。这些产品与服务是由在美国市场上占有一定份额的美国国内与国外的公司所提供的。这种指标是美国测量200家指定公司产品与服务的顾客满意程度的第一个跨行业基准。ACSI涉及七大经济部类（非耐用品制造业、耐用品制造业、运输业通信业公用事业、零售业、金融业保险业、服务行业、公共事业管理政府部门）与35个行业。ACSI在滚动的基础上每年公布一次。

ACSI的取值在0与100之间。

3. 顾客满意度指数的作用

顾客满意度指数可用来回答下列问题：

（1）对于国家出口的货物和服务而言，顾客的满意程度以及对质量的评估是提高了还是降低了？

（2）对于个别经济部类，或个别产业，乃至个别公司而言，顾客的满意程度以及对质量的评估是提高了还是降低了？

因此，顾客满意度指数既可以起到宏观指导的作用，也能促进个别产品或服务的改进。

对于顾客而言，顾客满意度指数反映了顾客的呼声。对于企业而言，可以应用顾客满意度指数去评估顾客的忠诚度，可用以确定进入市场的潜在的障碍，也可以用以预测投资的回报率，还可确定顾客不满意之处。

如果将国产产品与进口产品的顾客满意度指数进行比较，则可了解国外竞争者的情况。

ACSI是利用电话询问进行调查的，全国共抽查了50 000个以上的顾客。平均每个公司调查250个顾客。

ACSI是由美国密歇根大学工商管理学院国家质量研究中心建立的。

二、顾客满意度指数模型简介

1989年，瑞典最早起用顾客满意度指数（SCSB）。1994年，SCSB被引入美国并加以改造，构建了美国顾客满意度指数（ACSI）。此后，其他一些国家也进行了有关顾客满意度指数的一些探讨，并且也建立了一些不同的顾客满意度指数模型。

1. 瑞典顾客满意度指数模型

瑞典于1989年建立的国家层次上的顾客满意度指数（SCSB）模型是在美国密歇根大学的福内尔的指导下开发的。该模型共有5个结构变量：顾客期望、感知质量、顾客满意度、顾客抱怨和顾客忠诚，如图7-1所示。

图 7-1 SCSB 模型结构

SCSB 模型是世界上第一个国家层次的顾客满意度指数模型。该模型中只有顾客期望和感知质量两个原因变量，但感知价值应当是感知质量和价格综合作用的结果。因此，SCSB 不能很好地区分高质高价与低质低价产品的顾客满意度之间的差异。

2. 美国顾客满意度指数模型

美国顾客满意度指数（ACSI）模型是以瑞典顾客满意度指数模型为基础建立的，ACSI 中增加了一个结构变量感知价值，如图 7-2 所示。

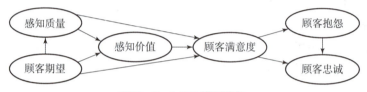

图 7-2 ACSI 模型结构

ACSI 模型认为，顾客满意的 3 个前提变量是顾客期望、感知质量和感知价值；3 个结果变量为顾客满意度、顾客抱怨和顾客忠诚。该模型假定顾客是理性的，即顾客具有从以前的消费经历中学习的能力，而且能够据此预测未来的质量和价值水平，也就是说，顾客具有足够的知识保证他们的期望能够正确地反映当前的产品和服务质量。如果产品和服务的感知质量超过顾客的期望，那么顾客就满意；如果产品和服务的感知质量没有达到顾客的期望，那么顾客就不满意。ACSI 的这些结构变量还需要通过一系列观测变量测量出来。

美国的顾客满意度指数模型在 1998 年进行了一次调整，即将感知质量分解成产品感知质量和服务感知质量。其中产品感知质量对应观测变量：对产品质量的总体评价、对产品顾客化质量的评价、对产品可靠性的评价。服务感知质量对应 3 个观测变量：总体服务感知质量、服务顾客化感知质量、服务可靠性感知质量。

ACSI 通过增加一个结构变量——感知价值，克服并弥补了 SCSB 的不足。并且通过 1998 年的调整，进一步将感知质量分为产品感知质量和服务感知质量，以适应服务在企业营销活动中占有越来越重要的分量。

3. 中国顾客满意度指数模型

我国对顾客满意度指数也做了很多探讨，而且提出了很多有一定特色的顾客满意度指数模型。其中得到普遍认可的是清华大学提出的顾客满意度指数（CCSI）模型。CCSI 模型以 ACSI 模型为基础，吸收了欧洲顾客满意度指数（ECSI）模型中的结构变量——形象，模型中有形象、期望质量、感知质量、感知价值、顾客满意度、顾客抱怨和顾客忠诚 7 个结构变量。模型中结构变量形象的观测变量为：品牌的市场流行程度、品牌产品的特征显著度、产品使用者特征显著度和顾客对公司的信任度。CCSI 的模型结构如图 7-3 所示。

第七章 先进质量管理方法

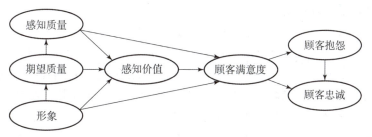

图 7-3 CCSI 模型结构

案例 2018 年中国顾客满意度指数（CCSI）研究成果发布

品牌评级权威机构 Chnbrand 发布了 2018 年（第四届）中国顾客满意度指数（CCSI）品牌排名和分析报告。本年度 CCSI 得分 69.6 分，比 2017 年小幅下降。

拆解指标结构发现，下滑原因更多来自用户的综合感受，而非对产品和服务要素的具体不满。消费者正在变得感性，"感觉"越来越多地主导着他们的评价。代表高品质生活的产品与服务，使 CCSI 提升最快。相应地，高收入群体享有更高的满意水平。

从 CCSI 第一名的品牌归属地来看，中国品牌占比 67.1%，延续高速增长趋势。"中国制造"品牌和互联网生态圈品牌的建设成为中国品牌集体崛起最大的推动力量。

市场和需求始终在发生变化，2017 年的榜首 44.4% 未能蝉联。在手机行业，一年前首次排名榜首的华为手机，在 2018 年的 CCSI 榜单中遭到逆转。另外，奥迪（豪华车）、方太（燃气灶）、柏厨（整体厨房）等品牌也在 2018 年失去了 CCSI 第一的桂冠。

而新晋的榜首，则带来了微妙启发。腾讯视频、京东快递、江小白、永辉超市等品牌将营销上的成功延伸到了用户满意评价体系内，互联网营销思维正在完成向真实体验和口碑的落地。

三、Kano 顾客满意度模型

国际著名质量专家狩野纪昭于 20 世纪 70 年代提出了客户满意度曲线，他提出的"卡诺（Kano）模型"对提升顾客满意度产生了深远的影响。

1. 质量的三个层次

在 Kano 模型中，质量有基本质量、期望质量、魅力质量三个层次。

1）基本质量

基本质量是基线质量，是最基本的需求满足，当其特性不充足（不满足顾客需求）时，顾客很不满意；当其特性充足（满足顾客需求）时，无所谓满意不满意，顾客充其量是满意。

基本质量一般是某种产品和服务的"最低限度"。有这些质量特性，客户不会觉得惊讶和奇怪，也不会觉得特别的满意或喜悦；但如果没有这些质量特性，用户就会大为恼火甚至非常愤怒。比如开车要用点火器发动，但车子发动后，客户也决不会抚掌称庆，因为"顺利发动"的要求简直太基本了。但是，如果三番五次点不着火，客户一定会"火冒三丈"的。

事实上，大多数客户的抱怨往往是基本特性得不到满足而导致的。比如我们经常可以听到，一些管理信息系统在投入使用后不是打印不出来，就是数据汇总出错，一些基本的功能总是丢三落四，这样的系统对客户的伤害是最深的。

案例　电冰箱的基本质量

在日本，电冰箱于20世纪50年代中期开始投入使用。在此之前，人们用冰盒来冷冻像饮料、啤酒之类的东西。冰盒分为上下两层：将冰放在上层里，把要冰镇的东西放在下层。电冰箱出现后，我们知道了用这种机器通电可以将水变成冰。但在那时电冰箱经常出毛病，许多用户的冰箱在购买之后的很短时间里就会出现故障，尤其在第一年里故障出现率非常高。因此，故障率低就成了企业的竞争优势。那么，人们是怎样判断电冰箱的故障呢？是根据它的噪声和振动来判断故障吗？不，他们是根据电冰箱能否将水变成冰来进行判断的。那时，技术和质量控制水平很低，人们只是埋怨产品不能满足一般基本需求：就电冰箱来说，就是能不能将水变成冰。因此，制造商的质量活动集中在降低故障出现率上，而故障是以不符合满足基本需求的规格而言的。那时称这种质量活动为质量控制，企业关心的是产品符不符合规格而不是提高规格本身。

2）期望质量

期望质量是质量的常见形式，也称为一元质量，当其特性不充足时，顾客很不满意，充足时，顾客就满意。越不充足越不满意，越充足越满意，期望质量或者叫作"多多益善特性"，这些特性越多，客户越高兴。

期望质量一般与我们平时提的客户满意是一回事。大约在20世纪60年代到70年代，日本生产的许多工业产品都在基本质量这一层次上取得了显著的进步，如果产品只能满足一般需求那就不好卖了，因为消费者已经开始根据是否适合他们的需求和品位来选择产品了。因此产品符合质量第一层次的规格成为一种基本要求，而不再是竞争优势了。

案例　液晶电视机

第一台电视机面世于1924年，由英国的电子工程师约翰·贝尔德发明。到1928年，美国的RCA电视台率先播出第一套电视片《Felix The Cat》。从此，电视机开始改变了人类的生活、信息传播和思维方式，人类开始步入了电视时代。从黑白到彩色、从模拟到数字、从球面到平面，随着电视市场的饱和，必须生产出具有竞争优势的电视机。

液晶电视机，具有时尚典雅的外观，尽善尽美的清晰画质，再现了自然真实的生动影像。它栩栩如生的画面，让人犹如身临其境，倍感生活的舒适与惬意。它的高贵典雅，成为人们希望购买的电视机品种之一，但由于其价格一直居高不下，人们只好是可望而不可即。如今，随着液晶电视机价格的急剧下跌，它成为市场主流已成定局。

3）魅力质量

魅力质量特性往往让客户感到惊讶，可以叫作"酷毙"了。对客户而言，这些善解人意的、不同寻常的特性，往往让客户有一种由衷的喜悦和爱戴。当其特性不充足，并且是无关紧要的特性时，则顾客无所谓；当其特性充足时，顾客就十分满意。比如你买了一部手机，界面简洁好懂，各种基本功能都有了，但在使用该手机过程中，发现它还有别的手机没有的一些特性，例如具有定位系统，又可作为U盘使用，还可作为手电筒使用等，那么这些质量特性将会使手机具有额外的魅力。

魅力质量是指那些出乎顾客意料的质量特性，这部分质量特性会给顾客带来惊喜，令顾客感到满意。但如果没有提供这部分质量特性，顾客也不会因此而感到不满意。例如，一家

第七章 先进质量管理方法

绿色酒店对于住店期间顾客因减少床单、浴巾、毛巾更换而带来的节约，在结账时给予一定比例的现金返还，这对于多数顾客来说就是一种魅力服务质量。

魅力质量是质量的竞争性元素，通常有以下特点：

（1）具有全新的功能，以前从未出现过。

（2）性能极大提高。

（3）引进一种以前没有见过甚至没考虑过的新机制，使顾客忠诚度得到了极大的提高。

（4）一种非常新颖的风格。

案例 博士伦隐形眼镜的魅力质量

长久以来，"眼镜"只是人们对近视的人的一种理解。只有人近视了，才会戴眼镜。人们并不认为眼镜会影响人的仪表容貌，相反许多人还认为戴副眼镜会显得多一些书生气，给人一种很有修养和文质彬彬的感觉。当隐形眼镜开始进入中国市场时，没有多少人立即购买，因为在许多人眼里，配戴隐形眼镜，只是将外在眼镜去除的一个过程，就好像把眼镜摘去一样，谁也不会多考虑什么。但博士伦眼镜公司却从魅力方面入手，将大众的心带入另一个境界。在电视广告中：在公司，一个带了眼镜的白领女孩从没有让人注意过，在别人的眼里总是那么呆板，男士们对她不屑一顾。某一天，她换了博士伦隐形眼镜，顿时变成了一个很有风度和魅力的白领女性，当她来到公司时，立即获得了众多男士的青睐。这就是"博士伦"眼镜的魅力质量影响。广告播出后，博士伦眼镜立即名气大增，大众从对隐形眼镜的不了解，产生了喜欢的情感，因为它不仅能使人的魅力得到提升，还保留了原有的文雅、高贵的特点。

案例 魅力的重要性

众所周知，原来属于高档产品的派克笔，一直是使用者身份的标志，人们购买它不仅是为了买一件书写工具，更主要是买到一种体面与形象。正因如此，长期以来派克笔深受顾客喜爱，有着"钢笔之王"的美称。1982年派克公司新任总经理詹姆斯彼特森上任，他没有把精力放在改进派克笔的款式和提高质量上，以巩固与发展已经占领的高档产品市场，而是轻率地改弦易辙，热衷于向每支售价3美元以下的低档笔市场进军。这一错误决策，致使派克公司原有的技术优势、产品优势、资源优势、人才优势、管理与文化优势尽失，形象与声誉严重受损，还给其竞争对手克罗斯公司等提供了趁机大举进军高档笔市场的有利机会。最终派克公司不仅未攻下低档笔市场，反而使高档笔市场的占有率下降至17%，销量也只有克罗斯公司的一半。

【自检】

就学校食堂建设，用魅力质量思想提出你的期望。

225

2. 质量管理的三个层次

狩野纪昭将质量管理分为三个不同的层次。简单地看，质量管理的三个层次为：质量控制—质量管理—质量创造，它们的目的分别为符合规格—顾客满意—顾客愉悦。

（1）质量控制。讲究产品符合规格，符合性能，即满足基本质量。

（2）质量管理。讲究顾客满意，为了让顾客满意，让顾客获得期望的质量，制造商的质量行为集中于开发满足消费者明确需求的产品，而不仅仅是产品符合基本质量的要求，这种行为可以称为质量管理。

（3）质量创造。即希望创造顾客所意想不到的质量，达到顾客喜悦。

案例　管理者的三种部属

对于一管理者，他可能有三种不同层次的部属。层次一：执行所负责的工作，达到最起码的要求；层次二：可以依照管理者的指示方向完成任务；层次三：经常观察老板的日常作为，即可以做到满足管理者潜在的要求，例如提前为老板安排好相关事宜。

作为一个管理者，最希望的当然是第三层次的员工，因为他是一种具有魅力质量的员工。

3. Kano 模型简介

在 Kano 模型中，狩野纪昭依照顾客的感受及满足顾客需求的程度，将质量分成三种：基本质量、期望质量和魅力质量（见图 7-4），并指出随时间的推移，产品或服务的魅力质量将变为期望质量，期望质量将变成基本质量，为了维持较高的客户满意度，就必须不断地提高产品质量和不断地进行产品创新。

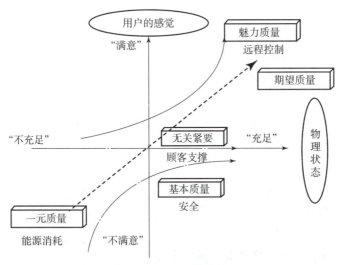

图 7-4　Kano 模型图

Kano 模型以横坐标表示质量要素的具备程度，越向右边，具备程度越高，越向左边，具备程度越欠缺；以纵坐标表示顾客的满意程度，上轴表示满意，越向上满意程度越高，下轴表示不满意，越向下越不满意。

案例　24 万个秘密

几年前，韩国一家大集团副总裁到澳大利亚出差。当他住进丽滋卡尔登饭店后，他打电

第七章 先进质量管理方法

话给该饭店客房服务部门,要求将浴室内原放置的润肤乳液换成另一种婴儿牌的产品,服务人员很快满足了他的要求。

三周后,当这位副总裁住进美国新墨西哥的丽滋卡尔登饭店时,他发现浴室的架子上已摆着他所熟悉的乳液,一种回家的感觉在他心中油然而生。

"凭借信息技术和多一点点用心,丽滋卡尔登饭店使宾至如归不再是口号。"丽滋卡尔登饭店澳大利亚地区品质训练负责人琴道顿女士道出了丽滋卡尔登饭店成功的秘密。在丽滋卡尔登全球联网的电脑档案中,详细记载了超过 24 万个客户的个人资料。这是每一个顾客和丽滋卡尔登员工共同拥有的小秘密,以使顾客满意在他乡。

4. 魅力质量的生命周期

任何魅力质量经过一段时间后,将逐渐转换为一元质量,再变为基本质量。Kano 模型三种质量的划分,为质量改进提高了方向。Kano 模型通过对顾客的不同需求进行区分处理,帮助企业找出提高企业顾客满意度的切入点,识别使顾客满意的至关重要的因素。如果是基本质量,就要保证基本质量特性符合规格(标准),实现满足顾客的基本要求,组织应集中在怎样降低故障出现率上;如果是期望质量,组织关心的就不是符合不符合规格(标准)问题,而是怎样提高规格(标准)本身,不断提高质量特性,促进顾客满意度的提升。如果是魅力质量,则需要通过满足顾客潜在需求,使产品或服务达到意想不到的新质量,组织应关注的是如何在维持前两个质量的基础上,探究顾客需求,创造新产品和增加意想不到的新质量。

案例　质量层次的转换

狩野纪昭先生常举一个例子:

玛丽与约翰比邻而居,小时候常在一起玩,两小无猜,但对彼此并没什么特殊的感觉(无差异质量)。光阴似箭,二人已到了十七八岁的青涩年龄了,忽然彼此看对眼,迸出爱的火花,爱苗渐长,只要看到对方就很高兴(魅力质量)。

终于,玛丽与约翰结婚了,在有玛丽陪同并帮忙处理家事的时候,约翰就觉得很幸福,当玛丽不在或不愿帮忙处理家事的时候,约翰就显得不高兴了(期望质量)。

当日子一天一天地过去,约翰渐渐习惯于玛丽的存在,但当玛丽表现得再好,对于约翰来说这只是日常生活的一部分,也没什么稀奇了(变成是一种必要的质量即基本质量)。

【自检】

就个人使用的手机,说出三点使用中不满意的地方。

227

第二节　六西格玛管理方法

一、六西格玛的概念

σ是一个希腊字母，汉译音为"西格玛"，在统计学里用来描述正态数据的离散程度。目前，在质量管理领域，用来表示质量控制水平，若控制在3σ水平，表示产品合格率不低于99.73%；若控制在6σ水平，表示产品不合格率不超过2 ppm（ppm指百万分率或百万分之几），也就是每生产100万个产品，不合格品不超过2个，考虑1.5倍漂移，不合格率也只有3.4 ppm，接近于零缺陷水平。也就是说，做100万件事情，其中只有3.4件是有缺陷的，这几乎趋近到人类能够达到的最为完美的境界了。

6σ管理法就是六西格玛管理，6σ是一个目标，这个质量水平意味着所有的过程和结果中，99.999 66%是无缺陷的。

关于六西格玛管理，目前没有统一的定义，下面是一些管理专家关于六西格玛的定义。管理专家RonaldSnee先生将六西格玛管理定义为："寻求同时增加顾客满意和企业经济增长的经营战略途径。"六西格玛管理专家TomPyzdek将六西格玛管理定义为："六西格玛管理是一种全新的管理企业的方式。六西格玛主要不是技术项目，而是管理项目。通过设计、监督每一道生产工序和业务流程，以最少的投入和损耗赢得最大的客户满意度，从而提高企业的利润。"

我们可以把六西格玛管理定义为："获得和保持企业在经营上的成功并将其经营业绩最大化的综合管理体系和发展战略，是使企业获得快速增长的经营方式。"

六西格玛被前通用电气公司首席执行官杰克·韦尔奇形容为"通用电气经历过的最具挑战性、最具回报潜力的活动"，也是许多一流国际企业如摩托罗拉、德州仪器、花旗银行、福特汽车、柯达等确保市场领先地位的经营管理新手法。

案例　生活中的六西格玛

如果学校早上规定到校的时间是7点，由于各种原因，真正在7点准时到达的情况是极少的。如果我们规定在7点之前到校为不迟到，一年内若上课200天，如果其中有55次超过7点到达，从质量管理的角度来说，这就是不合格的，不迟到的合格率为72.5%，大约为2.1个西格玛。如果到校的准点率达到六西格玛，这意味着每一百万次到校中仅有3.4次超过7点到达。以每天早上一次到校计算，这相当于每805年才出现一次早上迟到到校的现象。所以六西格玛的管理几乎是完美的。

案例　六西格玛的秘密

韦尔奇发现六西格玛，缘于一次小概率事件。在一次打乒乓球时，他对一个精力十足、不愿服输的对手印象深刻，这个人名为拉里·伯西迪。1995年，当拉里·伯西迪前往联合信号公司担任CEO几年后，他告诉韦尔奇他在摩托罗拉公司的一个发现：一种名为六西格玛的工作方法，不仅能极大减少残次产品率，更能由此进一步节约成本。

六西格玛本身正是一种将犯错误的概率降到最低的统计学概念：在100万个造成缺陷的机会中，只有不到3.4个缺陷。

通过韦尔奇的有效推动，六西格玛从一种统计学工具变成了一门管理艺术：在通用电气公司，它不仅被广泛应用于生产环节，还被拓展到人力资源、市场营销等部门。其结果也足够诱人：每个黑带（六西格玛专家）可每年做4到6个项目，并在每个项目中为公司节省25万到30万美元。在通用电气公司将生产水平从1995年的3.5个西格玛提升到1998年的六西格玛后，其收入增长了11%，利润提高了13%。

二、六西格玛管理的特点

1. 以顾客为关注中心

获得高的顾客满意度是企业所追求的主要目标，然而顾客只有在其需求得到充分理解并获得满足后，才会满意和忠诚。以前有很多的企业仅是一次性或短时间地收集顾客的要求或期望，而忽略了顾客的需求是动态变化的，从而达不到高的顾客满意度。

在 6σ 管理中，以顾客为中心是最先关注的事。例如 6σ 管理的绩效评估就是从顾客开始的，6σ 管理的改进程度是用其对顾客满意度和价值的影响来确定的，即一切以顾客满意和创造顾客价值为中心。

案例　通用电气公司的冰箱

通用电气公司要求冰箱门体的两条对角线的尺寸差不能超过2 mm，箱体的宽度也只能有2 mm的最大允许误差范围，且上中下六个尺寸，前面三个，后面三个，全部要求在这个范围之内。而有的国家企业的习惯是只要平整就行，对产品外部尺寸要求不是很严格。

要求冰箱门的左比右要高出1.5 mm，这主要是考虑到门体在时间久了之后会下移，可见其考虑得非常细致。有的国家企业对冰箱外观要求较高，尽量做得漂亮、豪华，但通用电气公司却对外观方面要求不高，因为美国只把它当成家庭的一个普通消费品，但对电器的安全和制冷性能却极其重视。生产的冰箱主要按美国UL（安全标准）标准来生产，这比有的国家标准要高得多，它要求电器产品所有能够接触到的部位都不能有尖角，不能有锋利面，包括螺钉也不能用尖的。例如有些冰箱底板有尖角，翻过来人会接触到，存在安全隐患，但UL却不允许这样。冰箱两侧板和后板的连接，有的国家企业生产的冰箱，通常在两侧板上有一槽，后板通常是插到这个槽里面便可，但是通用电气公司要求必须要打螺钉，认为这样更可靠（万一发生火灾，钢板不易产生裂口，里面保温层的明火窜不出来）。在整个生产使用过程中的每一个环节，可能会发生的任何不利事情，他们均会想到，然后在设计、生产和包装过程中，尽可能地去避免这些事情发生。即使对一个与冰箱没有多大关系的东西，通用电气公司也会注意到。比如冰箱的外包装塑料袋，要求必须打两个孔，用于透气，以免塑料袋去掉后，万一被小孩拿去玩，把自己套在里面，因不透气而发生生命危险。除安全标准外，通用电气公司还要求按照DOE标准（能耗标准）来进行生产，有的国家标准规定在25 ℃环境温度下冷冻室装满试验包的情况下测试，而美国标准是在32 ℃环境温度下空箱测试。通用电气公司要求产品的重复性和再现性要好，前者是指不同的人在检查同一台冰箱时会得到同样的答案，都认为合格或不合格；后者是指同一个人，如果单独检查一台冰箱是合格的，那么把它放在一堆冰箱里，再次检查也能判断它是合格的，即要有统一的水准，以保证在评价产品时做到统一。

2. 基于数据和事实驱动的管理方法

6σ管理把"基于事实管理"的理念提到了一个更高的层次。虽然现在很多人的注意力开始集中在诸如改进了的信息系统、知识管理等新的管理手段上，但是他们做出的许多商业决策仍然是基于一些自以为是的观点和假设。6σ管理一开始就澄清什么是衡量企业业绩的尺度，然后应用统计数据和分析方法来建立对关键变量的理解和获得优化结果。

3. 聚焦于流程改进

在6σ管理中，流程是采取改进行动的主要对象。设计产品和服务，度量业绩，改进效率和顾客满意度，甚至经营企业等，都是流程。流程在6σ管理中是成功的关键。

精通流程不仅是必要的，而且是在给顾客提供价值时建立竞争优势的有效方法。一切活动都是流程，所有的流程都有变异，6σ管理能帮助人们有效减少过程的变异。

案例　通用电气公司的六西格玛应用（一）

美国通用电气公司GE金融服务的客户告诉公司，他们常遇到一个棘手的问题，即销售人员不能直截了当地回答客户的问题。公司决定采用六西格玛对销售人员进行管理。根据六西格玛的数据采集规则，每位销售员每周要有一本详细的记录，当客户提问后，销售人员要立刻把问题记下来，然后思考是否立刻回答这些问题。经过统计发现只有50%的问题可以立刻回答。公司对这些数据做进一步分析后，还发现什么样的问题销售人员没有准备，无法回答，因而可确定什么样的人适合这项工作，需要接受什么样的培训。公司实行了六西格玛方法管理后，在处理客户的电话询问方面收到了明显的效果。韦尔奇说，过去客户有24%的问题我们无法答复，而现在每一次打电话就有99%的机会与一位GE的服务人员通话；由于电话中有40%的生意，由此而带来的收益可达上百万美元。

4. 有预见的积极管理

"积极"是指主动地在事情发生之前进行管理，而不是被动地处理那些令人忙乱的危机，或称为"救火"。有预见的积极管理意味着应当关注那些常被忽略了的业务运作，并养成习惯；确定远大的目标并且经常加以检视；确定清晰的工作优先次序；注重预防问题而不是疲于处理已发生的危机；经常质疑做事的目的，而非不加分析地维持现状。

6σ管理包括一系列工具和实践经验，它用动态的、即时反应的、有预见的、积极的管理方式取代那些被动的习惯，促使企业在当今追求几乎完美的质量水平而不容出错的竞争环境下能够快速向前发展。

5. 无边界合作

"无边界"是指消除部门及上下级间的障碍，促进组织内部横向和纵向的合作。这种改善了过去仅仅由于彼此间的隔阂和企业内部部门间的竞争而损失大量金钱的状况，其做法改进了企业内部的合作，使企业获得了许多受益机会。而6σ管理扩展了这样的合作机会，当人们确认了如何使自己的职责与企业的远大前景相适应时，就会意识到并且能够衡量出工作流程各部分的相互依赖性。在6σ管理法中无边界合作并不意味着无条件的个人牺牲，这里需要确切地理解最终用户和流程中工作流向的真正需求,更重要的是,它需要用各种有关顾客和流程的知识使各方同时受益。由于 6σ 管理是建立在广泛沟通基础上的,因此 6σ 管理法能够营造出一种真正支持团队合作的管理结构和环境。而连接这种无边界合作的"纽带",就是那些有着强烈使命感的黑带。黑带是项目改进团队的负责人,而黑带项目往往是跨部门的。要想获得成功就必须由黑带率领他的团队打破部门之间的障碍,通过无边界合作完成 6σ 项目。

6. 追求完美,容忍失败

为什么在追求完美的同时还要容忍失败,二者看上去似乎有些矛盾。从本质上讲,这两方面是互补的。作为一个以追求卓越作为目标的管理方法, 6σ 管理为企业提供了一个近乎完美的努力方向。没有不执行新方法、贯彻新理念就能实施 6σ 管理的企业,而这样做总会带来风险。在推行 6σ 管理的过程中,可能会遇到挫折和失败,企业应以积极的心态应对挑战,面对挑战和失败。

案例　通用电气公司的六西格玛应用(二)

通用电气公司把六西格玛应用于公司所经营的一切,如债务记账、信用卡处理系统、卫星时间租赁、法律合同设计等。通用电气公司借此运动基本消灭了公司每天在全球从事生产的每一个产品、每一道工序和每一笔交易的缺陷和不足。

通用电气公司的六西格玛项目的工作包括五项基本活动:确定、估量、分析、改进及最终控制生产或服务的工序。这些项目通常都把重点放在提高客户的生产率和减少他们的资本支出上,这同时也就提高了通用电气公司自己的业务质量、速度和效率。

通用电气公司的医疗设备系统集团、工业钻石超级磨料部、铁路火车租赁部以及塑料集团都非常具体地实施了六西格玛质量标准。

三、六西格玛管理三步曲

六西格玛组织、六西格玛策划和六西格玛改进被称为六西格玛管理三步曲,是实现六西格玛突破性改进的三个基本要素。

1. 六西格玛组织

六西格玛项目通常是通过团队合作完成的。六西格玛组织(OFSS)是推进六西格玛管理的基础,六西格玛管理的全面推行要求整个企业从上至下使用同样的六西格玛语言和采用同样的六西格玛工具。因此,要建立一支符合项目开展要求的六西格玛专业队伍。

六西格玛人员组织分倡导者、黑带主管、黑带、绿带四个等级,如图 7-5 所示。

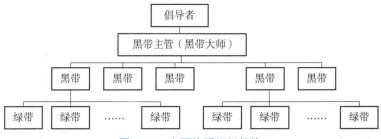

图 7-5　六西格玛组织结构

倡导者（Champion）由企业内高级管理层人员组成，通常由总裁、副总裁组成，他们大多数是兼职，负责部署六西格玛的实施和全部支援工作，负责确定和选择六西格玛项目，跟踪或监督六西格玛的进展。

黑带主管（MasterBlackBeit）为全职六西格玛人员。其主要工作为培训黑带和绿带人员，组织和协调项目，开展会议及培训，收集和整理信息，执行和实现由倡导者提出的"该做什么"的工作。

黑带（BlackBeit）为全职六西格玛人员，具体执行和推广六西格玛，同时负责培训绿带。一般情况下，一名黑带一年要培训 100 名绿带。

绿带（GreenBeit）为六西格玛兼职人员，通常为企业各基层部门的负责人，是企业内部推行六西格玛众多底线收益项目的执行者，侧重于六西格玛在每日工作中的应用。

以上各类人员的比例一般为每 1 000 名员工中，应配备黑带主管 1 名，黑带 10 名，绿带 50～70 名。

案例　通用电气公司的六西格玛组织结构

通用电气公司采用六西格玛管理就如同重新训练公司员工。它要求所有人员，包括市场营销人员和勤杂工都采用工程师那样的思维和行为方式。所有的工序，包括电话应答，或装配飞机，按照六西格玛要求，出现误差的可能性都要缩小到百万分之 3.4 以下，达到 99.999 7% 的精确度。质量管理不再是那种目标不清，只是笼统地说质量有所改善的实践，而是根据顾客的要求来确定的管理活动，这样对顾客特别有帮助的项目就会受到高度重视。在通用电气公司，六西格玛的实施由经过严格培训的被称为"黑带大师"和"黑带"的员工来带领和指导，他们时刻活跃于各种项目中，努力消除一切误差（"黑带"这一术语借用于空手道，意味着大量的意念和实践训练）。训练黑带要花费四个月的时间，但要成为一名精通诸样分析工具，如 Pareto 分析图、Chi2 图、时间策划图、简化设计试验等统计工具以及一种叫作"数据统计分析"的计算机软件的黑带大师，得花费两年的时间。要获得正式认可的资格，黑带大师还必须主持二十个获得预定可节省效益的项目。在通用电气公司里，还有一支"绿带"队伍，他们在业余时间参加质量控制项目，余下的时间做各自的本职工作。

2. 六西格玛策划

六西格玛管理突破性改进的成功，取决于项目的选择，实施六西格玛策划，可以确保项目的正确选择。有效的策划应该选择对顾客、员工以及组织最有效益的项目直接切入。在项目执行的过程中，问题的界定往往比问题的分析更困难，因为许多项目团队经常不能确定其项目是否符合组织的关键需求。倘若不能谨慎地踏出改进项目的第一步，尽管在以后的工作中，项目团队付出艰辛的努力，却不一定会取得很好的效果。因此，在项目开始准备阶段，就需要花费较多的精力，认真策划，以确保六西格玛管理改进项目的成功。

六西格玛策划（Planning for Six Sigma PFSS）是六西格玛管理的第一个阶段，也就是人们常说的项目界定。项目界定就是识别、评价和选择正确的项目，其主要程序如图 7-6 所示。

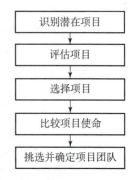

图 7-6　项目界定程序图

案例 美的公司的六西格玛

为全面提升企业的竞争优势，美的家电制冷集团在 2004 年年会上，将 2005 年确定为公司质量年，并决定在品质方面投入 2 亿元人民币，全面引入六西格玛战略，并聘请世界著名咨询公司 SBTI 把六西格玛项目提升到公司发展战略层面。目前美的风扇已按标准确立了包括研发、制造环节的十大"黑带"项目，并正式培训出第一批具有六西格玛专业管理资格的项目经理。

以美的为代表的中国企业引入六西格玛战略，体现了不断提升企业的综合竞争能力，升级企业的综合管理水平的愿望和决心。但专家同时警告，必须防止把六西格玛管理实施当成又一个质量认证。六西格玛管理实施应该着眼于流程能力、产品质量或客户忠诚度的突破性提高。任何试图把六西格玛管理实施当成一个品牌、宣传或认证的手段是浪费资源，并不会取得任何实质性的管理变革。

3. 六西格玛改进

六西格玛项目选定之后，六西格玛项目团队让不同的成员在一起合作，使所有成员能够共同完成他们所做的工作，关键是要有一个共同的方法或程序。这个共同的程序就是 DMAIC：界定（Define）、测量（Measurement）、分析（Analysis）、改进（Improvement）、控制（Control）。

依照这个过程的 5 个步骤，可以有效地实现六西格玛突破性改进。团队的工作从一个问题的陈述到执行解决方案，这中间包括了许多活动。通过 DMAIC 过程的活动方式，团队成员可发挥最有效的作用，完成项目使命。

1）DMAIC 的作用

DMAIC 作为解决问题的步骤，能体现六西格玛管理法的优势，其重要作用体现在以下几个方面：

（1）测量问题。在 DMAIC 过程中，不仅仅是假定知道问题是什么，还必须去证明，用数据的语言来描述产品或过程业绩。

（2）关注顾客。无论是内部还是外部顾客，都需了解他们的需求，并在此前提下尝试在过程中降低成本（避免缺陷）。

（3）辨识问题根源。传统的改进，可能接受一个原因，但没有充分证明这个原因。现在，六西格玛要求必须用数据和事实来证明你认定的原因。

（4）打破传统观念。DMAIC 项目解决问题的方案将不仅仅是在固有的旧的过程中做一个较小的改变，真正的变化和结果需要带有创新的解决方案。

（5）进行风险管理。让顾客满意，避免缺陷，这是六西格玛管理的理论基础，充分体现经济性的特征。有效的 DMAIC 过程，不仅能降低成本，也能够降低风险（顾客和组织的双方风险）。

（6）测量结果。对价格的解决方案最好的评判标准是财务效益。六西格玛真正结果的测量，会给各方提供更多的信任。

（7）持续变革。如果没有持续的变革，即使是由 DMAIC 团队做出的"最好的实践"，也可能会很快消逝。不断创新，持续创新，启发众多的六西格玛项目团队是至关重要的。

2) DMAIC 过程改进活动

六西格玛改进的方法 DMAIC 是分 5 个步骤实施的，每个步骤都有其活动的重点及经常使用的质量管理工具和技术。表 7-1 给出的是 DMAIC 过程活动的重点及其采用的工具。

表 7-1　DMAIC 过程活动重点及其工具

阶　　段	活动要点	常用工具和技术
D 界定阶段	项目启动 寻找 $Y=f(x)$	头脑风暴法、亲和图、系统图、流程图、SIPOC 图、因果图、劣质成本、项目管理
M 测量阶段	确定基准 测量 Y, X_n	排列图、因果图、散布图、过程流程图、测量系统分析、过程能力指数、故障模式分析、PDCA 分析、直方图、趋势图、检查表
A 分析阶段	确定主要原因 确定 $Y=f(x)$	头脑风暴法、因果图、水平对比法、5S 法、劣质成本分析、试验设计、抽样检验、回归分析、方差分析、假设检验
I 改进阶段	消除主要原因 优化 $Y=f(x)$	试验设计、质量功能展开、正交试验、测量系统分析、过程改进
C 控制阶段	维持成果 更新 $Y=f(x)$	控制图、统计过程控制、防差错措施、过程能力指数分析、标准操作程序、过程文件控制

案例　六西格玛改进过程

米其林是法国著名的生产高品质轮胎的公司，有一次公司遇到了一个头痛的问题，所生产的方程式赛车轮胎的不良率竟然高达 25%，退货率很高。虽然公司内的技术专家对各道工序进行了仔细检查，但依然找不出问题所在。公司决定尝试六西格玛的 DMAIC 方法开展为期一周的改善活动。

改善团队发现，其中一些问题靠普通的六西格玛工具就可以发现。在生产橡胶轮胎过程中，会用到一个秤，用于称量橡胶以及其他成分的重量。改善团队发现，有时这个秤没有校准就开始使用了，导致使用物品重量称后轻的物品过轻、重的物品过重，影响了产品质量。

这个事例说明，如果没有观察活动和团队合作，问题是不可能迅速得到解决的。采用六西格玛管理能从细微之处解决问题。

【自检】

在班级管理中，如何实施六西格玛管理。

第三节 卓越绩效管理

朱兰博士曾说:"将要过去的20世纪是生产率的世纪,将要到来的21世纪是质量的世纪。"我国也把提高产品质量问题看作兴国之道,看作提高经济效益和竞争力的根本之策。朱镕基总理曾说:"当前我国面临经济结构调整的关键时期,质量工作是主攻方向。没有质量就没有效益。放任假冒伪劣,国家就没有希望。"PDCA循环作为不断提升、不断改进质量的方法,为企业作出了贡献,有人把PDCA比作是管理者施展才能、建功立业的"乾坤圈"! 但管理一个组织必须具有一种系统的视野,仅仅通过不断的质量改进是远远不够的。质量内涵已经渗透到企业所有组成部分,如果把组织的竞争力比作一个木桶,我们就必须清楚这只木桶是由哪些木板所构成的。卓越绩效管理模式就是我们所要构建的这只木桶!

一、卓越绩效管理模式的基本概念

1. 卓越绩效管理模式的产生

1)时代的变化

随着知识经济社会的到来,经济呈献出无国界化,经济已形成全球化的趋势,产品的质量必须有国内与国际市场接轨统一的观点。中国加入WTO以后,企业面临全新的市场竞争环境,仅仅依靠质量认证并不能使企业脱颖而出,如何进一步提高企业质量管理水平,从而在激烈的市场竞争中取胜是摆在广大企业面前的现实问题。

2)质量概念的进化

在任何地区、任何国家,顾客都是追求有优势的产品质量,现在的顾客更是强调产品差异化,追求具有独创性的、有魅力的产品质量。企业为确保市场上的竞争优势,在质量意识、质量保证上有了极大的提高,处处体现了"质量是顾客价值的核心"的概念。

随着人生活质量的提高,企业仅以"质量是顾客价值的核心"是不够的,必须提升"通过质量创造顾客价值"的核心竞争力,才能保证产品在市场上经久不衰。例如,名牌产品"人头马""茅台"酒等就有这样的质量特性,当人们在享受其质量的同时,还享受了一种价值观。

所以,现代企业必须进入战略性的质量时代,将"通过质量创造顾客价值"作为企业的核心战略,以此决策企业的经营、机构重组以及资源投入等。

3)卓越绩效管理模式的产生

应对21世纪质量的挑战,必须有相应的企业策略。一个国家,必须对企业质量的发展不断引导和激励,并创造一种竞争模式,建立一套客观公正的质量评价标准。一个企业,提高质量不能仅仅依靠政府的命令和要求来实现,而是靠参与市场竞争自觉积极地提高质量,竞争才是促使企业提高质量的根本动力。

20世纪80年代，日本产品因物美价廉大举进军美国市场。面对日本产品质量的迅速提高，面对市场残酷的竞争，美国企业很是恐慌。经过研究，美国政府制定了马克姆·波多里奇奖，它的核心是定点超越，分两步进行：第一步，分析本企业与历史同期相比，取得了多少进步，它是否能够激励本企业继续前进；第二步，企业要想获得巨大的进步，就要不断地把本企业的业绩与同行业最好企业的业绩进行比较，找出差距，然后迎头赶上，这就是定点超越。自颁发马克姆·波多里奇奖后，美国企业纷纷比照马克姆·波多里奇奖获得者寻找差距，然后定点超越，结果产品质量大大提高。20世纪90年代，美国企业重新树立了对日本企业的竞争优势，马克姆·波多里奇奖的定点超越成了美国企业质量成功的重要因素之一。

马克姆·波多里奇奖也是美国国家质量奖，在这个质量奖中提供了质量相应评价标准，即卓越绩效管理模式标准，由此卓越绩效管理模式就产生了。

卓越绩效管理模式体现了以顾客为导向，追求卓越绩效管理的理念。它提供了一种评价方法、一种世界级企业成功的管理模式，其核心是强化组织的顾客满意意识和创新活动，追求卓越的经营绩效。

案例　波多里奇奖的产生

在20世纪80年代，小到电子表、大到汽车的日本产品纷纷涌进美国，美国本土工业面临着强烈的冲击。面对这种情况，美国前商业部长马克姆·波多里奇先生召集了几十位经济专家、管理学家和企业家进行研究，以寻找出路。在充分研究的基础上，他们向美国国会提出了设立"美国国家质量奖"的建议，它每年只授予2～3家具有卓越成就、不同凡响的企业。该奖的核心主要是实现定点超越。在评定了部分企业后，美国企业纷纷以这些企业为目标，不断超越，终于实现了美国质量的飞跃。

马克姆·波多里奇于1981年至1987年出任美国商业部长，他在任期间极力倡导美国要长期保持繁荣和辉煌质量管理。由于他长期致力于美国质量管理工作，在促进美国国家质量管理的改进和提高上作出了突出的贡献。为此，在他去世后，美国通过了国家质量改进法案，建立了以他的名字命名的国家质量管理奖即马克姆·波多里奇奖。

4）卓越绩效管理模式的发展

卓越绩效管理模式是当今世界众多国家和地区已经采用的、被证明行之有效的前沿的组织绩效管理方式。卓越绩效管理模式得到了美国企业界和管理界的公认，并被世界各国许多企业和组织纷纷引入实施，其中施乐公司、通用电气公司、微软公司、摩托罗拉公司等世界级企业都是运用卓越绩效管理模式取得出色经营成果的典范。

迄今，卓越绩效管理正日益成为一种世界性标准，并成为世界级成功企业公认的提升企业竞争力的有效方法，也是我国企业在新形势下经营管理的努力方向。全球已有60多个国家与地区，先后开展了卓越绩效管理的推广与普及。2004年8月30日，中国国家质监总局和国家标准化管理委员会发布了GB/T 19580—2004《卓越绩效评价准则》国家标准和GB/Z 19579—2004《卓越绩效评价准则实施指南》标准化指导技术文件，并于2005年1月1日起在全国实施。国家质监总局与有关部门会商，参照美国国家质量奖模式，于2008年在全国开展国家质量奖的评奖和表彰活动，评奖采用《卓越绩效评价准则》国家标准。

案例 卓越绩效评价内容（见表7-2）

表7-2 中国全国质量管理奖与美国马克姆·波多里奇奖对比

序号	内　　容	美国马克姆·波多里奇奖	中国全国质量管理奖
1	领导	120分	120分
2	战略	85分	80分
3	以顾客和市场为中心	85分	80分
4	测量、分析和知识管理	90分	80分
5	以人为本	85分	80分
6	过程管理	85分	160分
7	经营结果	450分	400分
	总分	1 000分	1 000分

案例 2017年中国全国质量管理奖获奖企业名单

（一）再次获奖企业

浙江世友木业有限公司

（二）大中型企业

1. 长飞光纤光缆股份有限公司
2. 北京东方雨虹防水技术股份有限公司
3. 杭州老板电器股份有限公司
4. 江苏今世缘酒业股份有限公司
5. 珠海罗西尼表业有限公司

（三）服务业

1. 交运集团青岛温馨巴士有限公司
2. 国网江苏省电力公司南京供电公司
3. 国核电力规划设计研究院有限公司
4. 上海申通地铁集团有限公司
5. 山东航空股份有限公司

（四）军工行业

1. 中国船舶重工集团公司第七二五研究所
2. 中国人民解放军四八〇五工厂军械修理厂

2. 卓越绩效管理模式的特点

卓越绩效管理模式反映了现代经营管理的先进理念和方法，是世界级企业成功经验的总结。

1）质量内涵的拓展

在卓越绩效管理模式中，强调大质量概念。质量不仅包括固有的特性，而且还指人们赋予的特性（超越了ISO 9000），并把产品、服务质量拓展到工作的质量、过程的质量、系统的质量以及最终经营的质量,并将质量渗透到组织的所有肌体,强调任何事物都有质量,强调过程决定结果,强调结果是目的。

卓越绩效管理的指导思想是接纳先进,重视国情。

2)关注竞争力的提升

产品质量的提升必须有良好的战略策划、绩效评价,强调竞争力的提升。以前企业评价经营效果总是侧重于纵向的比较,而卓越绩效则是一个竞争性的评价模式,关注企业的战略策划和绩效评价。

3)聚焦于经营结果

卓越绩效追求以顾客为中心的结果、追求顾客满意,但是,强调用户满意只是企业经营的方法,而绝对不是最终的目标。企业的经营目标应该是追求最终的经营结果,包括产品和服务结果、财务和市场结果、人力资源结果、组织有效性结果、组织自律和社会责任结果,追求利益相关方的平衡。

4)成熟度标准

卓越绩效管理模式是一个成熟度标准,不同于 ISO 9000 这种符合型标准,卓越绩效是需要不断追求的标准,每个企业都可以按照标准不断提升自己。对于企业而言,卓越绩效用于评奖的作用是有限的,美国一年只有 2 家企业获奖,最多 7 家,但是每年有几十万家企业按照卓越绩效的要求努力。获奖对于企业来说固然是一种价值的体现,但为之奋斗的过程对于企业更是弥足珍贵。

卓越绩效管理模式不同于 ISO 9000 符合型标准,它可用于评奖,更多地用于组织自我评估,寻找改进机会,追求卓越。一个追求成功的企业,它可以从 ISO 管理体系的建立、运行中取得绩效,并持续改进其业绩,取得成功。但对于一个成功的企业如何追求卓越,卓越绩效管理模式提供了评价标准,企业可以采用这一标准集成的现代质量管理的理念和方法,不断评价自己的管理业绩走向卓越。

二、《卓越绩效评价准则》的内容与组成

为了引导组织追求卓越绩效,提高产品、服务和经营质量,增强竞争优势,促进经济持续快速健康发展,中国国务院特制定《卓越绩效评价准则》。《卓越绩效评价准则》源于世界著名的三大质量管理奖——美国的波多里奇国家质量奖、欧洲质量奖、日本的戴明奖,其中内容相同部分占90%,是由数十名专家、学者结合中国国情、历时数年、广泛调查、反复论证而制定的。该标准囊括了当今世界最先进的管理理念及管理方法,对组织起到了教育培训、计划(设计)、监测、诊断的作用。据统计,推行卓越绩效管理模式的收入与投入成本的比率为207:1,而推行卓越绩效管理模式的企业,其三年后的各项指标均比一般企业提高25%左右。因此,卓越绩效管理模式强大的整合力及推动力越来越受到众多企业的重视,换言之:谁达到了卓越,谁将会有更强劲的发展动力与潜力,也将会有更多的商机与市场,同时将会有更多的成为市场领导者的机会。

1.《卓越绩效评价准则》的内容

《卓越绩效评价准则》是参照国外质量奖的评价准则,结合中国质量管理的实际情况,从领导、战略、顾客与市场、资源、过程管理、测量、分析与改进以及经营结果等七个方面

规定了组织卓越绩效的评价要求，为组织追求卓越绩效提供了自我评价的准则，也可用于质量奖的评价。

1）领导

组织高层领导应确定组织的价值观、发展方向和绩效目标，完善组织的治理以及评审组织的绩效。

2）战略

组织应当制定战略目标和战略规划，进行战略部署，并对其进展情况进行跟踪。

3）顾客与市场

组织应当确定顾客与市场的需求、期望和偏好，建立良好的顾客关系；确定影响赢得、保持顾客，并使顾客满意、忠诚的关键因素。

4）资源

组织高层领导应当为确保战略规划和目标的实现，为价值创造过程和支持过程以及持续改进的创新提供所必需的资源，包括人力资源及财务、基础设施、相关方关系、技术、信息等其他资源。

5）过程管理

过程管理涵盖了所有部门的主要过程，其目的在于确保组织战略目标和战略规划的落实。过程管理应具有内外环境和因素变化的敏捷性，即当组织战略和市场变化时能够快速反应，例如当一种产品转向另一种产品时，过程管理应当确保快速地适应这种变化。

组织应当基于 PDCA 对过程实施管理，从识别过程开始，确定对过程的要求，依据过程要求进行过程设计，有效和高效地实施管理，对过程进行持续改进和创新并共享成果。

组织的过程分为价值创造过程和支持过程。

6）测量、分析和改进

组织应当确定选择、收集、分析和管理数据、信息和知识的方法，充分和灵活地使用数据、信息和知识，改进组织绩效。

7）经营结果

组织应当对主要经营方面的绩效进行评价和改进，包括顾客满意程度、产品和服务的绩效、市场绩效、财务绩效、人力资源绩效、运行绩效，以及组织的治理和社会责任绩效。

组织应当描述其至少近三年的主要绩效指标数据，以反映绩效的当前水平和趋势，并与竞争对手和标杆的数据进行对比，以反映组织在相关绩效方面的行业地位、竞争优势和存在的差距。

2.《卓越绩效评价准则》的结构组成

《卓越绩效评价准则》标准包含 7 个类目、22 个评分项、43 个着重方面，11 项核心价值观贯穿其中，每个评分项结合我国企业管理现状赋予不同的分值，总分为 1 000 分。评价报告中针对每个着重方面写出 6~10 条评语，实现了点、线、面、体的全面剖析，阐明了组织的优势及存在的改进机会，从而为组织从优秀到卓越指明了方向。每个组织经综合评价后打分，分值累加后达到 500 分方可入围，进入现场检查，进而获得"全国质量管理奖"。

1)《卓越绩效评价准则》框架图（见图 7-7）

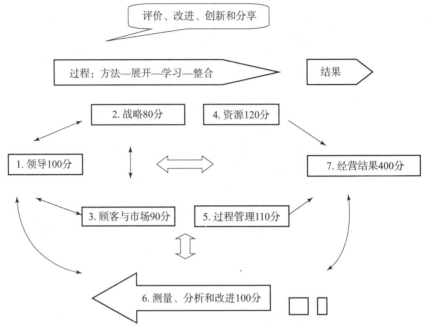

图 7-7　《卓越绩效评价准则》框架图

2)《卓越绩效评价准则》主要项目及分值分布（见表 7-3）

表 7-3　《卓越绩效评价准则》主要项目及分值分布

领导（100）	组织的领导（60）
	社会责任（40）
战略（80）	战略制定（40）
	战略部署（40）
顾客与市场（90）	顾客和市场的了解（40）
	顾客关系与顾客满意（50）
资源（120）	人力资源（40）
	财务资源（10）
	基础设施（20）
	信息（20）
	技术（20）
	相关方关系（10）
过程管理（110）	创造价值过程（70）
	支持过程（40）

续表

测量、分析与改进（100）	测量与分析（40）
	信息和知识的管理（30）
	改进（30）
经营结果（400）	顾客和市场的结果（120）
	财务结果（80）
	资源结果（80）
	过程有效性结果（70）
	组织的治理和社会责任结果（50）

案例 "结果"评分项评分指南选读（见表7-4）

表7-4 "结果"评分项评分指南

分 数	结 果
0%或5%	■ 没有描述结果，或结果很差。 ■ 没有显示趋势的数据，或显示了总体不良的趋势。 ■ 没有对比性信息。 ■ 在对组织关键经营要求重要的任何方面，均没有描述结果
10%，15%，20%或25%	■ 结果很少；在少数方面有一些改进和（或）处于初期的良好绩效水平。 ■ 没有或极少显示趋势的数据。 ■ 没有或极少对比性信息。 ■ 在少数对组织关键经营要求重要的方面，描述了结果
30%，35%，40%或45%	■ 在该评分项要求的多数方面有改进和（或）良好绩效水平。 ■ 处于取得良好趋势的初期阶段。 ■ 处于获得对比性信息的初期阶段。 ■ 在多数对组织关键经营要求重要的方面，描述了结果
50%，55%，60%或65%	■ 在该评分项要求的大多数方面有改进趋势和（或）良好绩效水平。 ■ 在对组织关键经营要求重要的方面，没有不良趋势和不良绩效水平。 ■ 与有关竞争对手和（或）标杆进行对比评价，一些趋势和（或）当前绩效显示了良好到优秀的水平。 ■ 经营结果达到了大多数关键顾客、市场、过程的要求
70%，75%，80%或85%	■ 在对该评分项要求重要的大多数方面，当前绩效达到良好的卓越水平。 ■ 大多数的改进趋势和（或）当前绩效水平可持续。 ■ 与有关竞争对手和（或）标杆进行对比评价，多数到大多数的趋势和（或）当前绩效显示了领先和优秀的水平。 ■ 经营结果达到了大多数关键顾客、市场、过程和战略规划的要求

续表

分　　数	结　　果
90%、95%、或100%	■ 在对该评分项要求重要的大多数方面，当前绩效达到卓越水平。 ■ 在大多数方面，具有卓越的改进趋势和（或）可持续的卓越绩效水平。 ■ 在多数方面被证实处于行业领导地位和标杆水准。 ■ 经营结果充分地达到了关键顾客、市场、过程和战略规划的要求

说明："结果"评分项分数为50%，表示该评分项在对组织重要的经营方面，有清晰的改进趋势和（或）良好的绩效水平，并有相适宜的对比数据。更高的分数则反映更好的改进速度和（或）绩效水平、更好的对比绩效和更广泛的范围，并与经营要求相融合。

【自检】

试运用卓越绩效管理评价准则主要项目，分析所在班级质量管理中可改进的项目。

第四节　质量管理新技术

回顾质量管理的发展历史，可以清楚地看到：人们在解决质量问题中所运用的方法、手段，是在不断发展和完善的；而这一过程又是同社会科学技术的进步和生产力水平的不断提高密切相关的。同样可以预料，随着新技术革命的兴起，人们解决质量问题的方法、手段必然会更为完善、丰富。

一、零缺陷管理方法

1. 零缺陷的定义

根据调查显示，有70%的人，没有一次就把事情做对的好习惯。一次就把事情做对，这是零缺陷的核心思想。零缺陷强调预防系统控制和过程控制，一次把事情做对并符合承诺的顾客要求。

零缺陷又称无缺点管理，零缺陷管理就是主张企业发挥人的主观能动性来进行经营管理，生产者、工作者要努力使自己的产品、业务没有缺点，并向着高质量标准目标而奋斗。它要求生产工作者从一开始就本着严肃认真的态度把工作做得准确无误，在生产中从产品的质量、成本与消耗、交货期等方面合理安排，争取一次做对，而不是依靠事后的检验来纠正。开展零缺陷运动可以提高全体员工对产品质量和业务质量的责任感,从而保证产品质量和工作质量。

2. 零缺陷的由来

在 20 世纪 50 年代末,大规模系统开始涌现。1957 年,第一颗人造卫星上天,电子计算机进入集成电路的第三代,系统科学也随之而诞生,1958 年世界第一本系统工程著作问世。在科学技术,尤其在系统科学强有力的推动下,1961 年费根堡姆首先提出了全面质量管理的思想。正是在这样的时代背景下,20 世纪 60 年代初诞生了零缺陷的概念。

质量管理大师克劳士比,在 20 世纪 60 年代初提出了零缺陷思想,并在美国推行零缺陷运动。克劳士比认为质量提高的关键在于态度和认识,零缺陷工作态度是一种对工作态度和对预防的承诺,即对错误"不害怕、不接受、不放过"。因此,零缺陷并不意味着产品一定是完美无缺的,而是指组织中的每个人都要有决心第一次及每一次都要符合要求,而且不接受不符合要求的东西,要一次做对做好,并成为一种习惯。零缺陷思想后来传至日本,在日本制造业中得到全面推广,并大获成功,使日本的制造业产品质量迅速提高,达到了世界级水平。

案例 零缺陷的由来

克劳士比在一家美国国防部认可的专门生产导弹与战斗机的军工企业担任质量部经理。那时导弹经常发射失败,人们都不以为然,他们认为由成千上万个零部件装配在一起那么复杂的玩意儿,出错是难免的。有一次,又一枚导弹发射失败,主持发射的将军大为光火,对克劳士比和他的老板大声吆喝着:"一群废物!你们难道拿不出没有缺陷的东西吗?"大家心情沮丧,克劳士比围绕着工厂漫无目的地转圈,突然一个清晰的概念闪现在脑海中——零缺陷!不久,克劳士比便开始向人们讲解他的理念:

"人非圣贤,孰能无过?所以,凡有人参与的事,就永远不可能完美。对吗?"

"有些人以为,每天不犯点错,就难以证明自己是人类了。"

"人们是不是有先天的犯错比率呢?"

"犯错的多寡,取决于人们的态度。人们抱有双重态度。在某些事情上,人们视缺陷为理所当然,而在另一些事情上,人们却要求完美无缺。"

"酿成错误的因素有两种:缺乏知识和漫不经心。知识是能衡量的,也能由经验和学习而充实改进。但是,漫不经心却是一个态度问题,唯有经个人彻底地反省觉悟,才有可能改进。"

"任何一个人只要决意小心谨慎,避免错误,便已向零缺陷的目标迈进了一大步。"

这就是零缺陷的由来。

3. 零缺陷的特点

"零缺陷的质量管理"概念,对于质量观念、质量意识等方面提出了许多颇有价值的见解,在今天对企业还具有一定的指导意义。但是,"零缺陷"的质量管理理论还停留在传统缺陷的概念上,它的有些观点已经不能完全适应当前科技发展和社会进步,需要做相应的修改、完善和扩充。

克劳士比对"零缺陷"的解释是:"所谓的'零缺陷'是一种管理的执行标准,是一种工作态度,是质量工作的决心,即不向不符合质量作妥协的精神。"但是,企业要生产出零缺陷的产品,仅仅依靠精神鼓励是远远不够的,必须利用科学方法来保证其实现。至于如何利用科学方法来保证实现，零缺陷的质量管理理论并未多做探讨。20 世纪 70 年代末随着《质量不花钱（Quality is Free）》成为畅销书，零缺陷的概念开始受到美国社会的广泛重视，但是，质管界的思想领导人却攻击"克劳士比零缺陷"这个构想，认为它不切实际，企业界视其为一种"鼓舞员工"的课程。

接近零不合格过程的质量控制理论所研究的就是如何对过程进行科学严格的控制，以保证过程不断向零不合格过程逼近。国际上探讨高质量过程的质量控制问题的第一篇有代表性的论文出现于 1987 年，从此以后，人们开始认真地进行高质量过程的质量控制理论的探讨。接近零不合格过程的质量控制理论是质量科学的最新分支，是 21 世纪必须面对、也必将解决的课题。

案例　三洋公司的零缺陷管理

在三洋制冷的生产现场，根本看不到在其他企业内常见的手持检测仪器进行质量检查的检查员的身影，但是三洋制冷机的产品质量却遥遥领先于国内同行业厂家而高居榜首，这正是三洋制冷在全公司内推行"零缺陷"的质量管理的结果。

没有检查员，一旦加工出不合格品怎么办？绝大多数到三洋制冷参观访问的人都不无疑惑地问。这时，三洋制冷的每一位员工，都会充满自信地告诉你。原来三洋制冷在用最先进的检测仪器检测产品的最终质量的同时，采用了和绝大多数企业完全相反的质量管理方法，取消工序检查员，把"质量三确认原则"作为质量管理的最基本原则，即每一位员工，都要"确认上道工序零部件的加工质量，确认本工序的加工技术质量要求，确认交付给下道工序的产品质量"，从而在上下工序间创造出一种类似于"买卖"关系的三洋制冷特有的管理现象。"三确认"变单纯的事后控制为事前预防、事中控制、事后总结提高的管理模式，以员工工作质量的提高使产品质量得到有效保证和改善，使员工做到了集生产者与检查者于一身，它能预防和控制不良品的发生和流转，强调第一次就要把事情做好，追求零缺陷，用自身的努力最大限度地降低损失。

【自检】

"零缺陷"首先是态度的转变，找出括号中四个最佳的"零缺陷"态度描述词语。

（努力　竭尽全力　尽力而为　敬业　完美　差不多　细致　不必计较　专注　不计成本　踏实　无所谓　不在乎）

_____
_____
_____
_____
_____

二、精益生产法

1. 精益生产的定义

精益生产是美国麻省理工学院数位国际汽车计划组织的专家对日本丰田准时化 JIT

第七章　先进质量管理方法

（Just In Time）生产方式的赞誉称呼。

精益生产就是及时制造，消灭故障，消除一切浪费，向零缺陷、零库存进军的生产管理方式。精，即少而精，不投入多余的生产要素，只是在适当的时间生产必要数量的市场急需产品（或下道工序急需的产品）；益，即所有经营活动都要有益有效，具有经济效益，或者说使产品（服务）增值。精益生产体现了零库存和高柔性的生产目标形式。

2. 精益生产的由来

精益生产方式是战后日本汽车工业遭到的"资源稀缺"和"多品种、少批量"的市场制约的产物。它是从丰田相佐诘开始，经丰田喜一郎及大野耐一等人的共同努力，直到20世纪60年代才逐步完善而形成的。

20世纪初，从美国福特汽车公司创立第一条汽车生产流水线以来，大规模的生产流水线一直是现代工业的主要特征。大规模生产方式是以标准化大批量生产来降低生产成本、提高生产效率的。但是第二次世界大战以后，社会进入了一个市场需求向多样化发展的新阶段，相应要求工业生产向多品种、小批量的方向发展。为了适应这样的时代需求，由日本丰田汽车公司首创的精益生产，作为多品种、小批量混合生产条件下的高质量、低消耗进行生产的方式在实践中被摸索、创造出来了。

1950年，日本的丰田英二考察了美国底特律福特公司的汽车厂，当时这个厂每天能生产7 000辆轿车，比日本丰田公司一年的产量还要多。但丰田却没有简单地照搬福特的生产模式，因为第二次世界大战后日本经济萧条、缺少资金和资源，不可能全面引进美国成套设备来生产汽车。丰田认为"那里的生产体制还有些改进的可能"，为此丰田公司的大野耐一进行了一系列的探索和试验，提出了解决问题的方法。经过30多年的努力，丰田公司终于形成了完整的丰田生产方式，变成世界汽车之王，日本其他的汽车公司和行业也纷纷采用这种组织管理方式，使日本经济得到飞速发展。日本的汽车工业超过了美国，产量达到了1 300万辆，占世界汽车总量的30%以上。日本的汽车工业综合了"单件生产方式"和"大量生产方式"的优点，Womack等人将其取名为"精益生产方式"。

3. 精益生产的特点

一个充满库存的生产系统，会掩盖系统中存在的各种问题。例如，设备故障造成停机，工作质量低造成废品或返修，横向扯皮造成工期延误，计划不周造成生产脱节等，都可能动用各种库存，使矛盾钝化、问题被淹没。表面上看，生产仍在平衡进行，实际上整个生产系统可能已千疮百孔。更可怕的是，如果对生产系统存在的各种问题熟视无睹，麻木不仁，长此以往，紧迫感和进取心将丧失殆尽。因此，日本人称库存是"万恶之源"，是生产系统设计不合理、生产过程不协调、生产操作不良的证明，并提出"向零库存进军"的口号。所以，零库存就成为精益生产方式追求的主要目标之一。在生产过程中，实现零库存的方法是根据订单生产，即"有订单才组织生产，有订单前道工序才生产"。

高柔性是指企业的生产组织形式灵活多变，能适应市场需求多样化的要求，及时组织多品种生产，以提高企业的竞争能力。面临市场多变这一新问题，精益生产方式以高柔性为目标，在组织、劳动力、设备三方面表现出较高的柔性，实现高柔性与高生产率的统一。

案例　戴尔电脑公司的精益生产

戴尔公司的工厂几乎完全由电脑网络进行管理，这种方法在戴尔的供应商与客户中也在

245

逐渐普及。电脑软件代替了人工处理订单、联系供应商、购买零部件、安排产品组装、最后组织成品运输。一批几百台的电脑订货从生产、定制到发货只需短短 8 个小时。在戴尔电脑公司最新式的电脑零部件生产工厂里，100 台电脑服务器向传送带发出电子指令，加速把电脑部件传送到装配点。工人通过电脑屏幕来决定该安装什么样的个人电脑或服务器。接着，通过电脑指令把装配好的产品送到成品区，成品在那里按照客户的要求进行定制、装箱，最后被运上送货卡车。在生产工厂里，部件的库存时间仅 2 个小时，成品的库存几乎为零。这种精益生产方式保证企业运营全部自动化，将公司运营系统与客户和供应商整合在一起，增强了企业的核心竞争力。

三、QC 小组活动

1. QC 小组的定义

QC 小组指企业员工围绕企业经营战略、方针目标和现场存在的问题，以改进质量、降低消耗、提高素质和经济效益为目的组织起来的，运用质量管理理论和方法开展活动的小组。

开展群众性的质量管理小组活动（简称 QC 小组活动），是具体运用全面质量管理的思想、方法，实现全面、全员、全过程质量管理的有效途径；也是调动广大职工的积极性和创造性，发挥其聪明才智与经验，不断提高团队精神和质量意识，不断提高企业质量管理水平和经济效益的好办法。

2. QC 小组的由来

QC 小组诞生于日本，20 世纪 50 年代末 60 年代初，统计技术逐步在日本企业界受到重视。为了进一步改善技术，提高产品质量，计划对基层员工进行培训。借鉴目标管理及激励管理的一些方法，结合日本企业独特的企业文化，培训中巧妙地设计了一种挑战游戏，QC 小组也就应运而生。在日本，QC 小组的盛行，已不仅仅是在企业里，在其他行业也都有它的存在，而且产生了很大的作用。

20 世纪 50 年代起，日本开始对现场负责人进行质量管理教育，并出现了名为"现场QC 讨论会"的组织，1962 年正式改名为"QC 小组"，开始在全国注册登记，当时第一个注册登记的是日本松山搬运机 QC 小组，1964 年日本科技联建立了 QC 小组本部。日本是世界上按职工比例计算 QC 小组最多的国家，到 70 年代末期，日本国内已经发展了 70 万个QC 小组，共有 500 多万成员参与了 QC 小组活动。现在，QC 小组在世界上发展十分迅速，已遍及五大洲的 40 多个国家和地区。

QC 小组活动在我国开展，有深厚的基础。早在 20 世纪 50 年代初期，就有马恒昌小组、毛泽东号机车组、郝建秀小组、赵梦桃小组等一大批先进的班组，坚持"质量第一"的方针，对工作认真负责，一丝不苟，在提高产品质量上不断作出贡献，提供了班组质量管理的好经验。60 年代，大庆油田坚持"三老四严""四个一样"和"质量回访"制度，在班组内开展岗位练兵，天天讲质量，事事讲严细，做到"项项工程质量全优"、出了质量问题就"推倒重来"。所有这些群众性质量管理活动，为 QC 小组在我国的建立和发展奠定了基础。1978 年 9 月，北京内燃机总厂在学习了日本的全面管理经验后，建立了我国第一个 QC 小组，标志着我国 QC 小组活动进入试点阶段。此后，随着全面质量管理的开展，QC 小组活动逐步扩展到电子、纺织、基建、商业、运输、服务等行业。2018 年 10 月，我国累计注册 QC 小组达 4 200 余万个，创造可计算直接经济效益近 1 亿元。QC 小组活动为提升综合国力及企业整体竞争实力发挥了积极显著作用。

全面质量管理要求全员参与质量管理，提倡人人参与，这突出地反映了质量管理的群众性。通过开展多种形式的群众性质量管理活动，尤其是开展质量管理小组活动，充分发挥广大职工群众的聪明才智，形成一个人人参与质量管理活动的生动活泼的局面，是提高企业管理水平，提高职工素质，促进物质文明和精神文明建设，解决质量问题的有效途径。

3. QC 小组的特点

QC 小组与企业的班组既有联系又有区别。一般来说，以工人为主体的"现场型"或是按劳动组织为主体建立的 QC 小组，都与班组紧密联系。它们的区别在于班组是一种行政组织，同时也是按专业分工划分的一种劳动组织；而 QC 小组则是以改进质量，提高管理水平和经济效益为目的自愿组织起来开展活动的小组。

QC 小组具有以下几个特点：

①具有明显的自主性。一般以职工自愿参加为基础，实行自主管理，以自我学习、自我控制、自我提高为主，不受行政命令的制约和班组岗位的限制。

②具有明确的目的性。从大处来说是为社会主义现代化建设而搞好质量，从小处来说是为实现企业的方针目标，开展质量管理活动。

③具有严密的科学性。不是单凭良好的主观愿望去搞质量，而是依靠管理技术，依靠科学的工作方法和科学程序去攻克质量难关。

④具有广泛的群众性。QC 小组活动是开展群众性质量管理活动的好形式，通过集体活动，可以充分发挥小组的群体优势，集思广益，能更快更好地解决问题。

⑤具有高度的民主性。依靠小组成员大家出主意，充分发扬民主，畅所欲言，平等相处，组长由成员民主选出，做到充分发挥个人的积极性和创造性。

4. QC 小组组建与开展的步骤

1）选课题

在确定 QC 小组活动时，一般首先选择一些能见成效共同性的问题。课题太大，难以解决，会使 QC 小组成员失去信心，因此可将大课题分为几个易见成效的小课题，分阶段解决或同时成立若干互相有联系的 QC 小组来共同解决。刚开始推广时，选题的原则应是先易后难。

案例　QC 小组选题示例

某厂建筑车间的 QC 小组曾选择了一个课题：让全场的厂房都不漏雨。结果，该小组工作一年后毫无成绩。于是小组负责人就去询问管理专家的意见。管理专家认为活动没有收到成效的原因在于课题选错了。一个万人大厂，共 456 个厂房，范围太大，不可能保证所有厂房都不漏雨。如果把目标仅集中在内燃机车联合厂房不漏雨上，则有可能成功。该小组采纳了管理专家的建议，将课题换成"内燃机车联合厂房不漏雨"。内燃机车联合厂房共 7 个车间，QC 小组集中力量在房顶上采用先进技术，开展防漏工程，结果该 QC 小组取得了可喜的成果。

2）确定 QC 小组成员

启发、动员与课题有关的人员参加 QC 小组时，尽量是同班工作的人组织起来，这样便于开展活动。如果需要其他部门派人参加，可向上级提出申请，邀请有关人员参加，或与其他有关部门成立联合 QC 小组。QC 小组成员一般在 10 人以下，5～6 人为宜，可视具体情况而定。

案例　QC 小组的组建

为了提高 E 系列窗式空调机一次装机的合格率，以此为活动课题，成立了 QC 小组，小组相关情况见表 7-5、表 7-6。

表 7-5　QC 小组情况表

小组名称	×××QC 小组	成立时间	2015 年 10 月
格言	立足生产现场，解决实际问题		
课题名称	提高 E 系列窗式空调机一次装机合格率		
小组类型	现场型	组长	×××
活动日期	2016.4.30—2016.9.18	课题注册	16.05.10
小组成员	9 人	注册编号	QC17-006
活动频次	2 次/月	活动时间	36 小时

表 7-6　QC 小组的组成人员表

序号	姓名	性别	文化程度	职务	小组分工
1	×××	男	本科	技术主管	QC 方案策划
2	×××	男	本科	工艺员	方案实施
3	×××	男	本科	检验主管	方案实施
4	×××	男	大专	检验组长	方案实施
5	×××	女	高中	检验组长	检验
6	×××	男	高中	组长	协作实施
7	×××	男	高中	班长	协作实施
8	×××	男	高中	检验员	检验
9	×××	女	高中	检验员	检验

3）确定 QC 小组长

QC 小组长的人选对 QC 小组活动开展的好坏关系很大，在刚推广时，一般由受过质量培训的班组长或工段长担任，以后可推选已参加 QC 小组活动的成员担任。

4）QC 小组活动计划

QC 小组成员及组长确定后，即召集全体成员开会讨论研究制订 QC 小组活动计划，明确目标和活动效果。组长根据会议记录填写 QC 小组注册登记/计划表，一式二份，小组自存一份，另一份报质管部注册备案。

第七章　先进质量管理方法

5）QC 小组活动开展

QC 小组活动开展采用 PDCA 的方法。

①调查现状。调查现状的目的是了解课题的当前状况，以便分析存在的问题。在进行现状调查时，采用不同的质量管理工具，进行数据的搜集与整理。

②分析原因。从搜集的数据中，采用合适的质量管理工具分析问题，找出原因。

③找出主要原因。经过原因分析以后，将多种原因，根据关键、少数和次要多数的原理，进行排列，从中找出主要原因。在寻找主要原因时，可根据实际需要采用不同的质量管理工具进行分析。

④制定措施。主要原因确定后，按 PDCA 环节实施改进方案，制订相应的措施计划。

⑤实施措施。按制订计划实施。小组长要组织成员，定期或不定期地研究实施情况，发现新问题要及时研究。

⑥检查效果。措施实施后，即时进行效果检查。看其实施后的效果是否达到了预定的目标。如果达到了预定的目标值，说明该课题已经完成。对得到质量改进的部分，应即时纳入工作标准、质量文件中。

⑦分析存在的问题。对存在的问题进行分析，进入新的 PDCA 循环。

⑧总结成果资料。小组将活动的成果进行总结，是自我提高的重要环节，也是成果发表的必要准备，还是总结经验、找出问题，进行下一个循环的开始。

案例　新郑卷烟厂 QC 小组攻关案例

新郑卷烟厂里有滚筒滤芯，该滤芯起的作用非常大，它是在烟叶切成烟丝的过程中，把无用的灰尘和杂质吸附掉的工具。这个滤芯在使用过程中容易被灰尘堵塞，而一旦灰尘堵满，滤芯就不能使用了。一个滤芯价值 2 000 元，换新的滤芯将是一笔不小的投入。于是该厂成立了 QC 小组，提出要研发一种机械化的装置来自动除尘。

在确定方案的时候，大家提出了五个方案：

第一个方案：用一部电机带动皮带轮，使一个套着滤芯的轴飞速地旋转。由于离心力作用，经过一段时间，这些灰尘都被转飞掉了。这个方法比手工操作要快，但一个轴上只能装一个滤芯，效率太低。

第二个方案：用一部电机带动三个轴，这样可以同时对三个滤芯进行除尘，但是这个方案会造成尘土飞扬，灰尘飞出去之后又可能回到滤芯里面。

第三个方案：在滤芯外面加一个皮带罩，这样灰尘就出不去了，保护了周围的环境。可是时间一长，电机皮带轮上也都会是灰，而且这些灰既然出不去，那肯定还是会回到原来的地方。

第四个方案：把所有的东西装到一个封闭的容器里，然后用一个洗尘过滤装置来进行除尘，把灰尘吸附之后再用水来过滤。水流到下水道里，空气从排风口出去。显然这个方案比前三个方案好，但是电机和皮带轮在一块，时间一长，里面电机皮带轮上都是灰，也会影响电机的正常转动。

第五个方案：这个方案把前四个方案的缺点都去掉了，就是把这些滤芯单独用一个罩子罩起来，然后用除尘装置和过滤交换装置将灰尘和脏东西统一处理掉，也就是灰尘可以排到地下。

以上五个方案可以用缺点列举法进行比较，即将各个方案所有的缺点都列出来。每一个方案都可能有如下缺点：环境污染、传动不佳、清除不净、费时间多、用料多、耗电量大或操作不便。相关人员可把这几个方案所存在的缺点一一比对，采用第五个方案，用这个方案去解决问题是可以实现机械化除尘的。

最后，该卷烟厂按第五个方案建成了自动除尘装置，这套设备的除尘效果非常好，该QC小组的成果发表后在省里取得了优秀的名次。

【自检】

借鉴QC小组，建立班级兴趣小组，谈谈你的设想与实施方法。

_____
_____
_____
_____
_____

本章小结

本章是本课程的深化提升，通过学习，使学生了解顾客满意度指数、六西格玛、卓越绩效管理、精益管理、零缺陷管理、QC小组管理等基础知识。通过学习各种先进的质量管理方法，引领学生理解质量管理方法不断丰富发展的规律，引导学生深层次思考质量管理技术与方法，培养学生"没有最好，只有更好"的质量意识观。

思考题与习题

1. 什么是顾客满意度指数？美国顾客满意度指数模型是如何构建的？
2. 质量可分为几个层次？什么是魅力质量？Kano模型有什么实用意义？
3. 什么是六西格玛？六西格玛管理有什么特点？
4. 什么是六西格玛管理三步曲？六西格玛组织由哪些成员组成？
5. 什么是DMAIC？DMAIC有什么作用？
6. 什么是卓越绩效模式？卓越绩效模式有什么特点？
7. 卓越绩效评价准则的内容有哪些？
8. 质量管理有哪些新方法？什么是零缺陷管理？什么是精益生产？
9. 什么是QC小组？如何采用PDCA循环开展QC小组活动？

附录 A

中华人民共和国产品质量法（摘选）

第五章 罚则

第四十九条 生产、销售不符合保障人体健康和人身、财产安全的国家标准、行业标准的产品的，责令停止生产、销售，没收违法生产、销售的产品，并处违法生产、销售产品（包括已售出和未售出的产品，下同）货值金额等值以上三倍以下的罚款；有违法所得的，并处没收违法所得；情节严重的，吊销营业执照；构成犯罪的，依法追究刑事责任。

第五十条 在产品中掺杂、掺假，以假充真，以次充好，或者以不合格产品冒充合格产品的，责令停止生产、销售，没收违法生产、销售的产品，并处违法生产、销售产品货值金额百分之五十以上三倍以下的罚款；有违法所得的，并处没收违法所得；情节严重的，吊销营业执照；构成犯罪的，依法追究刑事责任。

第五十一条 生产国家明令淘汰的产品的，销售国家明令淘汰并停止销售的产品的，责令停止生产、销售，没收违法生产、销售的产品，并处违法生产、销售产品货值金额等值以下的罚款；有违法所得的，并处没收违法所得；情节严重的，吊销营业执照。

第五十二条 销售失效、变质的产品的，责令停止销售，没收违法销售的产品，并处违法销售产品货值金额两倍以下的罚款；有违法所得的，并处没收违法所得；情节严重的，吊销营业执照；构成犯罪的，依法追究刑事责任。

第五十三条 伪造产品产地的，伪造或者冒用他人厂名、厂址的，伪造或者冒用认证标志等质量标志的，责令改正，没收违法生产、销售的产品，并处违法生产、销售产品货值金额等值以下的罚款；有违法所得的，并处没收违法所得；情节严重的，吊销营业执照。

第五十四条 产品标识不符合本法第二十七条规定的，责令改正；有包装的产品标识不符合本法第二十七条第（四）项、第（五）项规定，情节严重的，责令停止生产、销售，并处违法生产、销售产品货值金额百分之三十以下的罚款；有违法所得的，并处没收违法所得。

第五十五条 销售者销售本法第四十九条至第五十三条规定禁止销售的产品，有充分证据证明其不知道该产品为禁止销售的产品并如实说明其进货来源的，可以从轻或者减轻处罚。

第五十六条 拒绝接受依法进行的产品质量监督检查的，给予警告，责令改正；拒不改正的，责令停业整顿；情节特别严重的，吊销营业执照。

第五十七条 产品质量检验机构、认证机构伪造检验结果或者出具虚假证明的，责令改正，对单位处五万元以上十万元以下的罚款，对直接负责的主管人员和其他直接责任人员处一万元以上五万元以下的罚款；有违法所得的，并处没收违法所得；情节严重的，取消其检验资格、认证资格；构成犯罪的，依法追究刑事责任。

产品质量检验机构、认证机构出具的检验结果或者证明不实，造成损失的，应当承担相应的赔偿责任；造成重大损失的，撤销其检验资格、认证资格。

产品质量认证机构违反本法第二十一条第二款的规定，对不符合认证标准而使用认证标志的产品，未依法要求其改正或者取消其使用认证标志资格的，对因产品不符合认证标准给消费者造成损失的，与产品的生产者、销售者承担连带责任；情节严重的，撤销其认证资格。

第五十八条 社会团体、社会中介机构对产品质量做出承诺、保证，而该产品又不符合其承诺、保证的质量要求，给消费者造成损失的，与产品的生产者、销售者承担连带责任。

第五十九条 在广告中对产品质量作虚假宣传，欺骗和误导消费者的，依照《中华人民共和国广告法》的规定追究法律责任。

第六十条 对生产者专门用于生产本法第四十九条、第五十一条所列的产品或者以假充真的产品的原辅材料、包装物、生产工具，应当予以没收。

第六十一条 知道或者应当知道属于本法规定禁止生产、销售的产品而为其提供运输、保管、仓储等便利条件的，或者为以假充真的产品提供制假生产技术的，没收全部运输、保管、仓储或者提供制假生产技术的收入，并处违法收入百分之五十以上三倍以下的罚款；构成犯罪的，依法追究刑事责任。

第六十二条 服务业的经营者将本法第四十九条至第五十二条规定禁止销售的产品用于经营性服务的，责令停止使用；对知道或者应当知道所使用的产品属于本法规定禁止销售的产品的，按照违法使用的产品（包括已使用和尚未使用的产品）的货值金额，依照本法对销售者的处罚规定处罚。

第六十三条 隐匿、转移、变卖、损毁被市场监督管理部门查封、扣押的物品的，处被隐匿、转移、变卖、损毁物品货值金额等值以上三倍以下的罚款；有违法所得的，并处没收违法所得。

第六十四条　违反本法规定，应当承担民事赔偿责任和缴纳罚款、罚金，其财产不足以同时支付时，先承担民事赔偿责任。

第六十五条　各级人民政府工作人员和其他国家机关工作人员有下列情形之一的，依法给予行政处分；构成犯罪的，依法追究刑事责任：

（一）包庇、放纵产品生产、销售中违反本法规定行为的；

（二）向从事违反本法规定的生产、销售活动的当事人通风报信，帮助其逃避查处的；

（三）阻挠、干预市场监督管理部门依法对产品生产、销售中违反本法规定的行为进行查处，造成严重后果的。

第六十六条　市场监督管理部门在产品质量监督抽查中超过规定的数量索取样品或者向被检查人收取检验费用的，由上级市场监督管理部门或者监察机关责令退还；情节严重的，对直接负责的主管人员和其他直接责任人员依法给予行政处分。

第六十七条　市场监督管理部门或者其他国家机关违反本法第二十五条的规定，向社会推荐生产者的产品或者以监制、监销等方式参与产品经营活动的，由其上级机关或者监察机关责令改正，消除影响，有违法收入的予以没收；情节严重的，对直接负责的主管人员和其他直接责任人员依法给予行政处分。

产品质量检验机构有前款所列违法行为的，由市场监督管理部门责令改正，消除影响，有违法收入的予以没收，可以并处违法收入一倍以下的罚款；情节严重的，撤销其质量检验资格。

第六十八条　市场监督管理部门的工作人员滥用职权、玩忽职守、徇私舞弊，构成犯罪的，依法追究刑事责任；尚不构成犯罪的，依法给予行政处分。

第六十九条　以暴力、威胁方法阻碍市场监督管理部门的工作人员依法执行职务的，依法追究刑事责任；拒绝、阻碍未使用暴力、威胁方法的，由公安机关依照治安管理处罚法的规定处罚。

第七十条　本法第四十九条至第五十七条、第六十条至第六十三条规定的行政处罚由市场监督管理部门决定。法律、行政法规对行使行政处罚权的机关另有规定的，依照有关法律、行政法规的规定执行。

第七十一条　对依照本法规定没收的产品，依照国家有关规定进行销毁或者采取其他方式处理。

第七十二条　本法第四十九条至第五十四条、第六十二条、第六十三条所规定的货值金额以违法生产、销售产品的标价计算；没有标价的，按照同类产品的市场价格计算。

附录 B

中华人民共和国标准化法（2017 修订）

法律修订
1988 年 12 月 29 日第七届全国人民代表大会常务委员会第五次会议通过
2017 年 11 月 4 日第十二届全国人民代表大会常务委员会第三十次会议修订

第一章 总 则

第一条 为了加强标准化工作，提升产品和服务质量，促进科学技术进步，保障人身健康和生命财产安全，维护国家安全、生态环境安全，提高经济社会发展水平，制定本法。

第二条 本法所称标准（含标准样品），是指农业、工业、服务业以及社会事业等领域需要统一的技术要求。标准包括国家标准、行业标准、地方标准和团体标准、企业标准。国家标准分为强制性标准、推荐性标准，行业标准、地方标准是推荐性标准。强制性标准必须执行。国家鼓励采用推荐性标准。

第三条 标准化工作的任务是制定标准、组织实施标准以及对标准的制定、实施进行监督。县级以上人民政府应当将标准化工作纳入本级国民经济和社会发展规划，将标准化工作经费纳入本级预算。

第四条 制定标准应当在科学技术研究成果和社会实践经验的基础上，深入调查论证，广泛征求意见，保证标准的科学性、规范性、时效性，提高标准质量。

第五条 国务院标准化行政主管部门统一管理全国标准化工作。国务院有关行政主管部门分工管理本部门、本行业的标准化工作。县级以上地方人民政府标准化行政主管部门统一管理本行政区域内的标准化工作。县级以上地方人民政府有关行政主管部门分工管理本行政区域内本部门、本行业的标准化工作。

第六条 国务院建立标准化协调机制，统筹推进标准化重大改革，研究标准化重大政策，对跨部门跨领域、存在重大争议标准的制定和实施进行协调。设区的市级以上地方人民政府可以根据工作需要建立标准化协调机制，统筹协调本行政区域内标准化工作重大事项。

第七条 国家鼓励企业、社会团体和教育、科研机构等开展或者参与标准化工作。

第八条 国家积极推动参与国际标准化活动，开展标准化对外合作与交流，参与制定国际标准，结合国情采用国际标准，推进中国标准与国外标准之间的转化运用。国家鼓励企业、社会团体和教育、科研机构等参与国际标准化活动。

第九条 对在标准化工作中做出显著成绩的单位和个人，按照国家有关规定给予表彰和奖励。

第二章 标准的制定

第十条 对保障人身健康和生命财产安全、国家安全、生态环境安全以及满足经济社会管理基本需要的技术要求，应当制定强制性国家标准。国务院有关行政主管部门依据职责负责强制性国家标准的项目提出、组织起草、征求意见和技术审查。国务院标准化行政主管部门负责强制性国家标准的立项、编号和对外通报。国务院标准化行政主管部门应当对拟制定的强制性国家标准是否符合前款规定进行立项审查，对符合前款规定的予以立项。省、自治区、直辖市人民政府标准化行政主管部门可以向国务院标准化行政主管部门提出强制性国家标准的立项建议，由国务院标准化行政主管部门会同国务院有关行政主管部门决定。社会团体、企业事业组织以及公民可以向国务院标准化行政主管部门提出强制性国家标准的立项建议，国务院标准化行政主管部门认为需要立项的，会同国务院有关行政主管部门决定。强制性国家标准由国务院批准发布或者授权批准发布。法律、行政法规和国务院决定对强制性标准的制定另有规定的，从其规定。

第十一条 对满足基础通用、与强制性国家标准配套、对各有关行业起引领作用等需要的技术要求，可以制定推荐性国家标准。推荐性国家标准由国务院标准化行政主管部门制定。

第十二条 对没有推荐性国家标准、需要在全国某个行业范围内统一的技术要求，可以制定行业标准。行业标准由国务院有关行政主管部门制定，报国务院标准化行政主管部门备案。

第十三条 为满足地方自然条件、风俗习惯等特殊技术要求，可以制定地方标准。地方标准由省、自治区、直辖市人民政府标准化行政主管部门制定；设区的市级人民政府标准化行政主管部门根据本行政区域的特殊需要，经所在地省、自治区、直辖市人民政府标准化行政主管部门批准，可以制定本行政区域的地方标准。地方标准由省、自治区、直辖市人民政府标准化行政主管部门报国务院标准化行政主管部门备案，由国务院标准化行政主管部门通报国务院有关行政主管部门。

第十四条 对保障人身健康和生命财产安全、国家安全、生态环境安全以及经济社会发展所急需的标准项目，制定标准的行政主管部门应当优先立项并及时完成。

第十五条 制定强制性标准、推荐性标准，应当在立项时对有关行政主管部门、企业、社会团体、消费者和教育、科研机构等方面的实际需求进行调查，对制定标准的必要性、可行性进行论证评估；在制定过程中，应当按照便捷有效的原则采取多种方式征求意见，组织对标准相关事项进行调查分析、实验、论证，并做到有关标准之间的协调配套。

第十六条 制定推荐性标准，应当组织由相关方组成的标准化技术委员会，承担标准的起草、技术审查工作。制定强制性标准，可以委托相关标准化技术委员会承担标准的起草、技术审查工作。未组成标准化技术委员会的，应当成立专家组承担相关标准的起草、技术审查工作。标准化技术委员会和专家组的组成应当具有广泛代表性。

第十七条 强制性标准文本应当免费向社会公开。国家推动免费向社会公开推荐性标准文本。

第十八条 国家鼓励学会、协会、商会、联合会、产业技术联盟等社会团体协调相关市场主体共同制定满足市场和创新需要的团体标准，由本团体成员约定采用或者按照本团体的规定供社会自愿采用。制定团体标准，应当遵循开放、透明、公平的原则，保证各参与主体获取相关信息，反映各参与主体的共同需求，并应当组织对标准相关事项进行调查分析、实验、论证。国务院标准化行政主管部门会同国务院有关行政主管部门对团体标准的制定进行规范、引导和监督。

第十九条 企业可以根据需要自行制定企业标准，或者与其他企业联合制定企业标准。

第二十条 国家支持在重要行业、战略性新兴产业、关键共性技术等领域利用自主创新技术制定团体标准、企业标准。

第二十一条 推荐性国家标准、行业标准、地方标准、团体标准、企业标准的技术要求不得低于强制性国家标准的相关技术要求。国家鼓励社会团体、企业制定高于推荐性标准相关技术要求的团体标准、企业标准。

第二十二条 制定标准应当有利于科学合理利用资源，推广科学技术成果，增强产品的安全性、通用性、可替换性，提高经济效益、社会效益、生态效益，做到技术上先进、经济上合理。禁止利用标准实施妨碍商品、服务自由流通等排除、限制市场竞争的行为。

第二十三条 国家推进标准化军民融合和资源共享，提升军民标准通用化水平，积极推动在国防和军队建设中采用先进适用的民用标准，并将先进适用的军用标准转化为民用标准。

第二十四条 标准应当按照编号规则进行编号。标准的编号规则由国务院标准化行政主管部门制定并公布。

第三章 标准的实施

第二十五条 不符合强制性标准的产品、服务，不得生产、销售、进口或者提供。

第二十六条 出口产品、服务的技术要求，按照合同的约定执行。

第二十七条 国家实行团体标准、企业标准自我声明公开和监督制度。企业应当公开其执行的强制性标准、推荐性标准、团体标准或者企业标准的编号和名称；企业执行自行制定的企业标准的，还应当公开产品、服务的功能指标和产品的性能指标。国家鼓励团体标准、企业标准通过标准信息公共服务平台向社会公开。企业应当按照标准组织生产经营活动，其生产的产品、提供的服务应当符合企业公开标准的技术要求。

第二十八条 企业研制新产品、改进产品，进行技术改造，应当符合本法规定的标准化要求。

第二十九条 国家建立强制性标准实施情况统计分析报告制度。国务院标准化行政主管部门和国务院有关行政主管部门、设区的市级以上地方人民政府标准化行政主管部门应当建立标准实施信息反馈和评估机制，根据反馈和评估情况对其制定的标准进行复审。标准的复审周期一般不超过五年。经过复审，对不适应经济社会发展需要和技术进步的应当及时修订或者废止。

第三十条 国务院标准化行政主管部门根据标准实施信息反馈、评估、复审情况，对有关标准之间重复交叉或者不衔接配套的，应当会同国务院有关行政主管部门做出处理或者通过国务院标准化协调机制处理。

第三十一条 县级以上人民政府应当支持开展标准化试点示范和宣传工作，传播标准化理念，推广标准化经验，推动全社会运用标准化方式组织生产、经营、管理和服务，发挥标准对促进转型升级、引领创新驱动的支撑作用。

第四章　监督管理

第三十二条 县级以上人民政府标准化行政主管部门、有关行政主管部门依据法定职责，对标准的制定进行指导和监督，对标准的实施进行监督检查。

第三十三条 国务院有关行政主管部门在标准制定、实施过程中出现争议的，由国务院标准化行政主管部门组织协商；协商不成的，由国务院标准化协调机制解决。

第三十四条 国务院有关行政主管部门、设区的市级以上地方人民政府标准化行政主管部门未依照本法规定对标准进行编号、复审或者备案的，国务院标准化行政主管部门应当要求其说明情况，并限期改正。

第三十五条 任何单位或者个人有权向标准化行政主管部门、有关行政主管部门举报、投诉违反本法规定的行为。标准化行政主管部门、有关行政主管部门应当向社会公开受理举报、投诉的电话、信箱或者电子邮件地址，并安排人员受理举报、投诉。对实名举报人或者投诉人，受理举报、投诉的行政主管部门应当告知处理结果，为举报人保密，并按照国家有关规定对举报人给予奖励。

第五章　法律责任

第三十六条 生产、销售、进口产品或者提供的服务不符合强制性标准，或者企业生产的产品、提供的服务不符合其公开标准的技术要求的，依法承担民事责任。

第三十七条 生产、销售、进口产品或者提供的服务不符合强制性标准的，依照《中华人民共和国产品质量法》《中华人民共和国进出口商品检验法》《中华人民共和国消费者权益保护法》等法律、行政法规的规定查处，记入信用记录，并依照有关法律、行政法规的规定予以公示；构成犯罪的，依法追究刑事责任。

第三十八条 企业未依照本法规定公开其执行的标准的，由标准化行政主管部门责令限期改正；逾期不改正的，在标准信息公共服务平台上公示。

第三十九条 国务院有关行政主管部门、设区的市级以上地方人民政府标准化行政主管部门制定的标准不符合本法第二十一条第一款、第二十二条第一款规定的，应当及时改正；

拒不改正的，由国务院标准化行政主管部门公告废止相关标准；对负有责任的领导人员和直接责任人员依法给予处分。社会团体、企业制定的标准不符合本法第二十一条第一款、第二十二条第一款规定的，由标准化行政主管部门责令限期改正；逾期不改正的，由省级以上人民政府标准化行政主管部门废止相关标准，并在标准信息公共服务平台上公示。违反本法第二十二条第二款规定，利用标准实施排除、限制市场竞争行为的，依照《中华人民共和国反垄断法》等法律、行政法规的规定处理。

  第四十条 国务院有关行政主管部门、设区的市级以上地方人民政府标准化行政主管部门未依照本法规定对标准进行编号或者备案，又未依照本法第三十四条的规定改正的，由国务院标准化行政主管部门撤销相关标准编号或者公告废止未备案标准；对负有责任的领导人员和直接责任人员依法给予处分。国务院有关行政主管部门、设区的市级以上地方人民政府标准化行政主管部门未依照本法规定对其制定的标准进行复审，又未依照本法第三十四条的规定改正的，对负有责任的领导人员和直接责任人员依法给予处分。

  第四十一条 国务院标准化行政主管部门未依照本法第十条第二款规定对制定强制性国家标准的项目予以立项，制定的标准不符合本法第二十一条第一款、第二十二条第一款规定，或者未依照本法规定对标准进行编号、复审或者予以备案的，应当及时改正；对负有责任的领导人员和直接责任人员可以依法给予处分。

  第四十二条 社会团体、企业未依照本法规定对团体标准或者企业标准进行编号的，由标准化行政主管部门责令限期改正；逾期不改正的，由省级以上人民政府标准化行政主管部门撤销相关标准编号，并在标准信息公共服务平台上公示。

  第四十三条 标准化工作的监督、管理人员滥用职权、玩忽职守、徇私舞弊的，依法给予处分；构成犯罪的，依法追究刑事责任。

第六章 附 则

  第四十四条 军用标准的制定、实施和监督办法，由国务院、中央军事委员会另行制定。

  第四十五条 本法自 2018 年 1 月 1 日起施行。

参 考 文 献

［1］ 中国质量协会. 全面质量管理［M］. 第四版. 北京：中国科学技术出版社，2018.
［2］ ［美］约瑟夫·A. 德费欧. 朱兰质量管理与分析［M］. 苏秦，译. 北京：机械工业出版社，2017.
［3］ 刘立户. 全面质量管理 TQM 教程［M］. 北京：北京大学出版社，2016.
［4］ ［日］石川馨. 质量管理入门［M］. 刘灯宝，译. 北京：机械工业出版社，2016.
［5］ ［美］詹姆斯·埃文斯，威廉·林赛. 质量管理与卓越绩效［M］. 第 9 版. 宋伟，译. 北京：中国人民大学出版社，2016.
［6］ 尤建新. 质量管理学［M］. 第 3 版. 北京：科学出版社，2016.
［7］ 谭洪华. ISO 9001：2015 新版质量管理体系详解与案例文件汇编［M］. 北京：中华工商联合出版社，2016.
［8］ 陈国华，贝金兰. 质量管理［M］. 第 2 版. 北京：北京大学出版社，2014.
［9］ 赵红梅. 质量管理部规范化管理工具箱［M］. 北京：人民邮电出版社，2013.
［10］ 丁宁. 质量管理［M］. 北京：北京交通大学出版社，2013.
［11］ 马风才. 质量管理［M］. 第 2 版. 北京：机械工业出版社，2013.
［12］ 张凤荣. 质量管理与控制［M］. 第 2 版. 北京：机械工业出版社，2011.
［13］ 国家质量监督检验检疫总局质量管理司. 质量专业基础知识与实务［M］. 北京：中国人事出版社，2010.
［14］ 全国质量专业技术人员职业资格考试办公室. 质量专业综合知识（中级）［M］. 北京：中国人事出版社，2009.
［15］ 龚益鸣. 现代质量管理学［M］. 北京：清华大学出版社，2007.
［16］ 陈建华. 质量管理的 100 种方法［M］. 北京：中国经济出版社，2006.
［17］ 邱绍军. 现场定理 36 招［M］. 杭州：浙江大学出版社，2006.
［18］ 岑咏霆. 质量管理教程［M］. 上海：复旦大学出版社，2005.
［19］ 张公绪. 新编质量管理学［M］. 北京：高等教育出版社，1998.
［20］ 刘桂珍. 质量控制［M］. 北京：国防工业出版社，2004 .
［21］ 张智勇. 品质管理实战指南［M］. 深圳：海天出版社，2002 .
［22］ ［日］新将命. 图解全面质量管理［M］. 杨文喻，译. 上海：文汇出版社，2002.